영어 표현을
문장별로
설명합니다

준 스위니 June Sweeney

전 민병철 어학원(BCM) 영어회화 강사
전 시사 영어사 영어회화 강사
전 Kids Herald 영어회화 강사
미국 캘리포니아에서 20년 이상 거주 중
유튜브 채널 '영어라면 준!' 운영

저서 〈거의 모든 적절한 상황의 영어 표현들〉, 〈영어 단어의 결정적 의미 확장들〉, 〈미션 파서블 - 당신을 구출할 진짜 미국 영어〉, 〈일상 영어회화 섀도잉〉, 〈스토리를 품은 미쿡 영어회화〉, 〈이 책 한 권만 외워봐! 영어회화가 술술 나온다〉

영어 표현을 문장별로 설명합니다

지은이 June Sweeney
초판 1쇄 인쇄 2025년 8월 8일
초판 1쇄 발행 2025년 8월 18일

발행인 박효상 **편집장** 김현 **기획·편집** 장경희, 오혜순, 이한경, 박지행 **디자인** 임정현
마케팅 이태호, 이전희 **관리** 김태옥

기획·편집 진행 김현
본문·표지 디자인 고희선

종이 월드페이퍼 **인쇄·제본** 예림인쇄·제본

출판등록 제10-1835호 **발행처** 사람in **주소** 04034 서울시 마포구 양화로 11길 14-10 (서교동) 3F
전화 02) 338-3555(代) **팩스** 02) 338-3545 **E-mail** saramin@netsgo.com
Website www.saramin.com

책값은 뒤표지에 있습니다.
파본은 바꾸어 드립니다.

ⓒ June Sweeney 2025

ISBN
979-11-7101-180-3 14740
979-11-7101-179-7 세트

우아한 지적만보, 기민한 실사구시 **사람in**

원어민은 흔히 쓰지만
외국인은 잘 알지 못해

이해가 필요한
영어 표현을 문장별로 설명합니다

전 한국인/
현 미국인의
재기발랄한
설명

준 스위니 지음

사람in

작가의 말

여러분에게 영어란 무엇인가요? 입에는 쓰지만, 몸에는 좋다는 쓰디쓴 한약, 나만 빠질 수 없어서 할 수 없이 동참한 주말 사내 등산회 같은 것인가요? 더러워서 안 하고 만다고 내동댕이쳤다가도 내가 아쉬워서 다시 줍게 되는 무엇인가요? 그렇게 내동댕이쳤다가 줍는 과정을 반복하며 사들인 영어책은 또 몇 권이나 되나요? 처음 28페이지까지만 읽고 구석에 쌓아 놓은 영어책이 대체 몇 권입니까? 여러분, 영어책은 홍어가 아닙니다. 삭힌다고 좋아지지 않아요. 책을 샀으면 끝까지 읽고 또 읽어서 내 것으로 만들어야 하는데, 이게 말처럼 쉬우면 벌써 원어민 됐게요? 그래서 '조금이라도 재미있게 읽히는 책을 쓰자' 마음먹었습니다. 재미있으면 보지 말라고 해도 볼 테니까요.

일반적인 책의 문어체에서 벗어나 평소의 제 말투를 살리려고 노력했고, 공부하다 지루해질 즈음 반짝 정신을 틀어쥐어 줄 재미난 미국 문화 칼럼도 여기저기 끼워 넣었으며, 처음부터 끝까지 배우는 사람 관점에서 궁금할 만한 질문들을 하고 대답하는 형식으로 썼습니다. 따지고 보면 내가 묻고 내가 대답하는 거라 혼자 북 치고 장구 치고 다 하는구나, 나 홀로 민망한 기분도 들었지만, 독자분들께 도움만 된다면야 그깟 민망함쯤이야 아무러면 어떻겠나 하는 갸륵한 마음까지도 부록으로 담았으니 부디 통촉하여 주시옵소서.

이번 책에도 현지인(접니다)의 강점을 십분 살려서 원어민들이 '진짜로' 쓰는 표현들만 골라 담았어요. 저 좋자고 미국에 살고 있기는 합니다만, 미국 현지인이 쓴 책으로 영어 공부를 한다면 독자분들께도 좋은 일이 아닌가 싶어 안도감과 자긍심이 들기도 합니다.

1장 '함부로 대체할 수 없는 단어들'에는 '익다'처럼 주어에 따라서 단어 자체가 달라지는 표현들을 쓸어 담아 봤어요. 한국말과 달리 영어에서는 김치가 익는지, 과일이 익는지. 음식이 익는지, 사람 낯이 익는지, 분위기가 무르익는지, 일이 손에 익는지에 따라서 써야 할 단어가 다 다르거든요. 2장 '더 세련된 표현이 있다면?'에서는 담배나 술을 끊었다가 다시 손댈 때나 치료했던 병이 다시 도질 때 again 대신 relapse를 쓰면 뭣 좀 있어 보이듯이 딱 그런 표현들만 쓸어 담아 봤어요. 3장 '따로따로는 아는데 합치면 모르는 표현들'에서는 Don't play the "old" card with me.처럼 문장에 모르는 단어는 하나도 없는데, 심지어는 쉬워도 너무 쉬운 단어밖에 없는데 합쳐 놓으면 열 받게 해석이 안 되는 세상 억울한 표현들을 쓸어 담아 봤고요. 4장과 5장에는 '리즈 시절' '단품 메뉴' '읽씹' '신세 한탄' '호박이 넝쿨째 굴러들어왔다' 등 원어민이 알려 주지 않으면 절대 모를 표현들을 한곳에 모아 봤습니다.

이렇게 구색 갖춰서 각각의 장 항아리들을 채우는 것까지는 제가 했지만, 항아리 뚜껑을 열고 내용물을 퍼내서 요리를 만드는 건 온전히 여러분의 몫이에요. 다시 말씀드리지만, 영어책은 홍어가 아닙니다, 여러분. 제발 삭히지 마시고 매일매일 퍼내서 맛있게 요리해 드세요. 그리고 항아리들이 모두 텅텅 비는 그날, 저는 새 항아리들을 바리바리 챙겨 들고 다시 찾아올 생각입니다. 장 항아리가 텅텅 빈 한국에서 See you again!

너무나 아름다운 캘리포니아에서
June Sweeney

이 책의 구성과 특징

미국 거주자가 뽑은 믿을 수 있는 표현들

영화와 미국 드라마를 많이 본 사람이 뽑은 표현이 아닙니다. 미국에서 20년 이상 원어민들과 함께 생활하면서 현재를 살아가는 미국인들이 생활에서 잘 쓰는 표현들 중 미드에서도 많이 볼 수 있고 실제 생활에서도 활용 가치가 높은 주옥 같은 표현들입니다. 그중에서도 알려 주지 않으면 한국 학습자들이 도저히 알아서 쓸 수 없는 것들로만 꼭꼭 챙겼습니다.

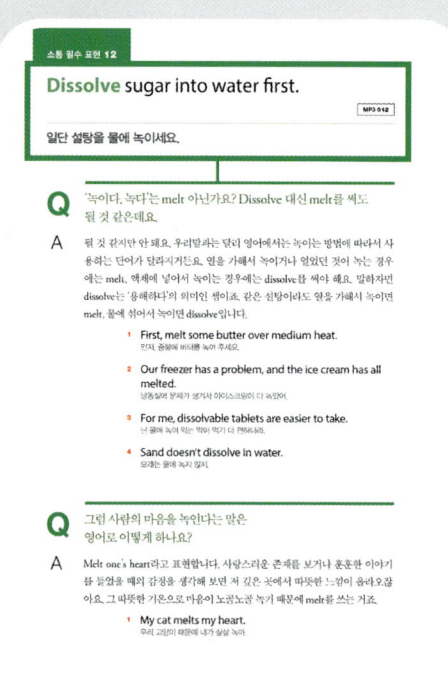

학습자들의 궁금증을 긁어 주는 속시원한 Q&A 방식

사실 미국 현지 생활자가 뽑은 영어책은 많습니다. 하지만 여기서 더 나아가, 〈영어 표현을 문장별로 설명합니다〉는 이런 표현을 볼 때마다 학습자에게 생기는 궁금증을 놓치지 않았습니다. '화재 훈련'이 fire drill이라고 하는데, 왜 training을 쓰지 않을까? 궁금하지 않겠어요? 훈련 중에서 drill이 들어가는 표현이 무엇인지도 알고 싶고 말이죠. 그 답변에 군대에 관한 얘기가 나오면 우리나라처럼 군대 가는 것이 의무적인 건 또 어떻게 표현하는지 궁금해집니다. 이걸 꼬리에 꼬리를 물듯이 묻고 답하며 상당히 많은 내용을 공부하게 되는 부가 효과가 있습니다.

전 한국인 현 미국인의 인사이트가 돋보이고
해학이 넘치는 빛나는 설명

한국에서 반평생, 미국에서 반평생 살면서 미국 원어민이 된 저자는 한국인의 눈으로 독자들의 애로사항을 파악하고, 미국인의 입으로 설명합니다. 처음부터 영어에 젖어 살던 토종 원어민이라면 절대 이해할 수 없고 대답할 수 없는 내용을, 한국에서 영어 공부한 경험이 있는 저자가 썼기에 내용과 설명에 타당성이 있습니다. 거기에 재치와 해학이 넘치는 설명이라 쉼 없이 페이지가 넘어갑니다.

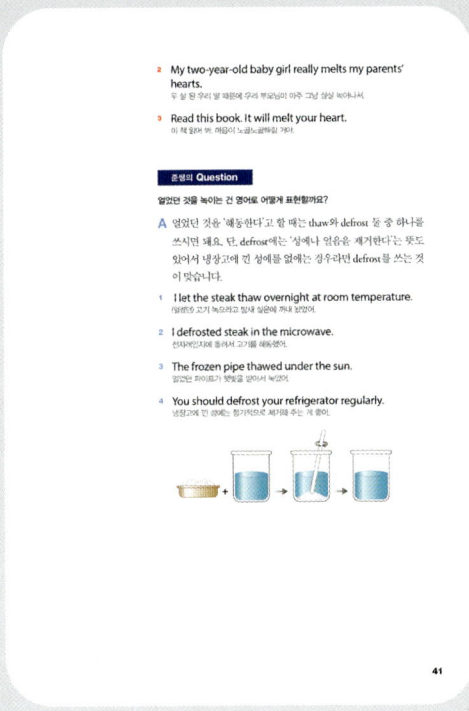

왼쪽의 QR코드를 스캔하시고 '바로듣기'를 탭하세요. 해당 도서의 음원을 바로 들으실 수 있습니다. 반복 재생과 속도 조절도 가능합니다.

차례

작가의 말 ·· 4
이 책의 구성과 특징 ·· 6

CHAPTER 1 함부로 대체할 수 없는 단어들

1   We had a fire drill today. 오늘 화재 대피 훈련을 했어. ··· 16
2   My ethnicity is Italian. 나 이탈리아 사람이야. ··· 18
3   The U.S is a very diverse country.
    미국은 (인종, 문화 등) 다양성이 많이 존재하는 나라이다. ·· 20
4   Cheese is well fermented. 치즈가 잘 익었다. ·· 22
5   This is so scenic. 여기 경치 좋다. ·· 25
6   I'm away on business. / I'm out on business. 외근 중이야. ·· 27
7   I'm feeling remorse for what I said. 내가 한 말에 대해 반성하고 있어. ······················ 29
8   She found a well-paying job, and she bought a house the following year.
    그 사람, 월급 센 직장 구하고 나서 그 다음 해에 집 샀어. ·· 31
9   Alright. I'll let you go. (전화 통화를 마칠 때) 그래. 이제 그만 끊자. ····························· 33
10 Their lunch rush is between 12 and 1.
    그 식당은 12시에서 1시 사이에 점심 손님들로 바빠. ·· 36
11 She bad-mouths her friends. 걘 자기 친구들 욕하고 다녀. ··· 38
12 Dissolve sugar into water first. 일단 설탕을 물에 녹이세요. ·· 40
13 The play restarted after a ten-minute intermission.
    10분간의 휴식 시간 후에 연극이 다시 시작되었다. ·· 42
14 His voice carries. 걔 목소리는 멀리서도 잘 들려. ··· 44
15 We're fully booked for the calendar year. 올해는 예약이 꽉 찼습니다. ······················· 47
16 What salad dressing would you like? 샐러드 드레싱 어떤 걸로 드릴까요? ················ 49
17 I installed a dashcam in my car. 내 차에 블랙박스를 달았어. ····································· 52

18	I want a corndog. 핫도그 먹고 싶어.	54
19	How are you feeling today? 오늘 컨디션 어때?	56
20	My mom made ox tail broth. 우리 엄마가 꼬리곰탕을 끓이셨어.	59
21	Our house is dated. 우리 집은 구식이야.	62
22	Having sensitive teeth is pretty common. 이 시림은 꽤 흔한/일반적인 증상이다.	64
23	Who's the most famous TV commercial actor these days? 요새 제일 유명한 TV 광고모델이 누구야?	66
24	I'll just take a quick shower. 빨리 샤워하고 나올게.	68
25	I'm ashamed I flunked the math test. 수학 시험을 완전 망쳐서/ 낙제해서 창피해.	70
26	I ran into him at a coffee shop yesterday. 나 어제 커피숍에서 그 사람을 만났어.	73
27	I need gas. 차에 기름 넣어야 해.	76
28	Their marriage is a façade. 그 사람들은 쇼윈도 부부야.	78
29	Lower your standards. 눈높이를 낮춰.	80
30	I love my neighborhood. 난 우리 동네가 맘에 들어.	83
31	I think he has an ulterior motive. 걔한테 다른 속셈이 있는 것 같아.	86
32	I don't know about him. 그 사람이 어떤 사람인지 난 잘 모르겠어.	88
	준쌤의 실수 방지 백신	91
	Culture Column 1 미국의 학교 문화	92

CHAPTER 2 더 세련된 표현이 있다면?

1	She owns property in California. 그 사람은 캘리포니아에 땅이 있어.	96
2	It's hot today. Stay hydrated. 오늘 날씨 덥다. 물 많이 마셔.	98
3	Are you local? 여기 주민이세요?/이 근처 사세요?	100
4	It's complimentary. 이건 무료예요.	102
5	He quit smoking a year ago, but he relapsed. 그 사람 일 년 전에 담배 끊었는데, 다시 손댔어.	104
6	The tickets are sold out. Wait. I lied. 티켓 매진됐습니다. 잠깐만요. (다시 보니) 아니네요.	106
7	Not gonna lie, he's not CEO material. 솔직히, 그 사람이 회사 대표감은 아니지.	108

8   Our bathroom is filthy dirty. 우리 화장실 엄청 더러워/지저분해. 111
9   Bamboo trees are hollow. 대나무 속은 비어 있다. 113
10 We had a falling-out. 우리 이제 서로 안 봐. 116
11 I paid a hefty fine for running red rights. 나, 신호위반해서 벌금 되게 많이 냈어. 119
12 You shouldn't have let this happen from the get-go.
    애초에 이런 일이 없게 했어야지. 121
13 He and I ran out of things to talk about, and it became awkward.
    그 사람이랑 나랑 대화거리가 떨어져서 엄청 불편했어. 123
14 The deceased didn't leave a will. 고인께서 유서를 남기지 않으셨습니다. 128
15 In retrospect, I shouldn't have left Florida.
    돌아보면 내가 플로리다를 떠나지 말았어야 했어. 132
16 Your outfit is too revealing. 네 옷 노출이 너무 심해/야해. 134
17 Lack of persistency is your shortcoming. 인내심이 부족한 게 네 단점이야. 136
Culture Column 2 미국 2년제 대학의 매력들 138

CHAPTER 3   따로따로는 아는데 합치면 모르는 표현들

1   Don't play the "old" card with me. 나이로 이기려 들지 마세요. 142
2   He's a fast talker. 그 사람 말솜씨 장난 아니야. 144
3   I lost my touch. 내가 감이 떨어졌어. 146
4   Everything is lining up for me.
    내 일이 순리대로 잘 진행되고 있어/이제 일이 되려나 봐. 148
5   Keep plugging away. 꾸준히 계속해. 151
6   It's long gone. 벌써 다 썼지/다 먹었지. 154
7   It's quite a commitment. 보통 일이 아니야/책임이 많이 따르는 일이야. 157
8   I hitched my wagon to his star. 나, 그 사람 라인이야/그 사람한테 줄 섰어. 159
9   I took the fall. 내가 다 뒤집어썼어. 162
10 It's very self-conscious. 난 남을 많이 의식해. 164
11 He lied to me to save face. 그 사람이 자기 체면 지키려고 나한테 거짓말을 했어. 167
12 This is a dead giveaway. 이거 완전 빼박이네. 169
13 I don't ship them. 난 걔네 둘이 안 사귀었으면 좋겠어/걔네 사이 응원 안 해. 171

10

14 We arrived home **safe and sound**. 우리는 무사히 집에 잘 돌아왔어. 173

15 It's **the same difference**. 그게 그거지/도긴개긴이지. 176

16 The serial killer is **still at large**. 그 연쇄 살인범이 아직 안 잡혔어. 178

17 None of it **registered** back then.
그 당시에는 아무것도 이해되지 않았어/깨닫지 못했어. 181

18 We've been **through thick and thin** together.
우린 같이 울고 웃은 사이야/좋을 때나 나쁠 때나 함께했어. 184

19 I've **seen better days**. 예전이 좋았지/나았지. 187

20 Let's not make **a rash decision**. 섣부르게 결정하지 말자. 189

21 You're giving me **half-hearted** answers because it's not your business.
네 일 아니라고 성의 없게 대답하는구나. 191

22 Don't **harbor ill feelings** against him. 걔한테 꽁해 있지 마. 193

23 Are we **still on for** today? 우리 오늘 원래 계획대로 하는 거야? 196

Culture Column 3 슬픔을 대하는 미국인의 자세 198

CHAPTER 4 알려 주지 않으면 절대 못 쓸 단어들

1 **heyday** 리즈 시절, 전성기 202

2 Thank you for the **juicy** details. 그렇게 재밌는 얘기, 자세히 전해 줘서 고마워. 204

3 She always tries to **manipulate** me. 걘 맨날 나를 구워삶으려고 해. 207

4 She sued me for **defamation**. 그 사람이 나를 명예훼손으로 고소했어. 209

5 He's **an easy touch**. 걔는 호구야. 211

6 I feel like **a third wheel**. 들러리가 된 것 같은/꼽사리 낀 것 같은 기분이 들어. 213

7 This is so **tacky**. 이거 진짜 촌스럽다. 215

8 She's so **self-righteous**. 그 사람은 너무 독선적이야. 217

9 She said she would, but who knows. She's **flaky**.
걔가 그러겠다고는 했지만, 알 게 뭐야. 걘 믿을 수가 없어. 219

10 Can I order crepes **a la carte**? 크레페를 단품 메뉴로 주문할 수 있나요? 222

11 Criminals use **burner phones**. 범죄자들은 대포폰을 사용한다. 225

12 I don't like my parents **meddling** in my love affairs.
난 부모님이 내 연애사에 끼어드는 거 싫어. 228

13 What a **windfall**! 호박이 넝쿨째 굴러들어왔네! 230

14 My younger brother is **a loose cannon**. 내 남동생은 예측불허야/천방지축이야. ⋯⋯ 232

15 I have **a mom-and-pop store**. 나는 구멍가게/개인 점포 운영해. ⋯⋯ 235

16 My family has **a heart-wrenching story**. 우리 가족에겐 가슴 아픈 사연이 있어. ⋯⋯ 237

17 She **grilled** me. 걔가 어찌나 꼬치꼬치 캐묻던지. ⋯⋯ 239

18 Superman's **alter ego** is Clark Kent. 슈퍼맨의 부캐는 클라크 켄트야. ⋯⋯ 242

19 The **gig** economy is getting bigger.
긱 이코노미(파트타임 경제 활동)가 점점 커지고 있다. ⋯⋯ 244

20 My parents are both **overbearing**. 우리 부모님은 두 분 다 강압적이셔. ⋯⋯ 246

21 Ava is language **savvy**. 에바는 언어 능력이 특출나/언어 천재야. ⋯⋯ 249

22 Bring your **A-game**. 정신 똑바로 차리고 제대로 해/최선을 다해서 해. ⋯⋯ 252

23 **Touché**. 인정/한방 맞았네. ⋯⋯ 255

24 Restaurant is **a loanword**. 레스토랑은 외래어야. ⋯⋯ 258

25 She has **deep pockets**. 그 사람은 갑부야. ⋯⋯ 260

26 Gas prices soared in the **aftermath** of the war. 전쟁의 여파로 기름값이 치솟았다. ⋯⋯ 263

27 He's an old **has-been**. 그 사람은 한물간 늙은이야. ⋯⋯ 265

28 He was not only **eloquent**, but also very convincing.
그 사람은 달변일 뿐 아니라 설득력까지 있더라고. ⋯⋯ 267

29 You can't **stonewall** me forever. 네가 언제까지 나를 피할 수 있을 것 같니? ⋯⋯ 270

Culture Column 4 미국의 반려견 씻기기 문화 ⋯⋯ 272

CHAPTER 5 알아두면 피가 되고 살이 되는 표현들

1 She **makes bank**. 그 사람 떼돈 벌어. ⋯⋯ 276

2 He never **owns his mistakes**. 그 사람은 자기 실수를 인정하는 법이 없어. ⋯⋯ 279

3 I **left him on read**. (걔가 보낸 문자를) 읽씹했어. ⋯⋯ 281

4 You never let me **have it my way**. 넌 절대 내 맘대로 하게 두는 법이 없지.
   You always **get your way**. 넌 늘 네 맘대로야. ⋯⋯ 283

5 We should **keep it on the down low**. 비밀로 하는 게 좋겠어. ⋯⋯ 286

6 **Brace yourself**. 마음의 준비를 해. ⋯⋯ 288

7 The fall **did a number on** my ankle. 넘어졌을 때 내 발목에 무리가 많이 갔어. ⋯⋯ 290

8 Things **went south**. 일이 틀어졌어. ⋯⋯ 292

9 I don't want to hear your **pity party**. 네 신세 한탄 듣고 싶지 않아. 294

10 **Like attracts like**. 끼리끼리 어울린다/모인다. 296

11 Don't **sell yourself short**. 네 자신을 깎아내리지 마. 298

12 Let's **put on our thinking caps**. 어떻게 하면 좋을지 다같이 생각해 보자. 300

13 I don't want to **be beholden to** anyone. 아무한테도 신세 지고/빚지고 싶지 않아. 303

14 My mom **lives vicariously through** me. 우리 엄마는 나한테 대리 만족하면서 사셔. 306

15 Her hairdo **took the cake**. 그 사람 헤어스타일이 제일 돋보였어. 308

16 It was so **cathartic**. 속이 다 뻥 뚫린다/시원하다. 310

17 Do you mind putting it in **layman's terms**? 알아듣게 좀 말해 줄래? 312

18 I heard it **through the grapevine**. 소문으로 들었어/건너건너 들었어. 314

19 **Every Jack has his Jill**. 짚신도 짝이 있다. 316

20 Stop **acting buddy-buddy** with me. 나랑 친한 척하지 마. 318

21 I enjoyed the **minty sensation** as she was massaging my scalp.
그 사람이 두피 마사지를 해 주는데 너무 시원하고 좋더라고. 321

22 Due to the **high volume of** calls, we apologize for the inconvenience.
전화량이 많은 관계로 불편을 드려 죄송합니다. 324

23 My friend **threw me under the bus**. 내 친구가 나한테 책임을 떠넘겼어. 327

24 **Watch your six**. 뒤통수/뒤를 조심해. 329

Culture Column 5 미국 차량 번호판의 매력 331

Culture Column 6 미국의 안내견 문화 333

INDEX 337

편집자 후기 355

CHAPTER 1
함부로 대체할 수 없는 단어들

 QR코드를 스캔하시고 '바로듣기'를 탭하세요. 해당 도서의 음원을 바로 들으실 수 있습니다. 반복 재생과 속도 조절도 가능합니다.

소통 필수 표현 1

We had a fire **drill** today.

MP3 001

오늘 화재 대피 훈련을 했어.

 훈련은 training 아닌가요? Drill은 좀 생소한데요.

A　Drill 역시 '훈련'인데, 한국에서 영어를 배운 사람들이라면 훈련이나 연습은 무조건 training이라고 생각하기 쉽죠. 두 단어의 차이점을 보자면 train/training은 단순히 '무엇을 잘하기 위해서 연습, 연마, 훈련'하는 것인 반면, drill은 훈련 받은 것을 토대로 '실제 상황에 대처하는 능력을 연습'하는 것입니다. 말하자면 실전 대비인 셈이죠. 그래서 화재 대피 훈련 등 그 상황이 실제로 일어났다는 가정 하에 이루어지는 훈련인 경우에는 drill이라고 합니다.

1　**I've been training myself for a full marathon.**
나, 마라톤 풀코스 뛰려고 훈련 중이야.

2　**Having fire drills regularly is a good idea for students.**
학생들에게 정기적으로 화재 대피 훈련을 시키는 건 좋은 생각이야.

 그럼 예비군 훈련이나 민방위 훈련도 drill이겠군요. 이것들의 정확한 영어 명칭은 뭔가요?

A　미국에서 주로 행해지는 훈련 몇 가지를 알려 드릴게요.

예비군 훈련: **military reserve drill**
민방위 훈련: **civil defense drill**
지진 대피 훈련: **earthquake drill**
의료 응급 상황 훈련: **medical emergency drill**
실종자 수색·구조 훈련: **search-and-rescue drill**
총격 대피 훈련: **active shooter drill**
토네이도 대피 훈련: **tornado drill**

1   Reservists are required to appear for military reserve drills.
예비군들은 예비군 훈련에 참석해야 합니다/예비군 훈련이 필수입니다.

2   Civil defense drills take place on the first Wednesday of each month.
매달 첫째 주 수요일에 민방위 훈련이 있습니다.

— **take place** 열리다, 개최되다

3   Unlike schools in other countries, American schools have active shooter drills.
다른 나라 학교와 달리 미국 학교는 (묻지 마 총격 사고에 대비해서) 총격 대피 훈련을 합니다.

준쌤의 Question

어찌 보면 군 복무도 훈련의 일환인데요, '군 복무'는 영어로 어떻게 말할까요?

A 우리나라처럼 군 복무가 의무인 경우에는 military duty라고 합니다. 무엇이든 선택의 여지없이 의무인 것은 mandatory, 자발적인 선택에 의한 것은 voluntary라고 하니까 Korean military is mandatory(한국에서는 군 복무가 의무입니다)라고 말할 수도 있어요.

1   I finished my military duty.
난 군 복무 끝냈어.

2   American military service is voluntary.
미국 군대는 자발적 지원이다.

소통 필수 표현 2

My **ethnicity** is Italian.

나 이탈리아 사람이야.

Q 국적을 말하는 거라면 nationality라고 해야 하지 않나요? Ethnicity도 '국적'이라는 뜻인가요?

A Ethnicity는 '조상과 혈통이 같은 민족'을 말하는 것이고, nationality는 내가 속한 국가, 즉 '국적'을 말해요. 저를 예로 들어볼까요? 제가 아무리 미국에서 오랫동안 살았다 한들 뿌리는 한국 사람이기 때문에 저의 ethnicity는 Korean이지만, 미국 시민권이 있으므로 nationality는 American이에요. 정확히 분류하자면 Korean American이죠. 그러니 누군가의 국적이 궁금한 게 아니라 뿌리가 궁금하다면, What's your nationality?가 아니라 What's your ethnicity?/Where are you originally from?이라고 물어보는 것이 정확합니다. Ethnicity는 어느 나라에 살든 절대로 바뀔 수 없는 나의 뿌리나 혈통인 반면, nationality는 시민권을 보유하고 있는 나라의 국적이라서 취득할 수도 포기할 수도 있는 것이죠.

1. **My ethnicity is Jewish, but my nationality is American.**
(= I'm Jewish, but I'm American.)
난 유대인이지만 국적상으로는 미국인이야.

2. **You can change your nationality, but not your ethnicity.**
국적은 바꿀 수 있지만, 뿌리/혈통은 바꿀 수 없어.

Q 그럼 인종(race)도 바꿀 수 없는 뿌리이고, 같은 인종이면 같은 민족일 가능성이 크니까 ethnicity와 비슷한 건가요?

A 아니요. Ethnicity는 하나의 같은 민족을 말하는 것이고, race는 인종을 피부색으로 분류해 놓은 카테고리입니다. 같은 동양인이라면 인종(race)은 같겠지만, 한국인, 태국인, 필리핀인 등 각각 그 뿌리(ethnicity)는 다르죠. 참고로 미국 인

구국(U.S. Census)에서 분류하는 race에는 white/Caucasian(백인), black/African American(흑인), Asian(동양인) 외에도 native American(미국 인디언), Alaska native/native Alaskan(알래스카인), native Hawaiian/Pacific Islander(하와이인) 등이 있습니다.

1 **What's his race? I can't tell.**
그 사람 인종이 뭐야? 난 봐도 모르겠더라.

2 **Don't be a racist.**
인종 차별하지 마. (← 인종 차별주의자가 되지 말라고.)

준쌤의 Question

국제 결혼으로 인해 혼혈도 많은데요, '혼혈'을 영어로 뭐라고 할까요?

A 두 가지 인종이 섞인 혼혈이라면 biracial, 여러 인종이 섞인 혼혈이라면 multiracial이라고 하는데, 일상에서는 슬랭으로 halfie라고들 많이 해요. Half and half, 반반 섞였다는 의미인데 원어민들이 편하게 쓰는 단어이긴 하지만, 영어를 배우는 분들께 쓰시라고 권해 드릴 만큼 고상한 단어는 아닙니다. 대신 half Korean, half American(한국인 미국인 혼혈) 이렇게 풀어서 말하는 것이 좋아요.

1 **Jessica Alba is multiracial.**
제시카 알바는 (여러 인종이 섞인) 혼혈이야.

2 **Our kids are halfies.**
우리 애들은 혼혈이야.

3 A **I'm half Japanese, a quarter German, and a quarter Hawaiian.**
난 반은 일본인 피, 1/4은 독일인 피, 1/4은 하와이 사람 피가 섞였어.

B **Wow! You're everybody.**
왜! 없는 인종 없이 다 있네.

소통 필수 표현 3

The U.S is a very **diverse** country.

MP3 003

미국은 (인종, 문화 등) 다양성이 많이 존재하는 나라이다.

Q 다양한 건 various 아닌가요? Diverse 대신 various를 써도 되지 않나요?

A 우선 diverse는 명사형이 diversity, various는 명사형이 variety인데요, diversity와 variety 둘 다 '다양(성)'이라는 뜻이긴 해요. 그렇지만 여러 인종, 성별, 문화 등이 다양하게 섞인 사회적 환경을 말할 때는 주로 diversity를 사용합니다. Variety는 물건이나 음식 등 선택할 수 있는 범위가 넓을 때, 선택지가 많을 때 쓰이고요.

1 Our city is culturally diverse.
우리 시에는 (다양한 나라의) 다양한 문화권이 섞여 있습니다.

2 Our school doesn't have that much cultural diversity.
우리 학교에는 다문화 출신 학생들이 별로 없어.

3 That restaurant offers a variety of Thai food.
그 식당엔 다양한 태국 음식들이 많아.

4 I have a variety of college choices.
난 내가 가고 싶은 대학을 얼마든지 선택해서 갈 수 있어. (← 대학 선택지가 다양해.)

Q 다양하다라는 건 이것저것 섞여 있는 것이니까 여러 나라 사람들, 여러 인종이 섞여 산다고 할 때 mixed country, mixed race라고 하면 안 되나요?

A 아니 됩니다. Mix는 물감을 섞듯 여러 가지를 혼합해서 한 가지 물질로 만들 때 주로 사용하는 단어라서 여러 종류의 것들이 그 자체로 어울려 지낸다는 뜻과는 차이가 있어요. 그래서 mixed country는 나라들이 섞였다는 이상한 뜻이 되고, mixed race는 세대를 거치며 '여러 인종이 섞여서 태어난 혼혈'이라는 뜻으로 오해를 받을 수 있어요. 대신 미국처럼 여러 인종이 섞여 사는 곳을 나

타내는 melting pot이라는 기특한 표현이 있답니다. 솥에 이것저것 다 집어넣고 녹여냈으니 그 풍미가 얼마나 다양하겠어요?

1. **Oil doesn't mix with water.**
   기름은 물과 섞이지 않는다.

2. **Mix all the ingredients.**
   식재료를 모두 섞어 주세요.

3. **The U.S. is a giant melting pot.**
   미국은 많은 인종들이 섞여 사는 큰 나라야.

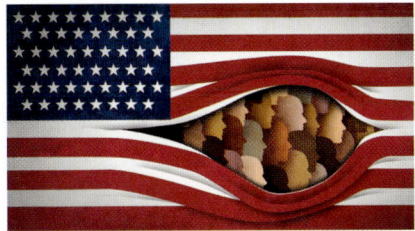

준쌤의 Question

이것 외에 성격상 다른 사람들과 섞여서 무난히 잘 어울린다고 할 때는 어떻게 표현할까요?

A '사람들'에 초점을 맞춰서 people person, 겉돌지 않고 잘 '섞인다'에 초점을 맞춰서 mix well with ~, mingle well with ~라고 표현할 수도 있어요. 또 잘 '지낸다'에 초점을 맞추어 get along with everyone이라고 해도 좋습니다.

1. **She's a people person.**
   걘 참 사교적이야/사람들과 잘 어울려.

2. **He mixes/mingles well with people.**
   걘 사람들하고 잘 섞여.

3. **I get along with everyone at my school.**
   난 학교 친구들과 다 잘 지내.

소통 필수 표현 **4**

Cheese is well **fermented**.

MP3 004

치즈가 잘 익었다.

Q '잘 익은'은 ripe 아닌가요? Fermented는 좀 생소한데요.

A 익는 것에도 익히는 종류와 방법에 따라 여러 가지가 있어요. 과일이나 채소가 익는 것은 ripe/ripened, 치즈나 요거트 같은 발효 식품이 익는 것은 ferment, 고기나 생선 등의 생물이 요리 과정을 거쳐서 익는 것은 cook, 오이나 무가 초절임으로 익는 것은 pickle이라고 하니, 귀찮더라도 잘 구분해서 써야 해요.

1. **These oranges are well ripened.**
   이 오렌지들 되게 잘 익었다.

2. **It takes months to ferment soybean paste.**
   된장 익는 데/발효시키는 데 몇 달 걸려.

3. **My steak is well cooked.**
   내 스테이크 잘 익었어.

4. **I love pickled radish.**
   난 단무지 엄청 좋아해.

Q 그럼 반대로 '잘 안 익었다, 설었다'라고 할 때는 단어 앞에 부정어 not만 붙이면 되나요?

A 간단히 not만 붙여 줘도 되지만, 원어민들이 잘 쓰는 표현들을 비롯해서 다른 표현들도 있어요.

ripe	→	not ripe, unripe, raw
fermented	→	not fermented yet
cooked	→	not fully cooked, undercooked

여기서 꿀팁! 아직 안 익었다고 할 때 음식 종류와 익히는 방법에 상관 없이 쓸 수 있는 표현이 두 가지 있어요.

1. It's/They're not ready yet. 음식 입장에서 아직 준비되지 않았으니 먹는 우리 입장에서 보면 아직 먹을 정도로 익지 않았다는 거죠. '아직 안 됐어.'라는 말에 딱 맞는 표현입니다. 또, 반대로 잘 익었다고 할 때도 ready를 활용해서 It's/They're ready.라고 하면 간단하답니다. It's/They're not ready yet. 표현은 익는 것과 상관 없이 음식 준비가 아직 안 됐다고 할 때도 쓸 수 있습니다.

2. It needs/They need more time. 우리가 '(다 안 익었으니) 더 있어야겠어.'라고 말할 때 딱 맞는 표현입니다. 시간이 더 필요하다는 말이니 아직 안 익었다는 뜻이 돼요.

1 This avocado is unripe. It's raw.
이 아보카도 덜 익었네. 날 거야.

2 Our yogurt is not fermented yet. It needs more time.
우리 집 요거트 아직 안 익었어. 더 있어야겠어.

3 The meat is undercooked. It needs more time.
고기가 덜 익었네. 더 익혀야겠어.

4 It's not ready yet. It's still cooking.
아직 안 됐어. 익고 있는 중이야.

준쌤의 Question

생뚱맞지만, '익다'에서 퍼져 나간 '사람이 낯이 익다'는 말은 영어로 어떻게 할까요?

A 처음 봤는데도 낯설지 않고 익숙하고 친숙하다는 의미에서 look familiar라고 합니다. I think I saw _____ somewhere (나, _____ 어디서 본 것 같아)이라고 말할 수도 있고요.

1 I never met her before, but for some reason, she looked familiar.
그 사람 만난 적이 한번도 없는데도 왠지 낯이 익더라고.

2 I think I saw him somewhere. Where could it be?
내가 그 사람을 어디서 본 것 같은데. 어디였더라?

Q 그럼 일이나 작업이 '손에 익다'라고 할 땐 어떻게 표현하나요?

A 일이 손에 익는다는 건 그 일을 하는 방식에 익숙해진다는 거잖아요. 그래서 get/be used to ~ 구문을 써 주면 돼요. 또 일의 요령을 파악했다고도 볼 수 있어서 get the hang of ~라고 할 수도 있고요. '손에 익다' 같은 표현을 말 그대로 영어로 돌리면 ripen in one's hand처럼 말인지 방귀인지 모를 헛소리가 되어 버리니까, 우선 말뜻부터 잘 헤아려 본 다음에 가장 비슷한 영어 표현과 매치시키는 게 좋습니다.

1 **My mom never lets me in the kitchen, so I'm not used to cooking.**
우리 엄마가 날 절대 부엌에 못 들어오게 하셔서 내가 요리하는 데 익숙하지가 않아/ 요리가 손에 익지 않아.

2 **Don't worry. You'll get used to using this program.**
걱정하지 마. 이 프로그램을 사용하다 보면 손에 익게 될 테니까.

3 **I'm getting the hang of my new job.**
새 직장에 적응이 되고 있어/일 파악이 되는 것 같아.

Q '분위기가 무르익다'는 표현도 있잖아요. 영어에도 비슷한 표현이 있을까요?

A 이 표현 역시 '분위기'와 '익다'에 꽂히면 영어로 돌리기는 다 글렀다고 보면 돼요. 대신 '한창이다'로 돌려서 생각하면 한결 쉬워져요. In full swing이라는 표현을 들어 보신 적 있나요? 그네가 앞뒤로 힘차게 흔들리는 장면을 상상하면 쉽게 이해될 거예요. 올라갈 수 있는 최대 높이까지 신나게 휙휙 올라가는 것이니 행사나 모임에 적용하면 '분위기가 한창이다/무르익다'고 생각할 수 있지요.

1 **The concert is in full swing, and everyone is having a blast.**
콘서트 분위기가 한창 무르익어서 다들 신나게 즐기고 있어.

— **have a blast** 신나게 놀다   have fun보다 신나는 느낌이 강조된 표현으로 원어민들이 많이 써요.

소통 필수 표현 **5**

This is so scenic.

MP3 005

여기 경치 좋다.

Q View도 경치나 전망을 뜻하잖아요. 그럼 scenic과 view가 같다고 보면 되나요?

A Scenic은 단어 자체에 '경치 좋은'이라는 뜻이 포함되어 있는 반면, view는 단지 눈에 보이는 '전망'을 뜻해요. 그래서 전망이 좋은지, 나쁜지는 형용사로 보충을 해 줘야 하죠. 우리말로도 '절경'과 '경치'는 다르잖아요? 절경은 단어 그 자체로 경치가 좋다는 뜻이지만, 경치는 좋을 수도 나쁠 수도 있으니까요. 그것과 같다고 보시면 돼요.

1 **The Grand Canyon is super scenic.**
그랜드 캐년은 경치가 정말 끝내줘.

2 **Not that we expected an ocean view, but we were disappointed with the parking lot view from our hotel room.**
우리가 뭐 바다가 보이기를 기대한 건 아니지만, 그래도 호텔 방에서 주차장만 보이는데 실망스럽더라니까.

Q View, sight 모두 눈에 보이는 '전망'을 뜻하는 단어들이니까 혼용해도 되겠네요?

A View는 '특정한 장소에서 보이는 전망'을 말하는 반면, sight는 장소에 상관없이 그때그때 '시야에 잡히는 광경'을 말해요. 위 예문에서도 나왔듯이 호텔 방 창문으로 보이는 딱 그만큼의 전망, 혹은 특정한 장소에서만 볼 수 있는 전망이라면 view를 쓰지만, 길 가다가 싸우는 광경을 봤다거나 춤추는 사람을 봤다면 sight를 써야 맞는 거죠.

1 Come here. You'll get a better view from here.
이리 와. 여기서 보면 더 잘 보일 거야.

2 We bought the cheapest tickets for the concert, so we didn't have a good view.
우리, 그 콘서트 좌석 중에서 제일 싼 걸 샀더니만 (무대가) 잘 보이지도 않더라.

3 Did you see the fist fight? What a sight!
주먹싸움 난 거 봤어? 진짜 볼 만하더라!

4 At first sight, this city wasn't that impressive.
이 도시 첫인상이 그렇게 좋진 않았어.

준쌤의 Question

경치가 나왔으니, '조경이 뛰어나다'는 말은 어떻게 하면 좋을까요?

A 조경은 앞에서 설명한 전망이나 경치와는 또 다른 뜻이라서 view나 scenic을 쓸 수는 없어요. 대신 landscape(지형)을 써서 This is a breathtaking landscaping. They did a great job on the landscaping.이라고 하면 돼요. 단어 landscape 하나로 땅의 지형과 조경 모두 표현할 수 있으니 얼마나 유용하게요.

1 Texas has a flat landscape.
텍사스는 평지야.

2 We need new landscaping in our backyard.
우리 뒷마당 조경을 다시 꾸며야겠어.

소통 필수 표현 6

I'm **away on business**.
/ I'm **out on business**.

MP3 006

외근 중이야.

Q 외근이 사무실이 아닌 밖에서 일하는 거니까 work outside나 outside work라고 해도 되지 않나요?

A 아니요. Work outside는 단순히 밖/야외에서 일한다는 말인데, 그렇게 따지면 오히려 work outdoors가 더 정확한 표현이겠죠. Work outside만으로는 '밖'이 정확히 어디를 말하는지, 무슨 일을 한다는 것인지 부연설명 없이는 의미가 분명하지 않아요. Outside work 역시 해석하는 사람에 따라 실내가 아닌 실외에서 하는 일이라고 생각할 수도 있고, 근무 시간에 딴짓을 한다고 생각할 수도 있어서 우리가 흔히 말하는 외근과는 거리가 멉니다. 만약 근무 시간 이후나 자유 시간을 말하는 것이라면 outside of work가 정확한 표현이고요.

1. **I'm away on business now. I should be back at my office by 3.**
   내가 지금 외근 중이거든. 3시까지는 사무실에 다시 들어갈 거야.

2. **I'll be out on business tomorrow.**
   나 내일 외근이야.

3. **He's a gardener. He works outdoors all day.**
   그 사람은 정원사라서 온종일 밖에서 일해.

4. **What do you like to do outside of your work?**
   넌 시간 날 때 뭐 하는 걸 좋아해?

Q 외판원처럼 '발품 파는 일, 발로 뛰는 일'은 영어로 어떻게 말하나요?

A 발품을 판다는 건 말 그대로 다리를 많이 쓴다는 의미라서 영어로도 legwork라고 해요. 다리로 일한다고 보면 되겠죠. Do (all) the legwork의 형태로 많이 쓰입니다.

1 **I'm a door-to-door salesman. It takes lots of legwork.**
난 방문 판매원이야. 발품을 많이 파는 일이지.

2 **We need someone to do all the legwork.**
발품 팔 사람이 필요해.

3 **I did the legwork gathering all the information.**
내가 직접 발로 뛰어서 정보를 다 모았어.

준쌤의 Question 1

직장인의 숙명인 '출장'은 영어로 어떻게 말할까요?

A A business trip입니다. '출장을 간다'고 할 때는 go on a business trip, '출장 중이다'라고 할 때는 be on a business trip이라고 하면 돼요. 또, '출장 중이라 사무실/자리에 없다'고 말하려면 be out of the office/out of town on a business trip이라고 하세요.

1 **I'm going on a business trip to New York next Friday.**
나, 다음 주 금요일에 뉴욕으로 출장 가.

2 **She's out of the office on a business trip.**
그 사람, 지금 출장 중이라 사무실에 없어.

3 **I'm out of town on a business trip.**
나, 지금 다른 지역에 출장 와 있어.

준쌤의 Question 2

'자택 근무'는 영어로 어떻게 말할까요? Work at home일까요?

A Work at home이라고 생각하기 쉽지만 '자택 근무'는 work from home이에요. 이메일을 보내는 사람은 from, 받는 사람은 to인 것처럼, 집에서(from) 한 일을 직장으로(to) 보내는 거니까요.

1 **I work from home.**
난 자택 근무해.

2 **Due to the weather, employees are working from home today.**
날씨 때문에 오늘은 직원들 자택 근무 중이야.

소통 필수 표현 **7**

I'm **feeling remorse** for what I said.

MP3 007

내가 한 말에 대해 반성하고 있어.

Q 반성한다는 건 결국 후회한다는 뜻이니까 regret을 써도 되겠네요?

A 비슷하긴 하지만 regret과 remorse에는 차이가 있어요. Regret은 단순히 '그러지 말걸' 하고 후회하는 것이지만, remorse에는 후회뿐 아니라 죄책감까지 포함되어 있거든요. 한마디로 후회와 반성의 차이죠. 물건을 훔치다 걸린 사람이 '다른 데서 훔칠걸. 그랬으면 안 걸렸을 텐데.'라고 후회하는 것과 '훔치지 말걸. 내가 정말 나쁜 짓을 했어.'라고 반성하는 것에는 분명한 차이가 있으니까요. 단, 물건을 구입하고 나서 '사지 말걸' 하고 후회할 때 미국 사람들이 자주 쓰는 표현으로 buyer's remorse라는 게 있는데, 이때는 반성이 아닌 후회의 의미로 쓰이니까 함께 알아두시길요.

1 **She seems to feel no remorse at all.**
걔는 반성을 전혀 안 하는 것 같아.

2 **I've been feeling buyer's remorse since I bought my house.**
집을 산 후로 내가 이걸 왜 샀을까, 계속 후회하는 중이야.

3 **I regret that I married my husband.**
남편이랑 결혼한 게 후회돼.

Q 종교적인 표현이긴 하지만 '회개한다'는 말도 있잖아요. 그것도 remorse라고 하면 되나요?

A Remorse보다 더 깊은 후회와 반성을 뜻하는 것으로 repent라는 단어가 있습니다. 성경책이나 교회/성당에서 말하는 '회개'가 바로 이 녀석이에요. 하지만 꼭 종교적으로만 쓰이는 건 아니기에 일상에서 크게 후회하거나 뉘우치는 상황에서도 사용할 수 있어요.

1. Brothers and sisters, repent and ask God's forgiveness.
   형제자매님들, 회개하고 주께 용서를 구하십시오.

2. It wasn't my fault. I have nothing to repent for.
   내 잘못이 아니야. 난 반성할 게 아무것도 없어.

준쌤의 Question

후회, 반성에는 자기 자신을 되돌아보는 게 들어가는데요, 이렇게 '자기 자신을 되돌아본다'고 할 때는 어떻게 말할까요?

A Reflect(반사/반영하다, 보여주다)를 사용하면 돼요. 거울에 자기 자신을 비춰보듯이 자신의 행동을 돌아보고 깊이 생각해 보는 거죠. 그래서 '자기성찰'을 self-reflection이라고 합니다.

1. I reflected on my behavior, and I found I was totally wrong.
   내 행동에 대해서 생각해 봤는데, 전적으로 내가 잘못했더라.

2. I'm good at self-reflection, at least.
   그래도 난 최소한 자기성찰은 잘해.

소통 필수 표현 8

She found a well-paying job, and she bought a house **the following year**.

MP3 008

그 사람, 월급 센 직장 구하고 나서 그 다음 해에 집 샀어.

 '다음 해'면 next year 아닌가요?

A Next year와 following year 둘 다 '다음 해'이긴 한데요, 둘 사이에는 분명한 차이점이 있습니다. Next year는 지금, 이 시점을 기준으로 다음 해를 말하기 때문에 '내년'인 반면, following year는 대화 속에서 언급된 시점(과거나 미래의 시점)을 기준으로 다음 해를 말하기 때문에 '후년'의 의미로 쓰여요. 그래서 next year는 늘 미래에 있지만, following year는 미래의 한 해일 수도 있고, 과거의 한 해일 수도 있는 것이죠.

1 **I'm planning to move to the States next year.**
나, 내년에 미국에 가서 살려고 계획 중이야.

2 **She debuted as a singer in 2015, but she quit singing the following year.**
그 사람, 2015년에 가수로 데뷔했다가 바로 그 다음 해에 가수 관뒀어.

3 **We're going to travel around Europe next year, and then we're going to Asia the following year.**
우리, 내년에 유럽 여행하고 나서 그 후년에 아시아에 가려고 해.

 Following은 year하고만 같이 쓸 수 있나요? Day, week, month 와도 같이 쓸 수 있나요?

A Next처럼 following도 day, week, month와 같이 쓸 수 있어요. 이때도 역시 지금을 기준으로 내일, 다음 주, 다음 달을 말하는 게 아니라 대화에서 언급된 시점을 기준으로 다음 날, 다음 주, 다음 달을 뜻한다는 것만 기억하시면 됩니다.

1 **He changed his schedule and came back the following day.**
그 사람이 일정을 바꿔서 그 다음 날 돌아왔어.

2 **I'm not free next weekend, but I have nothing scheduled for the following weekend.**
내가 다음 주말엔 일이 있는데, 그 다음 주 주말엔 아무 계획 없어.

준쌤의 Question

전치사와 함께 for the next/following year라고 하면 어떤 뜻이 될까요?

A For에 기간을 뜻하는 '~ 동안 쭉'의 의미가 있다는 것을 알면 바로 답이 나옵니다. For the next/following year는 '내년/다음 해 내내'라는 뜻이에요.

1 **I'm going to stay in Florida for the next year.**
나, 내년 한 해 (내내) 플로리다에 가 있을 거야.

2 **My mom came to visit me, and stayed with me the following year.**
우리 엄마가 나 보러 오셨다가 그 다음 한 해 동안 내내 우리 집에 계셨어.

소통 필수 표현 9

Alright. I'll let you go.

MP3 009

(전화 통화를 마칠 때) 그래. 이제 그만 끊자.

Q 전화를 끊는 건 hang up이라고 알고 있는데, 다른가요?

A Hang up은 전화 통화 중 한쪽에서 일방적으로 전화를 끊을 때 쓰는 표현이라서 자연스럽게 대화를 마치는 것과는 현저한 차이가 있어요. 화가 났거나 더 이상 말하고 싶지 않아서 갑자기 전화를 끊어 버리는 경우라면 hang up이지만, 정상적으로 대화를 마치고 끊을 때는 I'll let you go.나 I gotta go.라고 합니다. I'll let you go.는 상대방을 배려해 주는 느낌을 주고, I gotta go.는 내가 시간이 없거나 통화를 계속할 상황이 아니니 끊어야 한다는 뉘앙스를 풍기죠. 그냥 Alright.이라고만 해도 상대방에게 이제 통화를 마치자는 의도를 충분히 전달할 수 있으니 제발 I'll hang up.이라고는 하지 마세요.

1 **Hello? Hello? Did he just hang up on me?**
여보세요? 여보세요? 얘 지금 그냥 전화 끊은 거야?

2 **She got all riled up and hung up on me. She's so rude.**
그 사람 완전 열 받아서 일방적으로 전화를 끊어 버리더라니까. 진짜 예의 없어.
— **get riled up** 열 받다, 화나다

3 **I'll let you go now. It was fun talking to you.**
이제 끊을게. 대화 즐거웠어.

4 **My boss is calling me. I gotta go. I'll call you later.**
상사가 부른다/전화한다. 이제 끊어야겠어. 내가 나중에 전화할게.

Q 연결 상태가 안 좋아서 전화가 끊어지는 경우도 있잖아요. 그럴 때는 어떻게 말하나요?

A 연결 상태가 안 좋다고 할 땐 bad connection을 쓰면 돼요. 또 원인 모르게 전화가 끊겼을 땐 We got cut off. The call got cut off.라고 합니다.

1. **I can't hear you. I think we have a bad connection. I'll call you again.**
   안 들려. 아무래도 연결 상태가 안 좋은 것 같아. 내가 다시 전화해 볼게.

2. **Hey, we got cut off. It happens every time I drive through the tunnel.**
   야, 전화가 그냥 끊겼어. 이 터널 지나갈 때마다 전화가 끊긴다니까.

준쌤의 Question

전화가 오는데 사정상 못 받았거나 전화가 울리는지도 몰라서 못 받는 경우가 있는데요. 아까 전화를 못 받아서 미안하다고 사과할 때 Sorry that I didn't answer your call.이라고 하는 게 맞는 표현일까요?

A I didn't answer your call.이라고 하면 받기 싫어서 일부러 전화를 안 받았다는 식으로 들릴 수도 있기 때문에 이때는 어찌 하다 보니 '놓쳤다'는 느낌을 팍팍 살려서 I missed your call.이라고 하는 게 좋습니다. 전화가 오는 건 알았지만 사정상 받을 수가 없었다고 하고 싶다면 I couldn't answer ~가 좋겠죠.

1. **I know she doesn't answer my calls.**
   걔가 내 전화 (일부러) 안 받는 거 나도 알아.

2. **Sorry. I missed your call. My phone was on silent.**
   미안. 네 전화를 못 받아어. 전화기를 무음으로 해 놨었거든.

   — on silent: (전화벨이 울리지 않게) 무음 처리한
   on silent와 헷갈릴 수 있는 표현으로 on mute가 있는데요. on mute는 전화벨을 무음 처리하는 것이 아니라 전화 통화 중에 내(이)는 상대방 소리를 들을 수 있지만, 상대방은 내 소리를 들을 수 없도록 음소거하는 것을 말합니다.

3. **I couldn't answer your call because I was in a meeting.**
   회의 중이라 네 전화를 받을 수가 없었어.

준쌤의 TIP

미국 여행 중 식당, 호텔 등에 질문이 있어서 전화했는데 전화 받은 사람이 다짜고짜 "Holiday Inn. This is Valerie. Can I put you on hold?"라고 할 때, 문제가 되는 건 마지막 문장입니다. Can I put you on hold? 이게 어려운 말이라서가 아니라 전화 영어라 더 긴장되기도 하고, 예상했던 문장도 아닌 데다가, 말은 빠르지, 정작 전화 건 나는 아무 말도 안 했는데, 갑자기 뭘 물어보니 당황스럽기도 할 테니까요.

미국에서는 직원이 손님과 대화 중이거나 전화를 받고 있을 때 다른 전화가 걸려 오면 앞 손님을 마저 다 도와줄 때까지 끊지 않고 기다려 줄 수 있는지를 묻는데, 이게 바로 Can I put you on hold?입니다. 전화 건 사람을 대기시켜 놓을 만큼 바쁜 상황이라서 보통은 말을 엄청 빨리 해요. 미국에 사는 사람들이야 자주 겪는 일이니 "No problem/Of course/Sure/Yes."가 바로 나오지만, 처음 겪는 외국인은 뭔가 중요한 말인데 못 알아듣나 싶어 심장이 덜컥 내려 앉습니다. 하지만 이 글을 읽으신 분들이라면 이런 상황이 오더라도 여유롭게 "No problem."을 날릴 수 있으셔야 해요. 만약 기다리기 싫거나 시간이 없으면 "I'll call back later.(나중에 다시 전화할게요.)라고 하면 되고요. Do you mind if I put you on hold?라고 묻기도 하는데, 괜찮으니 기다리겠다고 하려면 No, I don't/No, go ahead.라고 하세요.

일을 마치고 다시 전화를 받은 직원은 대개 Thank you for holding. How may I help you?(기다려 주셔서 감사합니다. 어떻게 도와드릴까요?)라고 물어요. 그럼 그때 용건을 말하면 됩니다.

영어를 배우는 사람에게는 얼굴 보며 대화하는 것보다 전화로 대화하는 것이 훨씬 더 긴장되고 어려운 게 사실이에요. 당연히 겁이 나고 내 영어가 고작 이 정도인가 싶어 절망스럽기도 하죠. 하지만 못 알아들었다고 바로 끊어 버릴 게 아니라 I'm sorry?/Excuse me?(뭐라고 하셨죠?)라고 물어볼 수 있는 용기! My English is not good. Can you speak slowly, please?(제가 영어를 잘 못해서 그러는데, 천천히 말씀해 주시겠어요?)라고 요청할 수 있는 배포! 이것들을 갖는 게 진짜로 영어를 잘할 수 있는 방법이 아닐까요?

소통 필수 표현 10

Their **lunch rush** is between 12 and 1.

MP3 010

그 식당은 12시에서 1시 사이에 점심 손님들로 바빠.

Q '바쁜 시간대'를 rush hour라고 하는데, lunch rush 대신 rush hour for lunch라고 해도 되지 않나요?

A Rush hour는 교통수단으로 몰리는 유동 인구가 많은 특정 시간대를 말하는 표현이에요. 대표적인 예로 출퇴근 시간대나 등하교 시간대가 있죠. 하지만 식당이 붐비는 시간대는 교통과는 별개로 그냥 다들 먹고 살겠다는 의지 하나로 몰리는 거잖아요. 그러니 식사 때가 되어서 사람이 몰릴 때는 breakfast rush, lunch rush, dinner rush처럼 끼니를 구별해서 사용해 주셔야 해요.

1. More accidents happen during the evening rush hour.
저녁 러시아워 때 교통사고가 더 많이 나.

2. During dinner rush, it's hard to get a table at that restaurant.
저녁 시간대엔 그 식당에 자리 잡기 힘들어.

3. I bring my own lunch to avoid the lunch rush at restaurants.
나는 점심 시간에 식당에 사람들 북적대는 게 싫어서 점심/도시락을 싸와.

Q 가게에 손님이 없을 땐 아예 없다가 한꺼번에 손님이 몰릴 때가 있잖아요. 그럴 때도 rush를 쓰나요?

A 그럴 땐 spurt(한꺼번에 뿜어나옴, 분출)를 쓰는데, 어떤 현상이 갑자기 한번에 몰려서 확 일어났다가 사라질 때 유용하게 사용할 수 있는 단어입니다. 그래서 한창 자라는 아이들이 밤새 훌쩍 컸다거나, 일자리 제안 등이 여기저기서 한꺼번에 들어온다고 할 때도 spurt를 써요. 육상이나 수영 경기에서 갑자기 확 속도를 내는 걸 초반/막판 스퍼트(spurt)라고 하는 걸 생각해 보면 아~ 하고 이해되실 걸요.

1 It's weird that customers come in spurts.
이상하게도 손님들이 (없을 땐 아예 없다가) 한꺼번에 몰려.

2 My son is going through a growth spurt.
우리 아들이 요새 자고 나면 쑥쑥 큰다니까/한창 클 때인가 봐.

3 The job offers came in spurts. I don't know what to do.
일자리 제안이 한꺼번에 몰려들어 왔어. 뭘 어떻게 해야 할지를 모르겠네.

준쌤의 Question

어느 식당이 맛있다고 하면 우르르 몰려가듯이 한 집단의 사람들이 다수의 선택을 따라하는 것을 '군중심리'라고 하는데요, 영어로는 어떻게 표현할까요?

A '군중'을 영어로 돌릴 때 제일 먼저 떠오르는 단어가 crowd일 텐데요, mob 역시 '군중'의 뜻이 있어요. 한 장소에 여러 사람이 모여 퍼포먼스하는 걸 플래쉬몹(flash mob)이라고 하는 것만 봐도 mob의 뜻을 쉽게 알 수 있죠. 그래서 '군중심리'는 mob mentality, 혹은 '무리'를 뜻하는 herd를 써서 herd mentality라고 합니다.

1 A mob mentality can cause riots.
군중심리가 폭동의 원인이 되기도 한다.

2 To me, a herd mentality seems almost the same as group hypnosis.
내가 보기에 군중심리는 집단최면과 거의 같은 것 같아.

소통 필수 표현 11

She **bad-mouths** her friends.

걘 자기 친구들 욕하고 다녀.

Q '욕하다'는 swear 아닌가요?

A 한국말로는 '욕하다' 하나에 '상스러운 단어를 쓰다', '남을 헐뜯고 흉보다'의 두 가지 뜻 모두가 포함되지만, 영어는 그렇지가 않아요. 욕이 상스러운 단어를 뜻할 땐 swearing, swearing word라고 하는데, 원어민들은 one's language/French라는 표현도 많이 써요. "French는 프랑스어 아니야?" 하시는 분들이 계실 것 같은데, 고상하고 우아한 프랑스어와 상반되는 욕을 희화화해서 그렇게 말하기도 합니다. 또, fuck이 들어가는 육두문자는 F-word, shit이 들어가는 육두문자는 Sh-word라고 해요. 만약 욕이 '헐뜯다, 흉보다'의 의미로 쓰일 때는 위 예문처럼 bad-mouth someone이라고 해야 합니다. 다른 사람에 대해 안 좋은 말을 퍼뜨리고 다니는 행위를 '나쁜 입'에 비유한 것이죠. 그냥 talk bad things/say bad things about someone이라고 풀어서 표현해도 좋아요.

1. He can't talk without using F-words.
   걘 육두문자를 안 쓰면 말을 못 해.

2. Pardon my French/language.
   욕해서 죄송해요.

3. Would you stop swearing, please?
   욕 좀 하지 말아 주실래요?

4. I never bad-mouth people.
   난 절대 다른 사람 욕 안 해/흉 안 봐.

5. I know you're talking bad about me to your friends.
   네가 네 친구들한테 내 흉보고 다니는 거 다 알아.

Q 그럼 반대로 다른 사람에 대해 좋은 말을 하는 건 good-mouth라고 하나요?

A Good-mouth라고 하면 쉽고 좋을 텐데, 아쉽게도 그런 표현은 없어요. 다른 이에 대해 좋은 말을 하는 걸 칭찬과 결부시켜 praise라고 하기도 하고, 풀어서 say good things about someone이라고도 합니다.

1 **She always praises her co-workers.**
그 사람은 항상 자기 직장 동료들 칭찬을 하고 다녀.

2 **He only says good things about his wife.**
그 사람은 자기 아내에 대해 좋은 말만 해.

준쌤의 Question

'뒷담화하다'나 '사람 면전에 대고 악담을 하다'는 영어로 어떻게 표현할까요?

A 등 뒤에서 수근대는 것이라서 talk bad about someone behind one's back이라고 하는데요, 뒷담화에도 bad-mouth를 쓸 수 있어요. 반대로 면전에 대고 악담하는 것은 talk bad about someone to one's face라고 합니다.

1 **She talks bad about you behind your back.**
걔, 네 뒤에서 네 뒷담화하고 다녀.

2 **A good friend never bad-mouths you behind your back.**
좋은 친구는 절대 뒤에서 자기 친구 욕하고 다니지 않아.

3 **She talked bad about me to my face.**
걔가 내 면전에 대고 악담을 했어.

소통 필수 표현 12

Dissolve sugar into water first.

MP3 012

일단 설탕을 물에 녹이세요.

Q '녹이다, 녹다'는 melt 아닌가요? Dissolve 대신 melt를 써도 될 것 같은데요.

A 될 것 같지만 안 돼요. 우리말과는 달리 영어에서는 녹이는 방법에 따라서 사용하는 단어가 달라지거든요. 열을 가해서 녹이거나 얼었던 것이 녹는 경우에는 melt, 액체에 넣어서 녹이는 경우에는 dissolve를 써야 해요. 말하자면 dissolve는 '용해하다'의 의미인 셈이죠. 같은 설탕이라도 열을 가해서 녹이면 melt, 물에 섞어서 녹이면 dissolve입니다.

1 First, melt some butter over medium heat.
먼저, 중불에 버터를 녹여 주세요.

2 Our freezer has a problem, and the ice cream has all melted.
냉동실에 문제가 생겨서 아이스크림이 다 녹았어.

3 For me, dissolvable tablets are easier to take.
난 물에 녹여 먹는 약이 먹기 더 편하더라.

4 Sand doesn't dissolve in water.
모래는 물에 녹지 않지.

Q 그럼 사람의 마음을 녹인다는 말은 영어로 어떻게 하나요?

A Melt one's heart라고 표현합니다. 사랑스러운 존재를 보거나 훈훈한 이야기를 들었을 때의 감정을 생각해 보면 저 깊은 곳에서 따뜻한 느낌이 올라오잖아요. 그 따뜻한 기온으로 마음이 노골노골 녹기 때문에 melt를 쓰는 거죠.

1 My cat melts my heart.
우리 고양이 때문에 내가 살살 녹아.

2. **My two-year-old baby girl really melts my parents' hearts.**
두 살 된 우리 딸 때문에 우리 부모님이 아주 그냥 살살 녹아나셔.

3. **Read this book. It will melt your heart.**
이 책 읽어 봐. 마음이 노골노골해질 거야.

준쌤의 Question

얼었던 것을 녹이는 건 영어로 어떻게 표현할까요?

A 얼었던 것을 '해동한다'고 할 때는 thaw와 defrost 둘 중 하나를 쓰시면 돼요. 단, defrost에는 '성에나 얼음을 제거한다'는 뜻도 있어서 냉장고에 낀 성에를 없애는 경우라면 defrost를 쓰는 것이 맞습니다.

1. **I let the steak thaw overnight at room temperature.**
(얼렸던) 고기 녹으라고 밤새 실온에 꺼내 놨었어.

2. **I defrosted steak in the microwave.**
전자레인지에 돌려서 고기를 해동했어.

3. **The frozen pipe thawed under the sun.**
얼었던 파이프가 햇빛을 받아서 녹았어.

4. **You should defrost your refrigerator regularly.**
냉장고에 낀 성에는 정기적으로 제거해 주는 게 좋아.

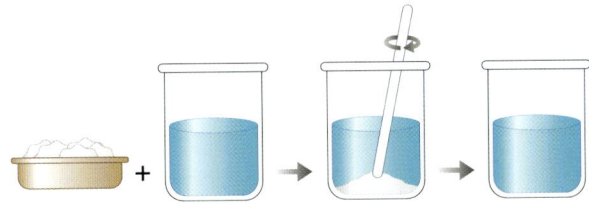

소통 필수 표현 13

The play restarted after a ten-minute **intermission**.

MP3 013

10분간 휴식 시간 후에 연극이 다시 시작되었다.

Q '휴식 시간'은 break 아닌가요?

A 네, '휴식 시간, 쉬는 시간' 더 나아가 공부하다 쉬는 '방학'은 break가 맞아요. 단, 장편 영화, 연극, 콘서트, 오페라 등 관람 시간이 길어서 중간에 갖는 휴식 시간은 intermission입니다. Brochure(팜플릿)에 공연 순서를 기재할 때도 중간 휴식 시간은 break가 아닌 intermission이라고 표현해요.

1. We're taking a fifteen-minute intermission.
   15분간 휴식 시간을 갖겠습니다.

2. There was an intermission during the movie "Ben-Hur" because its running time was almost four hours.
   "벤허"는 거의 네 시간짜리 영화라 중간에 쉬는 시간이 있었어.

3. Can we take a break?
   잠깐 좀 쉬면 안 될까?

4. Spring break starts next Thursday.
   다음 주 목요일부터 봄방학이야.
   — 미국 학교들은 방학, 개학을 목요일에 하는 경우가 많아요. 주말 잘 보내라고 앞뒤로 받쳐주는 느낌이랄까요?

Q 커피 한잔하며 쉬는 시간을 coffee break라고 하잖아요. Break를 활용한 표현들이 더 있을까요?

A 점심 시간도 쉬는 시간에 속하기 때문에 lunch break라고 해요. 또 일하는 중간에 잠깐 화장실 다녀올 짬을 내는 건 bathroom break, 잠깐 담배 피우러 나가는 건 smoke break라고 합니다. 위 예문처럼 '방학'도 vacation보다는 break를 훨씬 더 많이 써요. Spring break(봄방학), summer break(여름방학), Thanksgiving break(추수감사절 방학), Christmas break(크리스마스 방학), winter break(겨울방학), holiday break(연휴) 이렇게 말이죠.

1. **The meeting is going long. Let's take a quick bathroom break.**
회의가 자꾸 길어지네요. 화장실도 다녀올 겸 잠깐 쉽시다.

2. **Do you want to take a smoke break?**
우리 잠깐 나가서 담배 좀 피우고 올까?

준쌤의 Question

인간관계에도 휴식 시간이 필요한데요. 연인이나 부부 사이에 '각자 시간을 좀 갖자.'는 말을 하게 될 때가 있죠? 영어로는 어떻게 표현할까요?

A 그럴 때는 만나지 않고 서로 떨어져서 지내는 게 핵심이라서 apart가 딱이에요. We need some time apart.라고 하면 됩니다.

1. **I don't want to break up with you, but I think we need some time apart.**
너랑 헤어지고 싶은 건 아닌데, 각자 시간을 좀 갖는 게 필요할 것 같아.

2. **Taking time apart might be a good idea for both you and your boyfriend.**
각자 시간을 좀 갖는 게 너와 네 남자 친구한테도 좋을 것 같아.

소통 필수 표현 14

His voice **carries**.

MP3 014

걔 목소리는 멀리서도 잘 들려.

물건 운반할 때 말고도 carry를 쓸 수 있나 보네요. 멀리까지 목소리를 운반한다는 맥락으로 이해하면 되나요?

A 네, carry는 물건을 옮길 때뿐만 아니라 멀리서도 잘 들리는 소리를 표현할 때도 자주 쓰여요. 물질이든 비물질이든 한 지점에서 다른 지점으로 전달하는 게 이 단어의 목적이니까요. 하지만 전달의 목적과는 별개로 무게를 지탱하거나, 무엇을 지니고 다니거나, 보유하고 있을 때도 쓸 수 있으니 carry가 우리에게 전달하려는 뜻이 많긴 많네요.

1 **My dog's bark carries.** 우리 집 개 짖는 소리는 멀리서도 들려.

2 **Your voice carries. I can hear you from miles away.**
네 목소리는 멀리서도 잘 들려. 몇 백 미터 밖에서도 다 들린다니까.

3 **I yelled for help, but I guess my voice didn't carry.**
도와달라고 소리를 질렀는데, 내 목소리가 멀리서는 잘 안 들렸나 봐.

4 **This bridge can carry 80,000 pounds.**
이 다리는 36,000kg을 지탱할 수 있어.

5 **I always carry cash.** 난 항상 현금을 들고 다녀.

6 **What if he carries some kind of disease?**
만약에 그 사람한테 무슨 병이라도 있으면 어쩌지?

7 **She's a hepatitis B carrier.** 그 사람은 B형 간염 보균자야.

Someone's voice carries가 멀리서도 잘 들린다는 거면 loud랑 같은 뜻이라고 보면 되겠네요.

A 꼭 그렇지만은 않아요. 소리가 크면 멀리서 잘 들리기야 하겠지만, 소리 자체가 크다는 것과 전달이 잘 된다는 것에는 차이가 있으니까요. 소리의 크기

가 아니라 소리의 톤이나 선명함이 이유일 수도 있죠. 그리고 무엇보다 loud 는 '시끄럽다'에 가깝기 때문에 무례하게 들리기 쉬워요. Your voice is loud.와 Your voice carries. 이 두 문장이 주는 느낌이 확실히 다르다는 게 느껴지시죠? 느껴지셔야 합니다.

1. Can you keep it down? You're too loud.
   좀 조용히 좀 해 줄래? 네 목소리 너무 커.

2. I have a loud voice.   난 목소리가 커.

3. It's not that her voice is loud, but her voice really carries. I think it's the tone.
   걔 목소리가 큰 건 아닌데, 멀리서도 진짜 잘 들려. 아무래도 목소리 톤 때문인 것 같아.

4. Some voices carry farther than others.
   다른 목소리들보다 멀리서도 유독 잘 들리는 목소리들이 있어.

Q 재미없는 영화에서 홀로 고군분투하는 배우나 아이돌 그룹 멤버 중에 유일하게 노래를 잘해서 그룹 전체를 이끌어 가는 가수 등을 두고 hard carry한다고 하는데요, 원어민들도 이 표현을 쓰나요?

A 원래 hard carry는 팀원들이 모두 부진한 상황에서 혼자 팀을 승리로 이끈 캐릭터를 말하는 컴퓨터 게임 용어인데, 원어민들은 홀로 고군분투하는 사람을 두고 hard carry한다는 표현은 쓰지 않아요. 게임을 안 하는 사람이라면 아무리 원어민이라도 hard carry란 말을 이해하지 못할 수도 있고요. 그냥 간단하게 hard만 재껴 버리면 carry만으로 같은 뜻이 됩니다. 알고 보니 참 싱겁죠?

1. In gaming, a "hard carry" is a heroic player who takes the responsibility for carrying their team to victory in a hard situation.
   게임에서 "하드 캐리"란 어려운 상황에서 팀을 우승으로 이끌 책임을 진 사람을 말한다.

2. Jim carried the movie with his great acting. Without him, it wouldn't have been a hit.
   짐이 워낙 연기를 잘해서 혼자 그 영화를 살린 거야. 짐 아니었으면 그 영화 히트 못 쳤을 걸.

준쌤의 Question

다음 두 문장을 해석해 보세요.

1. Her voice carries weight because everyone respects her.
2. In this small town, voices carry, so be careful.

'멀리서도 잘 들린다'는 뜻으로 해석이 자연스럽나요? 아니라면 voice carry가 어떤 뜻으로 쓰인 걸까요?

A 먼저 Her voice carries weight because everyone respects her. 이 문장에서 voice carries weight는 '영향력이 있다, 말에 힘이 있다'로 이해해야 해요. 똑같은 말이라도 누가 하느냐에 따라서 그 무게감이 달라지잖아요. 모두가 존경하는 사람이나 권력을 가진 사람의 말이라면 아무래도 좀 더 묵직하게 들릴 테니 영향력이 크겠죠. 두 번째 문장 In this small town, voices carry, so be careful.에서의 voices carry는 '소문이 금방 난다'는 뜻으로 쓰였어요. 말이 여기저기로 운반된다는 건 소문이 난다는 거니까요. 그래서 '이 작은 동네에서는 소문이 금방 나니까 조심해.'로 해석해야 맞습니다.

1 **My kids never listen to me. My voice doesn't carry weight.**
우리 애들은 내 말은 절대 안 들어. 내 말은 개똥이야.

2 **He's the president, but no one cares what he says. His voice doesn't carry any weight.**
그 사람이 대통령인데도 아무도 그 사람 말에 신경을 안 써. 그 사람 말에는 전혀 힘이 없어.

3 **A king's decisions carried huge weight back in the olden days.**
옛날에는 왕의 결정이 (거의) 절대적이었다/영향력이 컸다.

4 **In our school, voices carry. You can't say anything.**
우리 학교에는 소문이 빨리 돌아. 무슨 말을 할 수가 없다니까.

5 **Don't tell anyone your secret. Voices carry, you know.**
아무한테도 네 비밀 털어놓지 마. 소문 나니까.

소통 필수 표현 15

We're fully booked for the calendar year.

MP3 015

올해는 예약이 꽉 찼습니다.

Q 그냥 this year라고 해도 되지 않나요? Year 앞에 calendar를 쓴 특별한 이유가 있나요?

A 달력(calendar)을 보면 매해 시작점과 끝점이 똑같아요. 1월 1일에 시작해서 12월 31일에 끝나죠. 오늘이 1월 1일이든 4월 23일이든 calendar year는 무조건 12월 31일에 끝난다는 얘기예요. 하지만 그냥 year는 시작점에 따라 끝점이 달라지니까 만약 4월 23일부터 시작하면 내년 4월 22일까지가 일 년이 되는 거죠. 쉽게 말해 calendar year는 '금년/올해', year는 기준점으로부터의 일 년 동안의 기간을 의미한다고 보시면 돼요. 위 예문에서 calendar 없이 똑같은 뜻이 되려면 We're fully booked for this year.라고 하면 됩니다. This year(이번 해, 올해)라는 확실한 틀을 씌워서 calendar year와 같은 뜻을 만들어 줬으니까요.

1. Our company's been doing great business this calendar year.
(= Our company's been doing great business this year.)
금년에는/올해는 우리 회사 사업이 아주 잘 되고 있어.

2. Our company's been doing great business for a year.
우리 회사 사업이 일 년 동안 아주 잘 돌아가고 있어.

Q '회계년도'라는 것도 있는데, 이건 account year라고 하나요?

A Fiscal year라고 해요. Fiscal도 '회계'라는 뜻이거든요. Fiscal year처럼 일 년을 주기로 초기화되는 시스템 중 대표적인 게 '학년'인데요, 영어로는 school/academic year라고 합니다. 미국은 새학기가 가을에 시작돼서 매해 8, 9월에서 다음 해 5, 6월까지가 school/academic year에 해당돼요. 또, 동네마다 새학년 첫날이 다 달라서 학교마다 school year도 다 다르답니다.

1 Our company's fiscal year resets every May.
우리 회사 회계년도는 매년 5월에 시작돼/초기화돼.

2 Our school year starts in August.
우리 학교 새학년은 8월에 시작돼.

준쌤의 Question

Calendar가 나온 김에 '음력'이 영어로 lunar calendar라는 건 많이들 아실 텐데요, 그렇다면 '윤년'은 영어로 어떻게 말할까요?

A 윤년이란 2월에 하루가 더 있는 해를 말하는데, 4년에 한 번씩 돌아오죠. 이렇게 몇 년씩 '건너뛰기' 때문에 윤년을 leap year 라고 합니다. 윤년이 돌아온 해의 2월 29일(윤일)은 leap day라고 해요.

1 Is this year a leap year?
올해가 윤년인가?

2 A I was born on a leap day, so I have my birthday every four years.
내가 2월 29일에 태어나서 생일이 4년에 한 번씩 돌아와.

B Well, that'll save your parents lots of money.
뭐, 너희 부모님은 돈 많이 아끼시겠네.

소통 필수 표현 16

What salad **dressing** would you like?

MP3 016

샐러드 드레싱 어떤 걸로 드릴까요?

Q 샐러드 소스(salad sauce)라고 하지 않나요? 소스와 드레싱은 다른 건가요?

A 네, 달라요. 바베큐 소스나 데리야끼 소스처럼 조리할 때 가열해서 사용하는 것은 소스, 조리하지 않고 그대로 끼얹어 먹는 용도로 쓰는 것은 드레싱입니다. 그래서 원어민에게 salad sauce라고 하면 선뜻 못 알아듣거나, Do you mean salad dressing?(샐러드 드레싱을 말하는 건가요?)이라고 물어볼 확률이 커요. 샐러드에 '발사믹 소스'를 곁들여 먹는다고 말하는 분들이 많은데, 이것 역시 잘못된 표현이에요. 가열하지 않고 끼얹어 먹는 용도니까 드레싱이 맞아요. 물론 발사믹을 주원료로 찐득한 소스를 만든 경우라면 balsamic glaze/sauce라고 하지만요. 또, 드레싱 이름을 말할 때는 굳이 dressing을 붙이지 않고 그냥 balsamic vinegar(발사믹 식초), ranch(랜치), blue cheese(블루 치즈) 이렇게 종류만 말하는 경우가 더 많아요.

1. **A** I would like balsamic sauce for my salad.
   제 샐러드는 발사믹 소스랑 같이 주세요.
   B Do you mean balsamic dressing?
   발사믹 드레싱을 말씀하시는 건가요?
   A Yes, I meant balsamic dressing.
   네, 발사믹 드레싱을 말한 거였어요.

2. **A** We have honey mustard, Italian, and ranch. Which one would you like?
   허니 머스타드, 이탈리안, 랜치 중에 어떤 걸로 드릴까요?
   B I'm good. I like my salad without dressing.
   괜찮아요. 저는 드레싱 없이 샐러드만 먹는 걸 좋아하거든요.

Q 요리할 때 쓰는 소스 말고 찍어 먹는 소스도 따로 이름이 있나요?

찍어 먹는 소스는 dipping sauce라고 하는데요, 짧게 dip이라고만 하는 경우도 많아요. 물론 tartar sauce, cocktail sauce처럼 이름 뒤에 dipping 없이 sauce

만 쓰는 게 더 자연스러운 종류도 있고요. 덤으로 dip에 관한 표현을 한 가지 더 알려 드릴게요. 음식을 dipping sauce에 찍어서 한 입 먹은 다음, 입에 닿았던 부위로 다시 소스를 찍으면 함께 음식을 먹는 사람들에게 위생상 큰 실례가 될 수 있는데, 그렇게 두 번 찍어 먹는 것을 double dip이라고 합니다.

1 **A** What dipping sauce goes with chips?
칩이랑 잘 어울리는 딥핑 소스가 뭐가 있을까?
B I think avocado dip is the best.
난 아보카도 딥이 제일인 것 같은데.

2 Do you want cocktail sauce for your shrimp?
새우 찍어 먹게 칵테일 소스 줄까?

3 When you share dipping sauce with others, don't double dip.
딥핑 소스를 여러 사람과 함께 먹을 때는 (입에 댔던 음식으로) 두 번 찍어 먹지 마.

4 Let's not double dip, okay?
입 닿았던 걸로 또 찍어 먹지 말자. 알았지?

Q 케첩이나 마요네즈도 찍어 먹을 때 사용하잖아요. 그럼 케첩, 마요네즈도 dipping sauce 종류인 건가요?

A 케첩이나 마요네즈를 dipping sauce처럼 찍어 먹을 수는 있지만, 그렇다고 해서 얘네들이 dipping sauce로 분류된 건 아니에요. 정확히 말하자면 케첩, 마요네즈, 머스터드 류는 맛의 증감을 위해 곁들여 먹는 condiment(향신료, 조미료)에 속합니다. 미국 식료품 가게에도 condiment aisle에 진열되어 있어요.

1 Did you just dip your chip in mayonnaise? Wasn't that gross? 너 방금 칩(과자)을 마요네즈에 찍어 먹은 거야? 느글거리지 않니?

2 My son dips everything in ketchup.
우리 아들은 뭐든 케첩에 찍어 먹어.

3 I'll bring condiments for the hot dogs.
내가 핫도그에 필요한 컨디먼트(케첩, 머스터드, 랠리쉬 등) 가져올게.

Q 고기를 양념에 재워 놓잖아요. 그 양념도 sauce에 해당하나요?

A 식재료에 맛이 배도록 재워 놓는 것은 marinate라고 하고, 재워 놓을 때 사용하는 양념은 marinade라고 합니다. 하지만 '양념에 재워 놓다'라고 할 때 굳이 두 단어를 다 사용해서 marinate in marinade라고 할 필요는 없어요. Marinate 자체에 '양념에 재워 놓다'는 의미가 다 들어 있기 때문이죠. 참고로 우리나라의 '양념치킨'을 영어로 marinate fried chicken이라고 알고 계신 분들이 많은 것 같은데, 이거 아니걸랑요. 치킨을 미리 양념에 재워 둔 게 아니라 다 튀기고 나서 양념에 버무린 거라서 marinate와는 거리가 멀어요. 그냥 fried chicken with seasoning이라고 하는 편이 더 정확해요.

1 **I marinated baby back ribs overnight.**
내가 돼지 등갈비를 밤새 재워 놨어.

2 **I don't think this marinade is store bought. Did you make it?** 이 양념, 가게에서 산 것 같진 않은데. 네가 만들었니?

3 **Korean fried chicken with seasoning is my favorite.**
난 음식 중에 한국 양념치킨이 제일 좋아.

준쌤의 Question

소스, 드레싱, 디핑 소스가 나왔으니 '잼'도 빠질 수가 없는데요, 딸기잼, 포도잼의 jam을 jelly라고도 합니다. Jam과 jelly의 차이점은 무엇일까요?

A Jelly는 과일즙만 사용해 씹히는 덩어리 없이 맑고 투명한 가벼운 타입입니다. 그에 비해 jam은 으깬 과육 덩어리가 들어가 있어 탁하고 무거운 감이 있죠. 하지만 대부분의 원어민들은 굳이 구분하지 않고 자기 부르고 싶은 대로 불러요. 미국에 오셔서 jelly가 들어간 대표적인 음식인 peanut butter and jelly sandwich (PB&J)를 시켰는데 그 안에 jelly 대신 딸기 덩어리가 들어간 jam이 발라져 있다고 해서 왜 jelly를 안 바르고 jam을 발랐냐고 따지지 마시고 그냥 맛있게 드시면 됩니다.

1 A **I like jam better than jelly because jam has chunks of real fruit in it.**
잼에는 진짜 과일 덩어리가 들어 있어서 난 젤리보다 잼이 더 좋아.

B **Jelly, jam... same difference to me.**
젤리나 잼이나... 난 그게 그거더라.

2 **Do you want strawberry jelly or grape jelly for your PB&J?** 네 피넛버터 젤리 샌드위치에 딸기잼 발라 줄까, 포도잼 발라 줄까?

소통 필수 표현 17

I installed **a dashcam** in my car.

MP3 017

내 차에 블랙박스를 달았어.

Q 차량 '블랙박스'면 그냥 black box 아닌가요?

A Black box 역시 잘못 쓰이는 대표적인 영어 단어 중 하나입니다. Black box는 '비행기에 설치된 기록 장치'로 추락 사고 시 원인을 조사하는 데 쓰이는 장비예요. 그런데 우리나라에서는 차량에 설치된 카메라를 black box라고 하는 것이 보편화되어 있는 것 같더군요. 차량에 설치된 카메라의 올바른 영어 명칭은 dash cam, 혹은 띄어쓰기 없이 dashcam입니다. 보통 dashboard에 설치하니까 dashboard camera를 줄여서 dashcam이라고 부르는 거죠. 그러니 이제부터는 블랙박스라고 하지 말고 대쉬캠이라고 불러 주세요. 참고로 미국에서는 차량에 dashcam을 설치하는 경우가 거의 없답니다.

1. **The teenagers who bullied a girl got caught on a dashcam.**
   십 대들이 여자애를 괴롭히는 장면이 대쉬캠에 찍혔어.

2. **Dash cams can be beneficial for providing evidence for determining fault in accidents.**
   대쉬캠은 사고 잘잘못을 밝혀서 증거를 제공하는 데 도움이 된다.

3. **We checked the dash cam footage, but nothing was caught.**
   대쉬캠 영상을 확인해 봤는데, 아무것도 못 건졌어.

Q 3번 예문의 dash cam footage에서 footage가 정확히 뭔가요?

A 미국에서 사용하는 길이 단위인 feet의 수를 footage라고 하는데요, '화면에 잡힌 장면, 자료'를 말해요. 발자취라고 보시면 되겠네요. 대쉬캠 외에 비디오로 촬영된 것이면 어떤 것에든 쓸 수 있어요.

1. This documentary contains footage of the journey of a racoon family.
   이 다큐멘터리는 너구리 가족의 여정을 담고 있습니다.

2. I love the behind-the-scenes footage at the end of each episode.
   나는 매 회 끝부분에 나오는 무대 뒷이야기/뒷모습이 너무 재밌더라고.

준쌤의 Question

CCTV는 closed-circuit television의 줄임말로 정식 영어 단어이긴 하지만, 미국에서는 한국처럼 보편적으로 쓰이지 않아요. 미국인들은 감시당하는 듯한 느낌에 반감이 커서 보안 카메라가 많이 설치되어 있지도 않고요. 그래서 CCTV가 뭔지 바로 이해하지 못하는 원어민들도 많아요. 그렇다면 원어민들은 보안 카메라를 뭐라고 할까요?

A Security camera 혹은 surveillance camera라고 해요. Surveillance는 '감시, 추적, 정찰'이라는 뜻이라 결국 '보안'과 같은 맥락이랍니다.

1. Are there any security cameras around here?
   이 근처에 감시 카메라는 없나요?

2. It might be a good idea to install a surveillance camera.
   감시 카메라를 설치하는 게 좋을 수도 있겠어.

소통 필수 표현 **18**

I want **a corndog**.

MP3 018

핫도그 먹고 싶어.

Q 핫도그는 hotdog 아닌가요? 왜 corndog라고 한 거죠?

A Hotdog은 길쭉한 빵을 갈라서 그 사이에 소시지, 케첩, 머스터드, 랠리쉬 등을 넣은 것을 말해요. 나무 젓가락에 소시지를 끼우고 반죽을 입혀서 튀겨낸 것은 corndog고요. 많은 분들이 corndog를 hotdog로 잘못 알고 계신다는 것을 보여드리기 위해 예문 해석에 '핫도그'라고 했습니다만, 나무 막대기에 소시지를 끼운 것은 corndog이니 원어민과 대화할 때는 잘 구분해서 쓰시길요.

1. Costco carries frozen Korean corndogs, and they're selling well.
   코스트코에서 냉동 한국 콘도그를 파는데, 잘 팔려.

2. Do you want a hotdog or a corndog?
   핫도그 먹을래, 콘도그 먹을래?

3. Many Koreans confuse corndogs with hotdogs.
   콘도그와 핫도그를 혼동하는 한국 사람들이 많아.

Q 핫도그에 사용되는 길쭉한 빵은 hotdog bread라고 하나요?

A 그렇게 말해도 알아는 듣는데, 햄버거나 핫도그에 쓰는 빵은 bun이에요. Hamburger bun, hotdog bun 이렇게요. 그럼 가운데 뭔가를 넣어서 먹는 빵은 다 bun이겠구나 싶을 수도 있는데, 샌드위치에 쓰는 빵은 그냥 sandwich bread라고 해요. 용도보다는 사용하는 빵 종류에 따라 이름이 달라지거든요.

1. **A** I made beef patties, but I can't find any hamburger buns.
   내가 소고기 패티를 만들었는데 햄버거 빵이 어디 있는지 못 찾겠어.
   B We're out of them. Just use sandwich bread.
   다 먹고 없어. 그냥 식빵으로 해.

2 I'd like a pretzel bun for my hotdog, please.
내 핫도그는 프레즐 빵으로 해 주세요.

준쌤의 Question

미국 패스트푸드 가게에서 햄버거를 주문할 때 sandwich only라는 말을 쓰기도 하는데, 이건 무슨 뜻일까요?

A 미국에서는 햄버거를 샌드위치라고 부르기도 해요. 그리고 햄버거를 주문할 때 프렌치 프라이와 음료까지 포함된 meal('세트 메뉴'는 콩글리시입니다)로 할 건지, 햄버거만 할 건지를 물어보는데, 이때 하는 질문이 Meal or sandwich only?입니다. 햄버거만 먹을 거면 Sandwich only.라고 대답하는 거죠.

1 A Would you like a meal or sandwich only?
세트 메뉴로 하실 건가요, 햄버거만 하실 건가요?
   B Sandwich only, please.
햄버거만 주세요.

2 A Why do Americans call a hamburger a sandwich?
미국 사람들은 왜 햄버거를 샌드위치라고 해?
   B They only say that when you order at a fast-food restaurant.
패스트푸드점에서 주문할 때만 그렇게 불러.

소통 필수 표현 19

How are you feeling today?

MP3 019

오늘 컨디션 어때?

Q Condition이 영어잖아요. How is your condition today?라고 해도 되지 않나요?

A Condition이 '상태, 상황'을 뜻하는 영어 단어인 것은 맞지만, 우리가 흔히 말하는 것처럼 몸, 건강, 기분의 상태를 의미하지는 않아요. Condition은 위중한 환자의 상태나 주거/생활 환경, 날씨 상태 등을 설명할 때 쓰이거든요. 따라서 몸이나 기분 상태를 말할 때는 '느낌'에 집중해서 feel이라고 표현합니다. 병원에서 담당 의사가 "몸 좀 어떠세요?"라고 물어볼 때도 How are you feeling?이라고 하지 How's your condition?이라고는 하지 않아요. 참고로 '컨디션이 좋지 않은'으로 under the weather라는 표현도 있습니다.

1 I'm feeling well/good/great.
  나, 컨디션 좋아.

2 I feel great.
  컨디션 아주 좋아.

3 She's not feeling well/good today.
  걔, 오늘 컨디션 안 좋아.

4 He doesn't feel good.
  그 사람, 컨디션 안 좋아.

5 I'm a bit under the weather.
  나, 컨디션이 좀 안 좋네.

6 She's in critical condition.
  그 사람, 굉장히 위중한 상태야.

7 Their living conditions are horrible.
  그 사람들 주거 환경이 말이 아니야.

8 The weather conditions are not the best for paragliding.
  패러글라이딩 하기에 그리 좋은 날씨 상태가 아니야.

56 CHAPTER 1 함부로 대체할 수 없는 단어들

Q 몸 관리에 신경 써서 '최상의 컨디션을 유지한다'고 할 때 keep feeling the best라고 하면 되겠네요?

A 아니요, 틀리셨어요. 원어민들이 몸이나 건강 상태를 말할 때 즐겨 쓰는 단어가 바로 shape인데요, 물건의 모양뿐 아니라 어떤 상태를 형성하고 유지한다는 의미로도 쓰이기 때문이죠. '최상의 컨디션' 역시 shape을 써서 in tip-top shape이라고 합니다. 맨 꼭대기에 있는 상태니까 최상의 상태를 말하는 거겠죠? 최상은 아니더라도 몸 상태가 좋다고 할 때는 in good shape, 반대로 안 좋다고 할 때는 in bad shape이라고 하면 되고요.

1. **The game is next week. Try to stay in tip-top shape.**
   경기가/게임이 다음 주야. 컨디션 최상으로 유지하도록 해.

2. **My doctor said I'm in great shape.**
   의사가 그러는데 나, 되게 건강하대.

3. **He had three surgeries in a row. He's in bad shape.**
   그 사람, 수술을 연달아 세 번이나 했어. 건강 상태가 안 좋아.
   — **in a row** 연달아

4. **She watches TV all day and never works out. She's in terrible shape.**
   걘 온종일 티비만 보고 운동을 전혀 안 해. 건강이/몸매가 말이 아니라니까.

Q 몸 상태 말고 정신 상태를 말할 때도 shape을 쓰나요?

A 정신 상태를 말할 때는 spirits를 씁니다. Spirit이라고 해서 대단히 신성한 정신 세계나 영혼, 유령만 뜻하는 게 아니라 '마음가짐'을 말할 때도 쓰여요. In good/bad spirits 구문의 형태로 '기운이 넘치는/쳐져 있는', '자신 있는/자신 없어 하는' 정도로 해석하면 됩니다. 참고로 소주나 보드카 같은 독한 술 역시 spirit이라고 하니까 같이 알아두시길요.

1. **A How's she doing? Is she scared of the surgery tomorrow?**
   걔 어쩌고 있어? 내일 수술 들어가는 거 무서워해?

   B No, not at all. She's in good spirits.
   아니, 전혀. 겁도 안 내고 밝은 마음으로 잘 있어.

2   Our team is in great spirits before the final game.
    결승전을 앞두고 우리 팀이 의기충천해 있어.

3   I'm worried sick about my mom. I'm not in good spirits.
    엄마가 걱정돼서 죽겠어. 내가 기운이 안 난다.

4   The world's best spirit? That depends on who you ask.
    세계 최고의 증류주? 누구에게 묻느냐에 달렸지.

준쌤의 Question

아프다고 할 때 원어민들이 I'm sick.보다 더 많이 쓰는 표현이 있는데 무엇일까요?

A I came down with something인데요, 여기서의 something은 정확한 병명으로 대체할 필요 없이 something 자체만으로도 어디가 아프다는 뜻으로 충분합니다. 물론 I came down with a cold(감기에 걸렸어). 이렇게 말해도 되지만요. 또, 앞에서 배웠던 not feeling well/good도 어디가 아프다고 할 때 요긴하게 쓸 수 있어요.

1   I think I'm coming down with something. I'm not feeling well.
    나, 아무래도 뭐에 걸린 것 같아. 몸이 안 좋아.

2   I came down with the flu.
    나, 독감 걸렸어.

3   I feel nauseous. I'm not feeling good.
    속이 울렁거려/토할 것 같아. 몸이 안 좋네.

소통 필수 표현 20

My mom made ox tail **broth**.

MP3 020

우리 엄마가 꼬리곰탕을 끓이셨어.

 탕이나 국 종류는 soup이라고 하지 않나요? Broth도 soup과 같은 뜻으로 쓰이나요?

A 국은 soup, 찌개는 stew라고만 알고 있기 쉬운데요, 국물 요리에 쓰이는 soup, broth, stock, stew의 차이점에 대해서 배워 보죠.

- **soup**: 고기, 채소 등의 재료에 양념을 첨가하여 끓여낸 국물 음식.
- **broth**: soup에서 건더기를 뺀 국물만을 말함. 육수도 이에 해당.
- **stock**: 양념 없이 재료만 끓여낸 국물. 육수에 해당하긴 하지만 그 자체로 먹는 것이 아니라 요리에 사용하기 위해 우려낸 육수를 말함. (예: 닭육수, 다시마육수, 멸치육수 등) 고형 육수도 stock이라고 함.
- **stew**: 국물보다는 재료의 종류와 양이 주가 되는 찌개나 탕.

1 **A** Do you want some seaweed soup? 미역국 좀 먹을래?
   B I'll have some broth. I don't like the texture of seaweed. (건더기 빼고) 국물만 먹을게. 내가 미역 식감을 안 좋아해서.

2 Chicken stock makes soup taste much better.
   닭육수로 국을 끓이면 훨씬 더 맛있어.

3 Hey, I made a big pot of beef stew today. It turned out pretty good—want to try some?
   야, 오늘 소고기 스튜 한솥 끓였어. 꽤 맛있게 됐는데, 좀 먹어 볼래?

 그럼 전골은요? 전골은 국물 위주니까 soup이라고 하면 되나요?

A 뜨거운 국물에 재료를 넣어 만든 전골은 hot pot이라고 하는데요, 붙여서 한 단어로 hotpot이라고도 합니다. 샤브샤브도 hot pot에 속해요.

1. **Have you tried Sichuan Hot pot?**
   너 사천 훠궈 먹어 봤어?

2. **Shabu-shabu hotpot is always right.**
   샤브샤브는 언제 먹어도 맛있어.

Q 조림은 국물보다 재료가 주가 되기도 하고 걸쭉하기도 하니까 stew라고 하면 되나요?

A 소량의 물을 넣고 뭉근한 불에서 끓여낸 조림은 braised라고 해요. '갈비 조림'은 braised short ribs, '소고기 조림'은 braised beef, '생선 조림'은 braised fish 이렇게요. 동사형 braise로도 쓸 수 있습니다.

1. **My mom's braised tofu is the best.**
   우리 엄마가 만든 두부 조림이 제일 맛있어.

2. **Braise radish and beltfish in seasoned soy sauce for about an hour.**
   무와 갈치를 양념한 간장에 한 시간 정도 조려 주세요.

Q 죽은 porridge라고 하잖아요? 그런데 죽이 묽게 끓여지면 그냥 soup이라고 해도 되나요?

A 아니요. 죽은 죽이요, 수프는 수프로다! 묽은 죽이라고 해서 soup이라고 하지는 않고요, 대신 soup처럼 묽다는 뜻으로 soupy라고 할 수는 있지요. 하지만 가장 보편적으로 쓰이는 표현은 watery예요. 물이 많이 들어가서 묽어졌으니까요.

1. **This porridge is soupy.**
   이 죽 묽다.

2. **I don't like watery porridge. Porridge should be thick and rich.**
   난 묽은 죽은 싫어. 죽은 자고로 되직하고 진해야지.

3. **This milkshake is too watery. It's like drinking a glass of milk.**
   이 밀크쉐이크, 너무 묽다. 그냥 우유 마시는 것 같아.

준쌤의 Question

액체 관련해 공부하는 김에 **juice** 질문을 드려볼게요. **Juice** 하면 보통 오렌지나 사과 주스 같은 과일 주스만 생각하기 쉬운데요, 정말 우리가 생각하는 주스에만 **juice**를 쓸 수 있을까요?

A 과일이나 채소를 짜서 나오는 물도 juice지만, 고기나 생선 등의 식재료를 조리하는 과정에서 나오는 즙 역시 juice라고 합니다. 그래서 육즙이 풍부하다고 할 때는 juice의 형용사형을 써서 juicy라고 표현해요. 또, juice가 슬랭으로 쓰이면 '영향력, 힘'이라는 뜻도 되니까 같이 알아두시고요.

1. **I want some freshly squeezed orange juice.**
   즉석에서 바로 짠 오렌지 주스를 마시고 싶어.
   — 즉석에서 바로 짠 신선한 _____ 주스를 freshly squeezed _____ juice라고 해요. 반대로 가게에서 산 주스는 store bought juice라고 합니다.

2. **My steak is so tender and juicy.**
   내 스테이크, 부드럽고 육즙도 장난 아니야.

3. **After you cook meat, save the juice.**
   고기 요리하고 나서 육즙은 버리지 말고 둬.

4. **The Youtuber, Mr. Beast got the juice.**
   유튜버 미스터 비스트는 영향력이 있어.

소통 필수 표현 21

Our house is **dated**.

우리 집은 구식이야.

Q 구식이라는 건 오래됐다는 뜻이니까 dated 대신 old를 써도 되지 않나요?

A 그렇게 생각하기 쉽지만 old와 dated에는 확실한 차이가 있어요. Old는 얼마나 오래됐냐 하는 연식을 말하는 것이고, dated는 연식과는 상관없이 스타일상 시대나 유행에 뒤떨어진 구식을 말하는 것입니다. 아무리 세련된 스타일의 옷이라도 십 년 전에 산 옷이라면 old, 어제 산 옷이라도 유행이 지난 옛날 스타일의 옷이라면 dated라고 하는 것이 맞아요.

1. **This coat is old, but it's still in style.**
   이 코트는 오래되긴 했지만, 여전히 세련된 스타일이야.

2. **Her songs sound dated.**
   그 사람 노래들은 유행에 뒤떨어져.

3. **Our bathroom is old and dated.**
   우리 화장실은 오래 되기도 했고, 스타일도 구식이야.

Q 옛날 스타일을 말하는 단어로 retro, vintage, antique도 있는데요, 이 단어들에도 차이점이 있나요?

A Retro는 추억 속 지난 시절의 스타일을 재현하는 '복고풍, 재유행'을 말하고, vintage는 옛날 것이어서 오히려 가치 있는 물건을 말해요. Vintage풍으로 보이기 위해서 디자인상 일부러 낡은 듯한 재질을 연출하기도 하죠. Antique는 vintage보다도 훨씬 더 오래된 물건으로 골동품처럼 역사적, 예술적 가치까지 포함되기도 해요.

1. **I'm really into retro music these days.**
   나 요새 복고풍 음악에 푹 빠졌어.

2 My grandpa's vintage car made in 1919 is worth a lot.
우리 할아버지 빈티지 자동차가 1919년에 만들어진 건데 가치가 상당해.

3 My friend collects antiques.
내 친구는 골동품/옛날 것들을 수집해.

준쌤의 Question

그렇다면 outdated는 dated와 의미상 무엇이 다를까요?

A Dated는 스타일만 구식일 뿐 기능상으로는 아무 하자 없는 것을 말하는 반면, outdated는 구식이라는 뜻 외에 더 이상 기능을 못하거나 쓸모없어졌다는 의미도 가지고 있습니다. 더 이상 쓸모 없으니 "너는 out!"이라고 생각하시면 쉽겠네요.

1 Her clothes look dated.
걔 옷들은 옛날 옷들 같아.

2 This website provides outdated information.
이 웹사이트에는 철 지난 정보들이 올라와 있어.

3 Our equipment is outdated. We need to replace it.
우리 설비가 낙후되서 새것으로 교체해야 해.

소통 필수 표현 22

Having sensitive teeth is pretty **common**.

MP3 022

이 시림은 꽤 흔한/일반적인 증상이다.

Q Normal에도 '일반적인'이라는 뜻이 있잖아요. Common 대신 normal을 써도 되지 않나요?

A 두 단어 다 '일반적인'의 뜻이지만 차이가 있어요. Normal은 정상, 비정상으로 분류했을 때 정상 범위 안에 들어간다는 의미에서의 일반적이라는 뜻이지만, common은 정상이든 비정상이든 그와 비슷한 경우가 흔하다는 의미에서의 일반적이라는 뜻이거든요. 위 예문에서는 이 시림 증상을 앓는 사람들의 수가 많기 때문에 일반적인 증상이라는 것이지, 이 시림 자체가 정상적인 증상이라는 건 아니기 때문에 normal이 아닌 common을 쓰는 것이 맞습니다.

1. **Hot flashes are a common symptom of menopause.**
   갑자기 열이 확 오르는 건 흔한 갱년기 증상이야.

2. **It's normal to feel jealous of a friend who makes twice as much money as you.**
   나보다 돈을 두 배 더 많이 버는 친구에게 질투심을 느끼는 건 당연해/정상이야.

3. **Having panic attacks is not uncommon these days.**
   요즘 시대에 공황장애는 드문 일도 아니야.

4. **Being overweight is not normal, but common.**
   과체중이 정상은 아니지만, 흔하긴 하지.

Q 상식을 common sense라고 하잖아요. 상식은 정상적인 사고방식을 말하는 건데, 그렇다면 normal sense라고 해야 하지 않나요? 흔한 게 아니라 정상적인 걸 말하는 거니까요.

A 일단 상식이라는 건 '누구나 그렇게 생각하고 행동할 것이다'라는 전제 하에 세워진 판단이라서 common sense라고 해요. 옳고 그름보다는 대다수의 사고방식에 무게 중심을 두었다고 보면 됩니다. 지금이야 말도 안 되는 일이지만,

과거에는 노예를 소유하거나 여성에게 투표권을 주지 않는 것이 보편적인 상식으로 받아들여졌던 것처럼요. 참고로, 누구나 알고 있는 지식으로의 상식은 common knowledge라고 합니다.

1 **There's no such thing as common sense.** 상식이란 건 없어.

2 **It's common knowledge that smoking is terrible for your health.** 흡연이 건강에 해롭다는 건 상식이야/누구나 다 알아.

준쌤의 Question

Do you think all Europeans have a common ancestor? 이 문장에서의 **common**은 어떤 의미로 쓰였을까요?

A 여기서의 common은 '공통의'라는 뜻으로 쓰였습니다. 두 가지 이상의 대상이 가진 공통점을 말할 때도 common을 사용해요. 그렇기 때문에 위 문장은 "모든 유럽인들은 조상이 똑같을까?"라고 해석할 수 있습니다. 더 나아가 수학 분수의 공통분모 역시 common denominator라고 하는데, 이 단어는 수학적인 의미 외에도 어떤 집단이나 현상의 공통된 요소, 공통된 원인 등을 말할 때도 자주 쓰여요. 또, common ground는 '타협점', common area는 '공공장소', common wall은 땅콩주택처럼 집과 집이 벽 하나로 연결되어 있는 형태의 '공동 벽면'을 말합니다.

1 **Find the common denominator of 2/3 and 5/8.**
$\frac{2}{3}$와 $\frac{5}{8}$의 공통분모를 찾으시오.

2 **The common denominator in all my friendships is a sense of humor.**
내 친구들의 공통점은 걔네가 전부 유머 감각이 있다는 거야.

3 **My husband and I have no common ground when it comes to money.**
돈에 관한 한 남편하고 나는 타협이 안 된다니까.

4 **Lots of houses in San Francisco have common walls.**
샌프란시스코에 있는 집들 중 상당수는 공동 벽면으로 지어졌어/벽 한 장 사이로 옆집이야.

5 **Don't smoke in the common area.**
공공장소에서 담배 피우지 마.

소통 필수 표현 **23**

Who's the most famous **TV commercial actor** these days?

MP3 023

요새 제일 유명한 TV 광고 모델이 누구야?

Q TV광고 모델을 CF model이라고 하지 않나요?

A 한국에서는 광고 모델을 commercial film을 우리 맘대로 줄인 CF에 model을 붙여서 CF 모델이라고 하는데요, 원어민들은 알아듣지 못하는 우리만의 콩글리시예요. 설령 원어민들에게 CF model이 commercial film model을 줄인 말이라고 설명한다 하더라도, model에서 또 막혀 버려요. Model은 본보기나 본보기가 되는 대상을 말하기 때문에 '이상적인 광고 본보기' 정도로 이해하지, '광고에 나오는 주인공'이라고는 생각하지 않거든요. 올바른 영어는 TV commercial actor인데요, 광고 안에서 짜여진 대본대로 연기를 한다는 점에서 쉽게 이해되는 명칭이죠. 여자 모델인 경우에는 actress라고 하지만, 요즘엔 구별 없이 actor로 통칭하는 경우도 많습니다.

1. **She's a hot TV commercial actress these days.**
   그 사람이 요새 잘 나가는 TV 광고 모델이야.

2. **Once he was a famous TV commercial actor.**
   그 사람, 한때 유명한 TV 광고 모델이었어.

3. **How do you become a TV commercial actor?**
   어떻게 하면 TV광고 모델이 될 수 있나요?

Q 그럼 잡지 모델은 뭐라고 하나요?

A 말 그대로 magazine model이라고 해요. 아까는 model이 안 된다면서, 지금은 왜 또 model이라고 하느냐고 화내지 마시고 제 말씀 좀 들어 보세요. 잡지 모델은 TV 광고 모델처럼 움직이는 화면의 주인공이 아니라 정적인 사진을 위해 포즈를 취하는 사람들이라 actor가 아닌 model이라고 해요. 이런 핏이 나온다는 '본보기'가 되는 사람들이니까요.

CHAPTER 1 　 함부로 대체할 수 없는 단어들

1   Being a magazine model sounds so cool.
    잡지 모델하면 진짜 좋겠다.

2   My dog is a pet magazine model.
    우리 개는 반려동물 잡지 모델이야.

3   The competition for magazine models is high.
    잡지 모델 경쟁률이 높아.

준쌤의 Question

그럼 '광고를 찍었다, 광고에 나왔다'는 말은 어떻게 할까요?

A '찍었다'는 말 때문에 어려울 것 같지만, 간단하게 광고를 '했다'고 생각하고 do를 써 주면 됩니다. 광고에 '나왔다'는 말은 광고 속에 '들어가 있다'고 생각하고 in을 써 주면 되고요.

1   She did a chicken commercial.
    그 사람, 치킨 광고 찍었어.

2   He was in a GM car commercial.
    그 사람, GM 차 광고에 나왔어.

소통 필수 표현 24

I'll just take a **quick** shower.

MP3 024

빨리 샤워하고 나올게.

Q Fast도 '빨리'라는 뜻이잖아요. Quick 대신 fast를 써도 괜찮겠죠?

A 안 괜찮아요. Quick, fast 두 단어 다 '빠른/ 빨리'라는 뜻이지만 무게 중심이 다른 곳에 있거든요. Quick은 어떤 일을 처리하는 데 걸리는 시간이 짧을 때 '신속한, 재빨리'의 의미로 쓰이는 반면, fast는 시간이 아닌 속도(speed)에 무게 중심을 두고 있어서 걸음걸이가 빠르다거나 시간이 빨리 흐른다고 할 때 쓰입니다. 위 예문에서는 짧은 시간 안에 재빨리 샤워를 마치겠다는 것이라서 fast가 아닌 quick이 맞는 표현이에요.

1 **You walk so fast.**
넌 걸음이 너무 빨라.

2 **He drives too fast.**
그 사람, 과속 운전해.

3 **Let me use the bathroom. I'll be quick.**
나 화장실 좀 쓰자. 금방 나올게.

4 **We don't have much time. We need a quick decision.**
우리 시간이 별로 없어. 빨리/신속하게 결정해야 해.

Q Rapid도 '빠른'이라는 뜻이라고 알고 있는데요, 이 단어는 fast와 quick 중 어느 것과 호환이 가능한가요?

A Rapid는 quick처럼 신속함에 초점을 맞춘 단어입니다. 그래서 일의 처리 과정이 빠를 때 쓰이는데요, 짧은 시간 안에 이루어진 결과나 현상을 말할 때도 자주 쓰여서 '급격한, 급속한'의 뜻도 가지고 있어요. Rapidly라는 부사로도 자주 쓰입니다.

1   The rapid growth of AI is kind of scary.
    인공지능이 급속하게 성장하는 게 좀 무섭긴 해.

2   Housing prices have been escalating rapidly.
    집값이 급격하게 치솟고 있어.

— **escalate** 에스컬레이터(escalator)를 타면 윗층으로 올라가듯이 이 escalate에는 '물가, 가격, 임금 등이 오르다'라는 뜻이 있어요. 에스컬레이터가 계단처럼 생긴 것처럼 '단계적으로 증대, 확장시키다'는 뜻도 있고요. 앞으로는 백화점 에스컬레이터만 생각하지 마시고 대화에 활용할 수 있게 꼭 알아두시길요.

준쌤의 Question

시간이 너무 빨리 지나갔거나 일이 신속하게 끝났을 때 '눈 깜빡할 새'라는 말을 많이 하는데요, 영어에도 비슷한 표현이 있을까요?

A 놀랍게도 우리말과 똑같은 표현이 있는데, 바로 blink of an eye라는 표현입니다. 그런데 원어민이 일상에서 blink of an eye 보다 더 자주 쓰는 표현이 있으니, 그것은 바로…. before you know it! '네가 알기도 전에, 알아챌 만큼의 시간이 지나기도 전에'라는 의미예요.

1   Time flies in the blink of an eye.
    시간은/세월은 눈 깜짝할 새 흘러가 버려.

2   I'll be back before you know it.
    언제 갔었나 싶게 빨리 돌아올게.

3   Christmas will be here before you know it.
    벌써 크리스마스인가 싶게 곧 크리스마스가 올 거야.

소통 필수 표현 25

I'm **ashamed** I flunked the math test.

MP3 025

수학 시험을 완전히 망쳐서/낙제해서 창피해.

Q 창피하다고 할 때 embarrassed도 쓰지 않나요? Ashamed, embarrassed 둘 다 똑같이 창피하다는 뜻인가요?

A Ashamed는 떳떳하지 못한 행동, 나쁜 짓을 해서 수치심이나 죄책감이 들 때 느끼는 부끄럽고 창피한 감정이고, embarrassed는 사람들 앞에서 실수를 하는 등의 민망한 입장에 놓였을 때 느끼는 부끄럽고 창피한 감정이에요. 물건을 훔치다 들켜서 창피한 건 ashamed, 사람들 앞에서 쾅당 넘어져서 창피한 건 embarrassed입니다. 우리말과 다르게 영어에서는 상황에 따라 표현이 달라지니 잘 구분해야 해요.

1. **You should be ashamed of yourself.**
   너 부끄러운 줄 알아야지.

2. **I'm deeply ashamed of my behavior.**
   내가 한 행동에 대해 진심으로 부끄럽게/창피하게 생각해.

3. **I farted in the crowded subway. I felt so embarrassed.**
   내가 사람 많은 지하철에서 방귀를 뀌었거든. 어찌나 창피하던지/쪽팔리던지.

4. **My dad jokes are so embarrassing.**
   우리 아빠가 하는 농담들 때문에 창피해 죽겠어.

Q 창피한 줄 알라고 할 때 Shame on you.라고 하잖아요. Shame과 ashamed의 차이는 무엇인가요?

A 일단 ashamed는 형용사, shame은 명사, 동사 두 가지 품사로 쓰여요. 의미상 수치심과 창피함을 느낀다는 점에서는 같지만, shame은 안타깝다는 뜻도 같이 가지고 있어요. 제일 친한 친구 결혼식에 참석 못할 사정이 생긴다면 많이 안타깝고 속상하겠죠? 바로 그런 상황에 shame을 쓸 수 있어요.

1 **She felt ashamed and blushed. / She blushed with shame.** 그 사람이 수치심 때문에 얼굴이 빨개졌어.

2 **It's a shame that you can't make it to the party.**
네가 파티에 못 온다니 안타깝다.

3 A **Their wedding was outdoors, and it rained the whole time.** 걔네 야외 결혼식했는데, 결혼식 내내 비가 왔어.
B **What a shame!** 저걸 어째!

Shame에 대해서 여러분께 한 가지 더 알려드릴 게 있어서 들이대 봅니다. Body shaming, fat shaming이라는 표현인데요, 무슨 뜻인지 짐작이 가시나요? Body shaming, fat shaming 모두 '외모 비하'로 쓰여요. Fat shaming이 뚱뚱한 사람을 놀리는 표현이라면, body shaming은 뚱뚱한 사람뿐 아니라 너무 말라서 볼품 없는 사람, 다리가 짧은 사람 등 외모 전반에 걸쳐 쓰이는 표현입니다. '외모 비하를 하다'라는 동사형으로 쓰고 싶다면 body shame, fat shame이라고 하면 돼요.

1 **She body shamed me.**
걔가 내 외모를 비하했어/놀렸어.

2 **Look at your belly. You have no right to fat shame others. Who calls who fat?**
네 배를 좀 보고 말해. 넌 다른 사람 살쪘다고 놀릴 자격이 없어. 누가 누굴 보고 뚱뚱하대?

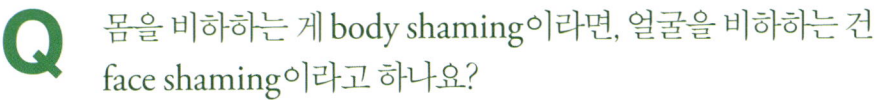

Q 몸을 비하하는 게 body shaming이라면, 얼굴을 비하하는 건 face shaming이라고 하나요?

A 아니요. Face shaming이라는 표현은 쓰지 않습니다. 얼굴이 못생겼다고 비하할 때 쓰는 영어 표현은 딱히 없어요. 그냥 풀어서 make fun of one's face, call someone ugly라고 하는 게 보편적이에요.

1 **My friends always make fun of my face. I hate it.**
내 친구들이 맨날 내 얼굴 가지고 놀려. 진짜 싫어 죽겠어.

2 **Someone called me ugly today.**
오늘 누가 나보고 못생겼다고 하더라.

Q Humiliated랑 shy도 창피하고 부끄럽다는 뜻이잖아요. 이 단어들은 정확히 어떤 상황에 쓰여요?

A Humiliated는 자존심에 상처를 받았을 때, 굴욕감이나 모욕감을 느꼈을 때의 창피함을 말해요. 드라마 명대사 "넌 나에게 모욕감을 줬어."에 딱인 표현이 humiliated라고 이해하시면 됩니다. 그에 반해 shy는 내성적인 성격에서 오는 수줍음을 말해요. 사람들 앞에 나서는 것을 부끄러워하고, 다른 사람한테 쉽게 먼저 말을 걸지 못하는 사람에게 shy를 쓰는데요, 사람뿐 아니라 낯을 가리는 동물에게도 쓸 수 있습니다.

1 **I was humiliated beyond words when they revealed my biggest secret to everyone.**
걔네들이 내 가장 큰 비밀을 모두에게 밝혔을 때, 말로 표현할 수 없을 정도로 굴욕감을 느꼈어.

2 **I can't go on stage. I'm too shy.**
난 무대엔 못 올라가겠어. 너무 수줍단 말이야.

3 **My dog is very shy.** 우리 개는 낯을 많이 가려.

준쌤의 Question

너무 창피하거나 민망할 때 "쥐구멍에라도 들어가고 싶다"는 말을 하는데요, 영어에도 이런 표현이 있을까요?

A 쥐구멍이란 표현은 없지만 I want to be invisible. I want to disappear forever. 이런 식으로 창피한 순간을 어떻게든 모면하고 싶다는 뉘앙스를 담아서 표현할 수는 있어요. 투명인간이 되거나 없어져 버리면 아무도 나를 보지 못할 테니까요.

1 **She body shamed me in front of people, and I was totally humiliated. I wanted to be invisible.**
걔가 사람들 앞에서 내 외모 비하를 했는데 어찌나 굴욕적이던지. 투명인간이 되고 싶더라니까.

2 **My crush heard me fart. I just want to disappear forever.** 내가 좋아하는 애가 내 방귀 소리를 들었어. 나, 그냥 어디론가 영영 사라져 버리면 좋겠어.

소통 필수 표현 26

I **ran into** him at a coffee shop yesterday.

MP3 026

나 어제 커피숍에서 그 사람을 만났어.

Q 누구를 만난 거면 meet을 써야 하지 않나요?

A Meet은 주로 약속하고 만날 때 쓰여요. Run into someone은 누구를 '우연히' 만날 때 쓰이고요. 우연히 만났다고 할 때 원어민들도 그냥 meet을 쓰기도 하니까 아주 틀린 건 아니지만, 그건 대화 속에서 자연스럽게 상황이 이해될 때 이야기고, 우연히 만났다는 걸 한마디로 전달하려면 run into ~가 좋습니다.

1. **I ran into my ex-husband earlier today.**
   오늘 아까 우연히 전 남편을 만났어.

2. **We ran into each other at the restaurant.**
   우리, 식당에서 서로 우연히 만났어.

3. **I ran into your daughter in Seattle. How funny!**
   시애틀에서 우연히 네 딸을 만났어. 어찌나 신기하던지!

4. **I'm meeting my friend this afternoon.**
   오늘 오후에 내 친구 만나기로 했어.

Q 우연히 만난 거니까 accidentally meet이라고 풀어서 말해도 되죠?

A 아니요. Accidentally가 '우연히'이긴 하지만 accident의 원래 의미는 '사고'잖아요. 사고가 반가운 사람은 아마 없겠죠. 그래서 accidentally는 주로 우연히 일어난 불쾌한 일에 '실수로, 잘못해서'의 뜻으로 쓰이는 경우가 많습니다. 그러니 사람을 우연히 만났다고 할 때는 accidentally가 아닌 unexpectedly를 써야 해요. 기대하지 않았던, 계획에 없었던 만남이라는 의미로요.

1. **I accidentally broke my mom's wine glass.**
   내가 실수로 우리 엄마 와인 잔을 깼어.

2 **I accidentally hit delete.**
   잘못해서 내가 삭제 버튼을 눌렀어.

3 **I unexpectedly met him at the store.**
   가게에서 우연찮게 그 사람을 만났어.

4 **I unexpectedly won the lottery.**
   기대하지도 않았는데 내가 복권에 당첨됐어.

Q Bump into ~도 누구를 우연히 만났을 때 쓸 수 있지 않나요?

A 네, 맞아요. 누군가를 우연히 만났을 때 원어민들이 자주 쓰는 표현 중 하나입니다. 우리말로도 '아무개와 우연히 부딪쳤다(bump)'라고 표현하기도 하죠? 그리고 우연히 일어난 일이라는 점에서 happened to meet ~이라고 하기도 해요. Encounter 역시 우연히 만났다는 뜻인데, 사람뿐 아니라 어떤 상황에 부딪치거나 문제에 직면했을 때도 사용할 수 있습니다.

1 **I bumped into my elementary school friend.**
   우연히 내 초등학교 때 친구를 만났어.

2 **We live in the same area, but we never bump into each other.**
   우리, 같은 지역에 살면서도 단 한번도 우연히 마주치지를 않는다니까.

3 **I happened to meet my boss at the public bath house. It was so embarrassing.**
   공중 목욕탕에서 우연히 내 직장 상사를 만났어. 어찌나 민망하고 창피하던지.

4 **He said he happened to meet your mom on the bus.**
   걔가 버스에서 우연히 너희 어머니를 만났다더라고.

5 **I encountered my employees at a restaurant, and I ended up paying for everybody's dinner.**
   식당에 갔다가 우연히 우리 직원들을 만나서 결국 내가 그 사람들 저녁까지 다 사 주고 말았어.

6 **We didn't plan to meet. It was just a casual encounter.**
   만나기로 한 게 아니었어. 그냥 우연히 만나게 된 거야.

— **casual encounter** 우연한 만남

7   **It was a brief encounter at the airport.**
    공항에서 우연히 스치듯 만났어.

    — **brief encounter** 짧은 만남

8   **Our plan encountered obstacles.**
    우리 계획이 장애물에 부딪혔어/문제가 생겼어.

9   **I encountered many great ideas during my vacation.**
    휴가 보내는 동안에 좋은 생각들이 많이 떠올랐어.

    — 좋은 생각들을 우연히 만난 것이므로 '떠오르다'의 의미로 발전

준쌤의 Question

Come across에도 '우연히 만나다'의 뜻이 있는데요, encounter, run into, bump into와 똑같은 표현일까요?

A Come across는 어떤 사람을 우연히 만났을 때도 쓸 수 있긴 하지만, 그보다는 무엇을 우연히 발견하거나 이해된다는 뜻으로 쓰일 때가 더 많아요. 또, 첫인상처럼 누군가에게 어떤 '인상을 주다'의 의미로 쓰이기도 합니다.

1   **I came across Jim at the gym.**
    짐(헬스장)에서 우연히 짐을 만났어.

2   **I came across a cute gift store tucked away downtown.**
    시내 구석에 박혀 있는 귀여운 선물 가게를 발견했어.

3   **I still don't know what the movie was about. It didn't come across to me.**
    난 아직도 그 영화가 뭔 내용이었는지 모르겠어. 이해가 안 돼.

4   **He came across as rude.**
    그 사람이 무례하다는 인상을 줬어.

소통 필수 표현 27

I need **gas**.

MP3 027

차에 기름 넣어야 해.

Q 기름은 oil 아닌가요? Gas는 부탄가스 같은 기체를 말하는 거잖아요.

A Gas를 기체라고만 생각하기 쉬운데요, 액체 상태의 휘발유 역시 gas라고 합니다. 차에 기름을 넣어야 한다는 의미로 원어민에게 I need oil.이라고 하면 대체 무슨 기름이 필요하다는 건지, 식용유를 말하는 건지, 바디 오일을 말하는 건지 고개를 갸우뚱할 겁니다. 휘발유는 gas, 주유소 역시 gas station이라고 해요. 단, 자동차 엔진 오일은 oil이 맞아요.

1. **We're running out of gas.**
   우리 차 기름 거의 다 떨어져 가.

2. **I need to stop at a gas station.**
   주유소에 잠깐 들러야겠어.

3. **My car needs an oil change.**
   내 차 엔진 오일 갈아야 해.

Q Oil, gas처럼 우리가 잘못 사용하고 있는 영어 단어들이 또 있을까요?

A 이번 레슨에서는 차에 대한 얘기를 하고 있으니 차 부속품들 이름을 살펴보기로 하죠.

백미러(back mirror) → **rear view mirror**
윈도우 브러시(window brush) → **wiper**
앞창 브러시 → **windshield wiper**
자동차 핸들(handle) → **steering wheel**

프론트 윈도우(front window) → **windshield**
뒤창 브러시 → **rear/back windshield wiper**
본네트(bonnet: 영국) → **hood**(미국)

1 I need to adjust the rear view mirror.
백미러 방향 조정 좀 해야겠다.

2 It looks like you need new windshield wipers.
네 차 앞창 윈도우 브러시 새 걸로 교체해야 할 것 같은데.

준쌤의 Question

'자동차 정비소'는 영어로 뭐라고 할까요?

A 차에 문제가 있어서 '고치려고' 가는 곳이 정비소인 만큼 영어로도 repair를 써 주면 되겠죠. Car repair shop이라고 해도 되지만, 보통은 auto repair shop이라고 합니다. 또 '정비사'에 초점을 두어 mechanic shop이라고도 해요. 일반적으로 가장 캐주얼하게는 garage라고 불러서, 차고를 말하는 것인지, 정비소를 말하는 것인지는 상황에 따라 달라집니다.

1 Do you know a good auto repair shop? I need to take my car in.
잘하는 자동차 정비소 어디 아는 데 있어? 내 차 정비소에 가져가야 하는데.

2 My car broke down, so I took it to the garage.
내 차가 고장 나서 정비소에 갖다 놨어.

3 Our garage is full of junk, so we park our cars in our driveway.
우리 집 차고에 잡동사니를 많이 쌓아 놔서 우리는 차들을 (차고 앞에 연결된) 진입로에 세워 놔.

소통 필수 표현 28

Their marriage is a façade.

MP3 028

그 사람들은 쇼윈도 부부야.

Q 쇼윈도 부부는 show window couple 아닌가요? Façade는 또 뭐예요?

A Show, window, couple 세 단어 다 영어인데도 합쳐 놓으면 콩글리시가 됩니다. Façade는 불어로 건물 등의 '정면, 외관'을 말하는데, face와 어원이 같아요. 사람을 정면에서 볼 때 제일 먼저 눈에 띄는 것이 얼굴이듯, 건물을 정면에서 볼 때 제일 먼저 눈에 띄는 건 외관이잖아요. 그런데 안은 허름하면서 외관만 번지르르한 건물들도 있죠? 그래서 façade에는 '겉치레'라는 의미도 있어요. 그 겉치레를 인간관계에 적용시키면 집에선 서로 머리끄덩이 잡고 싸우면서 남들에게는 알콩달콩 잘 사는 척 위장하는 쇼윈도 부부/커플처럼 허울뿐인 관계를 말해요.

1 **They seem to love each other, but it's not what it looks like. It's a façade.**
개네들 서로 사랑하는 것 같아 보여도, 보이는 게 전부가 아니야. 쇼윈도 커플이야/다 쇼야.

2 **I know they're trying to preserve the façade of a happy marriage.**
그 부부, 행복한 결혼 생활을 하고 있는 것처럼 행세하려는 거 내가 다 알지.

3 **Behind his cheerful, outgoing façade, he's a lonely person.**
그 사람이 활달하고 외향적으로 보여도, 뒤로는 외로운 사람이야.

4 **The building has a fancy façade, but actually, it's pretty humble inside.**
그 건물이 밖은 번지르르해 보여도, 사실 안은 참 허름해.

5 **The façade of this cathedral remains unfinished.**
이 대성당의 외관은 미완성인 채로 남아 있다.

준쌤의 Question

쇼윈도 부부의 유사품 '위장 결혼'은 영어로 뭐라고 할까요?

A 시민권이나 영주권 획득 등의 목적으로 서류상으로만 하는 위장 결혼을 영어로는 sham marriage (sham: 가짜), marriage of convenience(편의상의 결혼)라고 해요. Fake marriage라고도 하지만 일상에서 주로 쓰이는 표현은 앞의 두 표현입니다.

1 He's going to have a sham marriage to get American citizenship.
그 사람이 미국 시민권 받으려고 위장 결혼한대.

2 Ours is a marriage of convenience rather than a marriage of love.
우린 사랑해서 결혼한 게 아니라 위장 결혼을 한거지.

3 Some gay men have marriages of convenience with women to hide their homosexuality.
동성애를 숨기려고 여자와 위장 결혼하는 게이들도 있어.

소통 필수 표현 29

Lower your standards.

MP3 029

눈높이를 낮춰.

Q 눈높이는 eye level 아닌가요? Lower your eye level.이 맞을 것 같은데요.

A Eye level은 벽에 그림을 걸 때처럼 물리적인 눈높이를 말해요. 한국에서는 '눈높이'가 상대방(특히 아이들)의 수준과 능력치에 맞추는 걸 뜻하기도 하지만, 영어는 달라요. 그래서 원어민에게 eye level education이라고 하면 아이들에게 공부를 가르칠 때 그야말로 눈높이를 맞추려고 그들과 앉은키를 똑같이 하라는 의미로 받아들이기 십상입니다. 한국인 이민자들이 많이 사는 미국 대도시에는 한 교육기업이 Eye Level Learning이라는 이름으로 들어와 있기는 하지만, 그렇다고 원어민들이 '눈높이'를 한국식으로 이해하는 것은 아니에요. 그냥 이름일 뿐이죠. 뭔가를 상대방의 눈높이(수준, 능력치)에 맞춘다고 하려면 bring ___ (down) to one's level/keep ___ (down) at one's level이라고 풀어서 설명하는 것이 좋아요. 위 예문에서처럼 '기대치'로의 눈높이라면 standard(기준)가 적합하고요.

1. With your high standards, you won't find a man. You should lower your standards.
   너처럼 눈 높았다간 아무 남자도 못 만나. 눈높이를 좀 낮춰.

2. She's only five. We should keep the conversation at her level.
   걔 겨우 다섯 살이야. 우리가 대화 수준을 걔 눈높이에 맞춰야지.

3. Trigonometric functions are too hard for him. Let's bring it down to his level.
   걔한테 삼각함수는 너무 어려워. 걔한테 맞게 수준을 좀 내리자.

4. The painting is not at eye level. Can you move it down a little?
   그림이 눈높이랑 안 맞는데. 좀 더 밑으로 내려 볼래?

Q '사람 보는 눈이 있다'를 영어로 어떻게 말하나요?

A 눈이 있으면 아시겠지만, 이 표현 역시 딱 봐도 신체적인 '눈'과는 상관이 없죠? 상대방의 성격을 잘 파악하고 판단한다는 뜻이기 때문에 be a good judge of character라고 해요. 반대로 '사람 보는 눈이 없다'고 할 때는? Be a bad judge of character라고 하면 되겠죠?

1. **I'm a good judge of character.** 난 사람 보는 눈이 있어.

2. **Whenever I have a new boyfriend, I bring him to my grandma, because she's a very good judge of character.**
우리 할머니가 사람을 되게 잘 보셔서 새 남자 친구가 생길 때마다 내가 할머니께 데리고 가.

3. **He's a bad judge of character. Everyone around him is a scumbag.**
갠 사람 보는 눈이 없어. 걔 주위에는 죄다 쓰레기 같은 사람들만 있다니까.

— **scumbag** scum은 연못 위에 둥둥 떠다니는 더러운 이끼나 이물질을 말하기도 하고, 술을 발효시키고 남은 찌꺼기를 말하기도 해요. 이 단어가 사람에게 쓰이면 '상종 못할 쓰레기 같은 인간'을 뜻합니다.

Q 마음에 드는 사람이나 물건에 '눈독을 들인다'고 하잖아요. 영어로는 어떻게 말하나요?

A 마음에 드는 게 있으면 계속 그것만 쳐다보게 되기 때문에 이 경우에는 eye를 써서 표현해요. 그렇다고 eye poison은 아니고… have one's eye on ~, get one's eye on ~이라고 합니다. 단, 문제를 일으킬 것 같은 사람에게 "내가 지켜보고 있으니 조심해라"라고 경고할 때도 이 표현을 쓰기 때문에 상황과 문맥을 잘 살펴야 합니다.

1. **I have my eye on Heather.** 나, 헤더한테 눈독 들이고 있어.

2. **She's had her eye on this red dress for weeks, but it's too much money for her.**
걔가 이 빨간색 원피스에 몇 주째 눈독을 들이고 있는데, 걔한텐 너무 비싸.

3. **You better be careful. I have my eye on you.**
너, 조심하는 게 좋을 거야. 내가 너 지켜보고 있다.

Q Keep one's eye(s) on ~은 have one's eye on ~과 어떻게 다른가요?

A Keep에 초점을 맞춰서 이해해 보면 어떤 대상에 시선을 '유지한다'는 해석이 나와요. 한눈 팔지 않고 계속 지켜보는 거죠. 어디로 튈지 모르는 어린아이를 돌보는 것처럼 주의를 요하는 일에 쓰이는 표현이에요.

1 **Can you keep your eye on her while I'm on the phone?**
내가 전화하는 동안 얘 좀 봐 줄래?

2 **Don't worry. I'll keep my eyes on the stove.**
걱정 마. 내가 가스렌지 (불) 잘 보고 있을게.

3 **Keep your eye on the grill. You don't want to burn the steak.** (바비큐) 그릴 잘 보고 있어. 스테이크 태우면 안 되니까.

준쌤의 Question

See _____ through one's eyes라는 표현이 있는데요, 무슨 뜻일까요?

A 다른 이의 눈을 통해 본다는 건 그 사람 입장에서 생각해 본다는 것과 같은 뜻이겠죠. 내가 아닌 다른 사람의 입장을 고려하고 배려한다는 의미예요. Put yourself in one's shoes, walk a mile in one's shoes와 같은 뜻이라고 보면 됩니다.

1 **I'm trying to see things through my employees' eyes.**
난 내 직원들 입장에서 생각하려고 노력해.

2 **He never sees anything through other people's eyes.**
그 사람은 절대 다른 사람들 입장은 생각 안 해.

3 **As a mom of three kids, I see everything through their eyes.**
내가 애 셋 키우는 엄마이다 보니까 모든 걸 다 아이들 입장에서 생각하게 돼/아이들 시선으로 바라보게 돼.

4 **You wouldn't say that if you walk a mile in his shoes.**
네가 그 사람 입장이 되어 보면 그런 말 안 할걸.

소통 필수 표현 30

I love my **neighborhood**.

MP3 030

난 우리 동네가 맘에 들어.

Q Neighborhood는 '이웃' 아닌가요? 어떻게 '동네'라고 해석됐죠?

A '이웃'에도 두 가지 뜻이 있는데요, 이웃 사람을 말할 땐 neighbor, 장소로의 이웃을 말할 땐 neighborhood입니다. 후자의 경우엔 '인근, 주변, 근처, 동네'라는 뜻으로 해석할 수 있어요. 대상이 이웃 사람인지, 동네인지에 따라 neighbor와 neighborhood로 확실히 구별해서 써야 해요.

1 Our neighbor has cats.
우리 이웃 사람이 고양이들을 키워.

2 There are so many stray cats in our neighborhood.
우리 동네에 길냥이들이 참 많아.

3 We're so lucky to have such nice neighbors.
우리 이웃들이 다 좋은 사람들이라 얼마나 다행인지 몰라.

4 We're so lucky to live in this nice neighborhood.
우리가 이렇게 좋은 동네에 사는 게 얼마나 다행인지 몰라.

Q Hood는 '모자'잖아요. 그런데 '모자' 말고도 무슨 다른 뜻이 있나요? 그래서 neighbor와 hood가 한 단어로 '동네'가 되는 건가요?

A Hood에는 '모자' 말고도 '빈민가'의 뜻도 있고, 같은 처지에 있는 사람들이나 비슷한 사람들의 '집단'이라는 뜻도 있어요. 형제애나 남자들 간의 우애를 brotherhood라고 하는 이유도 이 때문이죠. Neighborhood는 모자나 빈민가와는 상관 없이 이웃(집단)이 모여 사는 지역이라고 이해하시면 됩니다.

1 I grew up in this neighborhood.
나는 이 동네에서 자랐어.

2 I grew up in the hood.
나는 빈민가에서 자랐어.

3 The brotherhood of men can be easily broken over a woman.
남자들 의리/우애라는 게 여자 하나로 깨지기 참 쉽지.

Q Brotherhood가 형제들, 남자들 사이의 우애라면, 자매나 여자들 사이의 우애는 sisterhood라고 하나요?
Brotherhood는 들어 봤는데 sisterhood는 좀 생소해서요.

A 네, brotherhood의 자매품으로 sisterhood도 있습니다. 자매나 여자들 사이의 우애를 말해요. 한 가지 유의할 점은 sisterhood가 '여군 단체, 수녀 단체, 여자 동기 단체나 모임'을 말할 때도 쓰인다는 점이에요. Brotherhood 역시 '군대, 목사님/신부님 단체, 남자 동기 단체나 모임'에 쓰이고요.

1 We have strong bonds of sisterhood.
우리 자매 사이는 참 돈독해.

2 They grew up in the same neighborhood and built a sisterhood.
걔네들은 같은 동네에서 자라서 친자매처럼 맺어졌어.

3 She's a part of the sisterhood of nuns.
그분도 수녀님들 중 한 분이셔.

4 Those guys share the brotherhood of the Special Forces.
저 남자들은 같은 특수부대 출신들이야.

준쌤의 Question

I'm in the neighborhood.는 무슨 뜻일까요? '내가 그 동네에 있다.'라고 해석하면 좀 어색한데 말이죠.

A 앞에서 neighborhood에 '주변, 근처'라는 뜻도 있다고 했죠? 그래서 '근처에 왔어/있어'라고 해석하면 됩니다. 볼일이 있어서 어느 장소에 갔다가 그 근처에 사는 지인에게 연락을 할 때 '근처에 온 김에'의 뜻으로 쓰이는 거예요.

1. **I just dropped by to say hi because I'm in the neighborhood.**
   이 근처에 온 김에 인사나 하고 가려고 들렀지.

2. A **I'm craving real Montreal-style bagels, but they're sold only in Montreal.**
   진짜 몬트리얼 스타일 베이글이 당기는데, 그건 몬트리얼에서만 팔아.
   B **You should've asked me. I was in that neighborhood this morning.**
   나한테 부탁하지 그랬어. 오늘 아침에 그 근처에 있었는데.

3. **We should have dinner together since you're in the neighborhood.**
   너 이 근처까지 온 김에 저녁 같이 먹자.

Q 그럼 거리상 '근처까지 왔다/거의 다 왔다'고 할 때는 어떻게 말하나요?

A 거리상 가깝다고 할 때는 [pretty close to + 장소], [be almost + 장소] 구문으로 말할 수 있어요. 또, [be + 장소 + in a minute/second] 구문으로 거의 다 왔으니 곧 도착한다는 점을 강조해도 좋은데요, 이 구문은 아직 출발하지 않은 상태에서도 쓸 수 있다는 것을 알아두세요.

1. **Just give me a couple more minutes. I'm almost there.**
   몇 분만 더 기다려. 거의 다 왔어/바로 근처야.

2. **I'm almost home.**
   집에 거의 다 왔어.

3. **I think I'm pretty close to the museum.**
   여기 지금 박물관 근처인 것 같은데/박물관하고 가까운 데 있는 것 같은데.

4. **I'll be there in a second.**
   곧 도착해/거의 다 왔어/곧 갈게.

5. **I'm leaving now. I'll be there in a minute.**
   지금 나갈게. 금방 도착할 거야.

소통 필수 표현 31

I think he has an **ulterior** motive.

MP3 031

걔한테 다른 속셈이 있는 것 같아.

Q '다른'이니까 different를 써도 되겠네요?
I think he has a different motive. 이렇게요.

A 언뜻 보기엔 같은 것 같지만 ulterior와 different는 다른 뜻입니다. Different는 A가 아니라 B라는 식으로 선택적인 개념인데 비해서, ulterior는 표면적으로 나타나지 않은 숨겨진 것, 그래서 당장은 알고 싶어도 알 수 없는 것을 말하기 때문에 정확히는 '다름'이 아닌 '꿍꿍이속'이라고 봐야 하거든요.

1 **I bet he approached you with an ulterior purpose.**
그 사람이 분명 무슨 꿍꿍이속이 있어서 너한테 접근한 걸 거야.

2 **She probably has some ulterior motive for being so nice to me.**
걔가 나한테 그렇게 잘해 주는 게 아무래도 무슨 속셈이 있는 것 같아.

3 **I have different motives to study than you do.**
내가 공부하는 이유는 너랑은 달라.

Q Different가 ulterior의 유사어가 아니라면, 어떤 단어들을 ulterior의 유사어로 쓸 수 있나요?

A Secondary(이차적인), hidden(숨겨진), underlying(저변의) 등이 있어요. 이 단어들의 뜻만 봐도 different와는 근본적으로 차이가 있죠?

1 **I have a secondary motive for dating her.**
내가 걔를 사귀는 이차적인/다른 이유가 따로 있단다.

2 **What's your hidden motive?**
네 속셈이 뭐니?

3 **Did you get the underlying message of the movie?**
너, 그 영화의 숨겨진 메세지/그 영화가 진짜 전달하려는 메세지가 뭔지 알겠어?

준쌤의 Question

왠지 느낌에 motive는 동사, motive의 명사형은 motivation이라고 생각하기 쉬운데요, 둘 다 명사입니다. 생김새 때문에 뜻도 똑같을 것 같지만 그렇지 않아요. 둘은 어떻게 다를까요?

A Motive는 '동기/의도', motivation은 '동기부여/자극'이란 뜻이에요. 다시 말하면 어떤 motive를 갖게 된 이유가 바로 motivation이라는 거죠. 예를 들어 내가 그토록 꼴 보기 싫어하는 김 대리를 누르고 승진하고 싶다면 나의 motive는 승진이고, motivation은 김 대리라는 겁니다.

1 **A** I have to win the competition.
내가 대회에서 꼭 우승해야 해.

B You seemed to have a strong motive. What's the motivation?
목표 한번 확실하네. 왜 꼭 이겨야 하는데?/이유가 뭔데?

A The winner gets 100,000 dollars. I need the money.
우승자한테 십만 달러를 준대. 난 그 돈이 필요하거든.

소통 필수 표현 **32**

I don't know about him.

MP3 032

그 사람이 어떤 사람인지 난 잘 모르겠어.

Q 알긴 알아도 잘은 모른다는 거니까 I don't know that much about him.이라고 해도 되는 거죠?

A 아니요. I don't know about him.과 I don't know that much about him.은 전혀 다른 뜻이에요. 하나 더 덧붙이자면 I don't know him.도 다른 뜻이고요. 세 표현이 어떻게 다른지 지금부터 설명 들어갑니다.

I don't know + 아무개 이건 순전히 아무개를 알고 모르고의 문제예요. 그 사람이 누군지 만나 본 적도 없고 전혀 모른다는 뜻입니다.

I don't know that much about + 아무개 아무개를 알긴 하지만 그렇게 잘은 모른다는 뜻이에요. 만약 [I don't know anything about + 아무개]라고 하면 그 사람에 대해서 아는 바가 전혀 없다는 거고요. 두 표현 다 특정 대상에 대한 '정보'가 부족하거나 없다고 이해하시면 됩니다.

I don't know about + 아무개 아무개에 대한 '정보'의 많고 적음과는 완전 별개로, 그 사람의 본성이나 사람됨에 대한 '확신'이 없다는 말이에요. 좋은 사람인 줄 알았는데 오늘 보니까 그게 아닌 것 같을 때, 성실하다고 생각했는데 몰래 몰래 딴짓하고 있다는 걸 알았을 때 "아… 저 사람, 잘 모르겠네."라고 하잖아요. 누군지 몰라서가 아니라 그 사람에 대한 확신이나 믿음이 없다는 의미에서 말이죠. 바로 그 표현입니다. [I don't really know about + 아무개] 역시 같은 뜻인데요, really 때문에 '정말로 그 사람에 대해 아는 바가 없다'고 오역하기 쉬우니까 확실하게 알고 넘어가셔야 해요.

1. **A** Do you know Lauren? 너 로렌 알아?
   B No, I don't know her. 아니. 누군지 모르는데.

2. **A** Do you know Lauren? 너 로렌 누군지 알아?
   B Yeah, we took Science 101 together, but I don't know that much about her.
   응. 과학 개론 수업을 같이 듣기는 했는데. 잘은 몰라.

- A **Do you know that guy?**
  너 저 사람 알아?
- B **I've seen him at school, but I don't know anything about him.**
  학교에서 본 적은 있는데, 아는 건 전혀 없어.

3 **I thought I could trust you, but now I don't know about you.**
난 널 믿어도 된다고 생각했는데, 이젠 잘 모르겠다.

4 **I thought she would've made a perfect fit for the position, but I don't know about her now.**
난 그 사람이 그 직책에 적임자라고 생각했는데, 이제 보니 아닌 것도 같아.

5 A **What do you think about Chuck?**
   넌 척 어때?
- B **I don't really know about him.**
  (좋게 생각이 안 된다는 뜻에서) 난 그 사람 잘 모르겠더라.

Q '누군가를 더 이상 믿을 수가 없다'고 하려면
[I can't trust 아무개 anymore.]라고 하면 되나요?

A 되기는 되는데요, 앞의 예문들처럼 상대방이 내 기대에 못 미쳤거나 기대에서 어긋났을 때 trust를 쓰면 너무 과한 느낌을 줄 수 있어요. 영 못 믿을 사람이라는 뉘앙스를 주니까요. 대신 I lost my faith in ~(신뢰를 잃다)를 쓰면 좋아요. 어감의 강도를 낮춰서 I kind of lost my faith in ~이라고 하면, 신뢰를 잃긴 잃었지만 많이 잃은 게 아니라 '좀' 잃었다는 거니까 덜 심각하게 들려서 더 낫고요. 방향을 좀 다르게 잡아서 be disappointed with ~를 써도 좋습니다. 실망했다는 말 안에는 신뢰에 금이 갔다는 뜻도 어느 정도 포함되어 있는 거니까요.

1 **You can't trust him. He's such a scumbag.**
그 사람, 영 못 믿을 사람이야. 완전히 쓰레기라니까.

2 **After I watched him work for a month, I lost my faith in him. He slacks off a lot.**
한 달 동안 그 사람 일하는 걸 지켜보고 나니까, 신뢰가 사라지더라. 그 사람이 농땡이를 많이 피우더라고.

— **slack off** 농땡이를/게으름을 피우다

3 Diego told Dora what I said about her. Now I kind of lost my faith in him.
디에고가 도라한테 내가 도라에 대해서 뭐라고 했는지 말했더라고. 이젠 걔 좀 못 믿겠어.

4 She made it sound like I'm the one who talked her into buying the problematic house. I'm so disappointed with her.
걔는 자기가 나 때문에 그 문제 많은 집을 샀다는 투로 말하더라. 걔한테 진짜 실망이야.

■ **talk someone into –ing** 누군가를 설득해 ~하도록 하다

준쌤의 Question

앞의 설명대로라면 **I don't know about you, but I'm hungry.**는 '네가 어떤 사람인지 잘 모르겠지만/너에 대한 확신은 없지만, 나는 배가 고프다.'고 해석이 되는데요, 이게 맞는 걸까요?

A 이때의 [I don't know about + 아무개]는 '아무개는 어떤지 모르겠지만'의 뜻으로 쓰였어요. 신뢰나 확신과는 전혀 상관없이 '상태'를 잘 모르겠다는 말입니다. 그러니까 예문은 네가 배가 고픈지 안 고픈지는 모르겠지만 아무튼 나는 배가 고프다는 거예요. 토씨 하나 안 바뀌었어도 상황에 따라서 의미가 이렇게 달라지니 두 눈 시퍼렇게 뜨고 잘 구분하셔야 합니다.

1 I don't know about you guys, but I don't really feel like going out tonight.
너네들은 어떤지 모르겠지만, 난 오늘 밤엔 진짜 별로 나가고 싶은 생각이 없는데.

2 I want to move to Texas, but I don't know about my husband. He'll probably say no.
난 텍사스로 이사 가고 싶은데, 남편은 어떨지 잘 모르겠네. 아마도 싫다고 할 거야.

3 I don't know about you, but I'm okay with Panera. We can go somewhere else if you would like to.
너는 어떤지 모르겠지만, 난 파네라(빵과 스프 등을 파는 체인점)에 가도 괜찮아. 네가 다른 데 가고 싶으면 다른 데 가도 되고.

준쌤의 실수 방지 백신

십여 년 전쯤 엄마가 미국에 오셔서 한 달간 저희 집에 계실 때 얘기예요. 하루는 옆집 사는 미국인이 맛 좀 보라며 직접 구운 쿠키를 가져왔는데, 그 집 어린 딸이 졸래졸래 엄마를 따라왔더군요. 문 앞에서 좀 들어왔다 가라, 아니다 그냥 가겠다, 실랑이를 벌이고 있는데, 상황을 파악한 저희 엄마께서 사탕 한 주먹을 가지고 와서는 옆집 아이에게 덥석 쥐어 주시는 거예요. (저희 애들 주시겠다고 한국에서 자두맛 사탕, 청포도맛 사탕을 몇 포대 사 오셨답니다.) 이런 상황이면 아이도 아이 엄마도 고맙다며 좋아할 것 같지만, 왠걸요. 얼떨결에 사탕을 받아든 옆집 아이도, 아이 엄마도 뜨악한 표정을 짓습니다. 미국 사람들이 생각하는 '상식'이라는 것이 우리와 (특히 나이 지긋한 연령층과) 다르기 때문이죠.

미국에서는 어린아이나 반려동물처럼 보호자의 보살핌이 필요한 대상에게 무엇이 되었든 보호자 허락 없이 함부로 주는 것은 큰 결례예요. 음식이라면 알레르기 같은 건강상의 이유나 식사 여부, 각 가정에서 절제하는 식재료 등에 따라 보호자에게 결정권이 있으니까요. 물건 역시 받아도 될 만한 상황인지, 꼭 필요한 물건인지에 따라 보호자가 결정해야 할 사안이고요. 무엇보다도 과한 것을 몹시 불편하게 생각하는 미국인들의 특성이 크게 작용한답니다.

이런 것을 알 리도 없고, 눈치까지 없는 제 어머니는 다시 부엌으로 뛰어가 사탕 한 무더기를 더 가지고 나와서 아이에게 안겨 주셨습니다. '아이고~ 어머니!' 사양할 틈도 없이 벌어진 이 사태에 아이 엄마의 얼굴에 '이 사람, 대체 뭐지?' 하는 표정이 역력합니다. 그런데도 어머니는 상황을 감지하지 못하시고 홀로 마냥 즐거워하셨습니다.

미국 여행 중 귀여운 아이나 강아지를 만나서 사탕이라도 한 개, 들고 있던 쿠키라도 한 조각 떼어 주고 싶다면 일단 꾹 참고 보호자에게 물어보세요. 귀엽다고 아이들 머리를 쓰다듬는 것은 당연히 무례한 행동이고, 보호자 허락 없이 강아지를 쓰다듬는 것 역시 무례할 뿐 아니라 위험하기까지 하니 그러시면 아니아니 아니되옵니다. 상식이라는 건 나라마다 문화마다, 하물며 개인의 의식 수준에 따라서도 다를 수 있으니까요.

Culture Column 1   미국의 학교 문화

한국에서 이십여 년, 미국에서 이십여 년을 산 저에게 가끔 "한국이 더 좋아, 미국이 더 좋아?"라고 묻는 사람들이 있습니다. 한국이면 한국, 미국이면 미국, 속 시원한 답을 기대하는 것 같지만 그렇게 단답형으로 대답하기는 어려워요. 어떤 면에서는 한국이 훨씬 더 좋고, 또 어떤 면에서는 미국이 더 좋은 점도 있으니까요. 하지만 질문 앞에 "아이들에게 공부 스트레스 덜 주고 키우기에 …"가 추가된다면 바로 대답할 수 있습니다. "미국!"

공부 스트레스 없이 아이들 키우기엔 미국이 더 좋다는 생각이 망설임 없이 드는 건 한국에서 공부했던 저와 미국에서 공부하는 제 아이들의 행복도가 사뭇 다르기 때문이에요. 제가 학교 다니던 1980~90년대에도 성적에 대한 중압감은 장난이 아니었습니다. 그런데 미국에서 아이들을 키우며 살아보니 여기는 완전히 다른 세상이더군요. '학교 = 공부하는 곳'이라는 삭막한 등식이 아니라, '학교 = 공부하는 곳 + 스포츠 센터 + 동네 잔칫집 + 파티장 + 기타'의 색다른 공식이 성립하더라고요.

일단 온 국민이 스포츠에 진심이라 중고등학교마다 거의 모든 운동팀이 다 있어요. 시즌이 두 개로 나뉘어져 있어서 일 년에 두 가지 운동을 할 수 있는데, 수업이 끝나면 연습은 물론이고, 매주 두세 번씩 학교 대항 경기가 있는 운동도 많아서 수업을 빼먹고 출전하는 경우도 부지기수예요. 이게 도대체 학교인지 진천 선수촌인지 헷갈릴 때가 많아요. 처음엔 저도 한국인 마인드로 "운동한다고 수업을 빼먹다니, 절대로 안 될 일!"이라고 일축했지만, 미국인들에게 학교 스포츠는 '즐거운 인생의 초석' 같은 것이라서 학교 수업만큼 중요하게 여겨져요. 당연히 이에 불만 없는 학부모들이 더 많고요.

게다가 풋볼 시즌이면 매주 동네 잔치가 따로 없습니다. 고등학교마다 풋볼 경기장이 있는데, 이 넓은 경기장이 동네 사람들로 꽉 차거든요. 학교 대항 경기이다 보니 당연히 다른 동네 사람들도 오고요. 학교 밴드 연주에, 치어리더 팀 공연에, 학교 로고가 새겨진 물품 판매대에, 각종 음식 판매대에… 완전 동네 잔치가 따로 없다니까요. 아들이나 손자가 경기하는 모습을 보며 "고등학생 때는 나도 저렇게 날아다녔는데 말이야~" 하시는 분들을 보면 어찌나 정겹고 구수한지요. 게다가 일 년에도 몇 번씩 각종 댄스 파티, proms(졸업 댄스 파티), homecoming dance(졸업생들을 학교로 다시 초대하여 함께 즐기는 축제 기간인 '홈커밍'의 하이라이트인 댄스 파티) 등이 열리고,

연극 공연이다, 연주회다 시민회관이 따로 없어요. 그럼 미국 아이들은 언제 공부하느냐고요? 운동하고 춤 추다가 지쳐워지면 그때 잠깐 해요. 농담입니다. 여기까지만 들으면 "설마 미국 전체가 다 저러겠어. 학군 안 좋은 지역 얘기 아니야?" 하시는 분들도 분명히 계실 것 같네요. 물론 목숨 걸고 공부시키는 학교들도 있어요. 서부보다는 동부 쪽이 치열하고, 서부에서도 동양인이 많이 밀집된 지역 학교들이 특히 그렇죠. 당해 본(?) 백인 학부모 사이에서는 인도인, 중국인, 한국인 학생이 많은 학교는 가면 죽는다는 말이 돌 정도니까요. 미국에 이민 온 이유 중엔 아이들 교육 문제도 있었을 텐데, 여기까지 와서 자국에서 하던 대로 아이들을 혹사시킨다는 게 저는 잘 이해되지 않지만요. 아무튼 이렇게 빡센 학교들은 비율면에서 소수이니 알아서 피하면 그만이죠. 그 외 대부분 학교들은 앞에서 설명한 대로랍니다.

CHAPTER 2
더 세련된 표현이 있다면?

 QR코드를 스캔하시고 '바로듣기'를 탭하세요. 해당 도서의 음원을 바로 들으실 수 있습니다. 반복 재생과 속도 조절도 가능합니다.

소통 필수 표현 1

She owns **property** in California.

MP3 033

그 사람은 캘리포니아에 땅이 있어. (≥ land)

집이라면 모를까 '땅' 하면 무조건 land부터 떠오를 텐데요, property 역시 '땅'의 의미로 쓰일 수 있습니다. 일단 두 단어의 차이점을 말하자면 land가 '땅'만을 뜻하는 반면, property는 땅뿐 아니라 '땅에 부속되어 있는 모든 것들'을 말해요. 예를 들어 땅을 구입했는데 그 땅에 이미 집이 지어져 있다면 땅과 집 모두 property에 속한다는 거죠. 쉽게 말해 [land + house = property]라는 계산이 나와요. 또, 땅 외에도 임자가 있는 재산, 집, 소유물이면 모두 property를 쓸 수 있습니다. 위 예문처럼 땅을 소유하고 있다고 할 때 She owns land in California.라고 해도 아무 문제 없지만, 좀 더 세련된 단어, 원어민들이 많이 쓰는 단어로 표현하고 싶다면 property를 써 보세요.

1. **This property comes with a barn.**
   이 땅을 사시면 헛간도 같이 딸려 와요.

2. **This parking lot is city property.**
   이 주차장은 시에 속한 부지야.

3. **We should respect other people's property.**
   다른 사람의 소유지를 존중해 줘야 해/다른 사람 물건을 훼손하지 말아야 해.

4. **PRIVATE PROPERTY. NO TRESPASSING.**
   개인 사유지니 들어오지 마시오. (미국에서 흔히 볼 수 있는 푯말)

5. **We have a property in Hawaii.**
   우린 하와이에 집/건물/땅이 있어.

Q 그럼 주인 대신 땅을 관리해 주는 관리인을 말할 때도 land manager, property manager 둘 다 쓸 수 있겠네요?

A 아니요. 관리인은 property manager라고 하지 land manager라고 하지는 않아요. 재산 관리나 건물 관리 역시 property/building management라고 합니다.

1   I hired a new property manager.
    (재산·건물·땅을 관리해 줄) 관리인을 새로 고용했어.

2   Managing a building is not easy.
    건물 관리가 쉽지 않아.

준쌤의 Question

Property가 '소유물'의 의미도 있다고 했는데, '개인 소지품'은 영어로 어떻게 말할까요?

A Personal property라고 생각하는 분들도 계실 텐데요, personal property는 땅이나 집, 건물처럼 덩치가 큰 소유물에 더 적합한 표현이에요. 자잘한 개인 소지품을 말할 땐 (personal) belongings 라고 합니다.

1   Put all personal belongings in this basket.
    이 바구니에 개인 소지품을 모두 담아 주세요.

2   Please don't leave your belongings unattended. We are not responsible for theft.
    소지품을 두고 다니지 마세요. 분실물에 책임을 지지 않습니다.
    (미국 공공시설에서 흔히 볼 수 있는 푯말)

소통 필수 표현 2

It's hot today. **Stay hydrated**.

MP3 034

오늘 날씨 덥다. 물 많이 마셔. (≥ **Drink lots of water**.)

물을 많이 마신다고 할 때 drink lots of water가 더 직관적인 표현이긴 하지만, 이보다 더 많이 쓰이는 표현이 있습니다. 바로 hydrate인데요. '수화시키다'라는 사전적 의미 때문에 일상에서는 잘 쓰지 않을 것 같지만 예상 밖으로 엄청나게 많이 쓰인답니다. 쉽게 풀어서 몸에 수분 섭취를 충분히 한다는 뜻이에요. 물을 충분히 마시라고 할 때 원어민들은 Drink lots of water.보다도 Stay hydrated.를 더 많이 쓰니까 우리도 이 표현에 익숙해지면 좋겠죠?

1. **Staying hydrated on hot days like this is important.**
   이렇게 더운 날엔 수분 섭취를 충분히 하는 게/물을 많이 마시는 게 중요해.

2. **Don't forget to drink water throughout the day. You should stay hydrated.**
   온종일 물 계속 마셔 주는 거 잊지 말고. 수분 보충은 꼭 해야 해.

3. **Staying hydrated is good for your skin.**
   수분 보충을 잘하는 게 피부에도 좋아.

Q 그럼 반대로 탈수 증상이 일어났다고 할 때는 뭐라고 하나요?

A 접두사 de-를 붙여서 dehydrated라고 해요. 수분이 반대로 다 없어져(de) 버린 거죠. 탈수 증상이 일어났을 때도 쓰이지만, 단순히 목이 많이 마를 때도 쓸 수 있어요.

1. **When you go on a long hike, you should be careful not to get dehydrated.**
   장거리를 걸을 땐 탈수되지 않도록 조심해야 해.

2. **She's very dehydrated. She needs an IV.**
   이 사람 탈수 증상이 심해요. 링거를 맞아야 할 것 같아요.

3   Is there a water fountain around here? I'm so dehydrated.
    이 근처에 어디 식수대 없나? 나 너무 목이 마른데.

준쌤의 Question

몸 말고 피부에 촉촉하게 수분 보충을 해 준다고 할 땐 어떻게 말할까요?

A 엄밀히 구분하자면 피부에 수분을 공급해 주는 것은 hydrating, 공급된 수분이 빠져나가지 않고 촉촉하게 유지시켜 주는 것은 moisturizing인데요, 보통은 별 구분없이 둘 다 사용합니다.

1   My skin is so dehydrated. I need some hydration products.
    피부가 너무 건조하네. 수분 보충제가 필요해.

2   If you want to look younger than your age, keep your skin moisturized.
    나이보다 어려 보이고 싶으면 피부 보습을 잘해야 해.

3   I have dry hair, so I use moisturizing shampoo and conditioner.
    머릿결이 건조해서 보습 샴푸랑 보습 컨디셔너를 써.

소통 필수 표현 3

Are you local?

MP3 035

여기 주민이세요?/이 근처 사세요? (≥ Do you live around here?)

타 지역, 타 동네에서 낯선 사람과 대화를 나누게 되었을 때 자주 등장하는 질문 중 하나가 "여기 주민이세요?" "이 동네 사세요?"인데요, 물론 Do you live around here?라고만 해도 충분합니다. 하지만 그 지역/동네 주민이라는 점에 초점을 맞춰서 local을 사용하면 더 원어민다운 느낌을 줄 수 있어요. 뒤에 '사람'을 붙여서 local person/people이라고 해도 상관은 없지만, local만으로도 충분하답니다. 단, 그 지역/동네의 상권, 식당, 학군, 공공시설 등을 말할 때는 local restaurant, local school처럼 local 뒤에 명칭을 붙여 줘야 대상이 분명해져요.

1 **I'm not local. I'm just visiting.**
저 이 동네 사람 아니에요. 그냥 방문한 거예요.

2 **We had lunch at a local restaurant.**
우리, 그 동네 식당에서 점심 먹었어.

3 **Local businesses are having a hard time.**
지역 상권에 어려움이 많아요./동네 가게들이 다들 어려워요.

4 **I was on the local news.**
내가 지역 방송/신문에 나왔었어.

Q 그럼 반대로 '타 지역 사람, 타 지방 사람'은 뭐라고 하나요?

A 단어가 따로 있는 건 아니고 not local, 혹은 non-local이라고 합니다. '어느 지역 사람'이라고 하려면 [from + 지역 이름] 형식으로 말해 주면 돼요.

1 A **I've never seen her before. Is she local?**
나, 저 사람 한 번도 본 적 없는데. 이 동네 사람이야?

B **No, she's not local. She's from Chicago.**
아니, 여기 사람 아니야. 시카고 사람이래/시카고에서 왔대.

2 They're non-locals. They're visiting from New York.
   저 사람들, 이 지역 사람들 아니야. 뉴욕에서 방문차 온 거야.

3 Locals in this area are hostile to non-locals.
   이 지역 사람들은 타 지역 사람들한테 적대적이야.

준쌤의 Question

'지역 특산물'을 영어로 뭐라고 할까요?

A 어떤 지역에서 우수한 품질로 생산되는 산물을 특산물이라고 하는데요, 영어로는 local specialty라고 합니다. 반대로 품질과 상관 없이 그냥 해당 지역에서 생산된 산물은 [local + 산물] 형태로 말하면 돼요.

1 Arancini is a local specialty of Sicily.
   아란시니는 시실리의 특산물이야.

2 Honey is our local specialty.
   꿀이 우리 지역 특산물이지.

3 We're trying to promote our cheese as a local specialty.
   우리가 만든 치즈를 지역 특산물로 홍보하려고 애쓰고 있어요.

4 This is a local wine.
   이거, 이 지역에서 생산된 와인이야.

소통 필수 표현 4

It's **complimentary**.

MP3 036

이건 무료예요. (≥ free)

'무료, 공짜' 하면 제일 먼저 떠오르는 단어가 free일 텐데요, complimentary 역시 같은 뜻이에요. 차이점은 free는 아무 비용 없이 무료로 제공되는 물건이나 서비스를 말하는 반면, complimentary는 호텔비, 항공료, 레스토랑 식비처럼 비용이 지불된 상태에서 추가적인 혜택으로 지급되는 물건이나 서비스를 말해요. 호텔에서 제공하는 조식, 기내에서 제공하는 음료, 레스토랑에서 제공하는 주차권 등이 모두 complimentary에 속합니다. 물론, 아무 비용도 내지 않고 참석한 행사 등에서 선물을 나눠 주며 complimentary라고 하는 경우도 있는데요, 사전적인 의미로만 보자면 이런 경우에는 free가 더 정확합니다. 그러나 기업, 단체, 사업체에서 제공하는 것이라면 보편적으로 complimentary 라고 합니다. 좀 더 격식 있고 고급지게 들리는 면도 없지 않아 있고요.

1. **Our hotel offers complimentary valet parking and a complimentary breakfast to our guests.**
저희 호텔에서는 손님들께 발레 파킹과 조식을 무료로 제공해 드리고 있습니다.

2. **Two bottles of water are complimentary.**
물 두 병은 무료로 제공됩니다.

3. **There's no entrance fee. It's free.**
입장료 없습니다. 공짜/무료예요.

4. **We have free Internet at home.**
우리 집, 인터넷 공짜로/무료로 써.

Q Free, complimentary 외에 '공짜, 무료'의 뜻으로 쓰이는 영어 표현들이 더 있나요?

A No charge, free of charge도 많이 쓰이는데, 식당에서 음식을 서비스로 주는 것은 on the house라고 합니다. 또, 부록처럼 달려 나온다고 할 때는 come with ~, 가격이나 서비스에 포함되어 있다고 할 때는 included라고 해요.

1 The restaurant gave me my meal free of charge because there was hair in my pasta.
내 파스타에 머리카락이 들어 있어서 식당에서 음식값을 안 받았어/공짜로 줬어.

2 This salad is on the house.
(식당에서) 이 샐러드는 저희가 서비스로 드리는 거예요.

3 Bread and soup come with the entrée.
메인 요리를 주문하시면 빵과 스프가 같이 나옵니다.
— entrée 식당이나 만찬에서의 주요리

4 A whale tour is included in this travel package.
이 여행 상품에는 고래 투어가 포함되어 있습니다.

준쌤의 Question

단어 complimentary는 complementary와 뜻도 발음도 다를까요?

A 스펠링이 i와 e 하나 차이라서 두 눈 똑바로 뜨고 잘 구분해서 사용해야 하는 단어들입니다. 발음은 똑같지만, complimentary는 '무료의' 혹은 '칭찬하는'의 뜻이고, complementary는 '잘 맞는, 보완성이 좋은'의 뜻이에요.

1 This wine is complimentary.
이 와인은 무료로 제공해 드리는 겁니다.

2 He left a complimentary note about my project.
그 사람이 내 프로젝트에 칭찬의 글을 남겼어.

3 Me and my employees are very complementary.
나랑 내 직원들은 참 잘 맞아.

소통 필수 표현 5

He quit smoking a year ago, but he **relapsed**.

MP3 037

그 사람 일 년 전에 담배 끊었는데, 다시 손댔어. (≥ smoke again)

술, 담배, 마약 등을 한동안 끊었다가 다시 손을 댔다고 할 때 drink again, smoke again, do drugs again이라고 해도 좋지만, relapse(재발, 되돌아가다)를 쓰면 한층 더 원어민다운 느낌을 낼 수 있습니다. 다 나은 줄 알았던 병이 재발했을 때도 return, come back 대신 relapse를 쓸 수 있어요. 자제했던 행실이나 안 좋은 습관이 다시 돌아왔을 때도 마찬가지고요. Lapse에는 '소멸하다, ~ 상태로 빠지다'라는 뜻이 있는데, 소멸되었던 무엇이 다시(re) 그 전의 상태가 되었다(lapse)고 이해하면 쉽습니다.

1. I quit drinking for two years. However, I've relapsed.
   내가 술을 이 년 동안 끊었거든. 그런데 다시 마시기 시작했어.

2. He didn't smoke for the last five months, but now he smokes again.
   걔, 지난 5개월 동안 담배 안 피웠는데, 지금은 다시 피워.

3. Her doctor warned her of a high chance of relapse.
   그 사람 담당 의사가 재발할 확률이 높다고 경고했어.

4. My dad thought his cancer was gone, but it came back.
   우리 아빠는 암이 다 나았다고 생각하셨는데, 재발했어.

5. It seemed she had stayed out of trouble for good, but she relapsed into her old self.
   걔 이제 다시는 문제 안 일으킬 것 같더니, 다시 옛날로 돌아갔어.

Q 앞에서 암 재발이 나왔는데요, 암의 경우 진행된 기간에 따라서 1기에서 4기로 분류하는데, 이건 영어로 어떻게 말하나요?

A 병세를 각각의 '단계'로 인식해서 stage를 써요. Stage 1(1기), Stage 2(2기), 이렇게 순서대로 나가면 되는데요, 초기와 말기로 구분할 때는 early/beginning stage(초기), terminal stage(말기)라고 합니다.

1 She's in Stage 1 breast cancer.
   그 사람, 유방암 1기야.

2 He is so lucky that he found his cancer in an early stage.
   그 사람, 암을 초기에 발견했으니 운이 참 좋지.

준쌤의 Question

리햅(rehab)이라는 단어를 들어 보셨을 텐데요, 정확한 뜻과 쓰임을 알고 계신가요?

A Rehabilitation(재활, 갱생)의 준말이며 '다시(re) 훈련(habilitation) 받는 것'의 뜻으로, 알코올이나 마약 중독, 혹은 사고 등으로 인한 신체적 장애를 치료하는 재활센터를 말합니다.

1 I spent five months in rehab.
   나, 5개월 동안 재활센터에 있었어.

2 She's in a rehab center for drug abuse.
   그 사람, 약물 과다 복용 치료하려고 재활센터에 있어.

3 He's been going to rehab three times a week since the car accident.
   그 사람은 교통사고 난 이후로 일주일에 세 번씩 재활센터에 다니고 있어.

소통 필수 표현 6

The tickets are sold out. Wait. **I lied**.

MP3 038

티켓 매진됐습니다. 잠깐만요. (다시 보니) 아니네요. (≥ **My mistake**)

잘못된 정보를 가지고 있었거나, 무엇을 잘못 알고 있었다는 걸 알아채고 상대방에게 정정해서 말할 때 My mistake. I was incorrect. I gave you the wrong information. 이라고 해도 되지만, 더 좋은 표현으로 I lied.가 있어요. 직역하면 '내가 거짓말을 했다'이지만, 정말로 거짓말을 했을 때뿐만 아니라 상대방에게 실수로 뭘 잘못 알려 주고서 그걸 바로잡을 때 원어민들이 자주 쓰는 표현이기도 해요.

1. **The show is on Saturday. Oops, I lied. It's on Sunday.**
그 프로/공연 토요일에 해. 앗, 아니다. 일요일에 한다.

2. **The area code for Hawaii is 807. I lied. It's 808.**
하와이 지역 번호는 807이야. 아니다. 808이네.

3. **I'm free this Friday. Wait. I lied. I have a doctor's appointment.**
나 이번 주 금요일에 시간 비어. 잠깐만. 아니다. 나 그날 병원 예약이 있구나.

Q 그럼 반대로 '네가 잘못 알고 있다'고 정정해 줄 때는 You lied.라고 하나요?

A 아니요. You lied.는 "네가 거짓말을 했다"는, 그야말로 대놓고 무례한 말이라 함부로 쓰시면 아니 됩니다. 상대방이 잘못 알고 있는 정보를 정정해 주고 싶을 때는 상대방이 민망하지 않게 Are you sure? You should doublecheck.(확실해? 다시 확인해 봐.) That's not what I heard.(난 좀 다르게 들었는데.) That's different than what I know.(내가 아는 것과 다른데.) I think you're confused.(네가 혼동한 것 같은데.) 등으로 빙빙 돌려서 표현하는 것이 인간적이에요.

1. **Well, that's not what I heard. Would you doublecheck, please?** 글쎄, 제가 들은 것과는 다른데요. 다시 한 번 확인해 주시겠어요?

2 Are you sure? I think you've confused the days.
확실해? 네가 요일을 혼동한 것 같은데.

준쌤의 Question

의도적으로 나쁜 거짓말을 하는 경우가 아니라 장난삼아 하는 거짓말일 경우에 원어민들이 잘 쓰는 표현이 있는데, 무엇일까요?

A Pull someone's leg인데요, 장난삼아 거짓말을 할 때도 쓰이고 상대방을 놀릴 때도 쓰입니다.

1 I know you're pulling my leg.
너 거짓말인 거/나 놀리는 거 다 알아.

2 **A** Look. I got a tiger tattoo on my back.
이거 봐라. 나, 등에 호랑이 문신했다.

B What the… Are you crazy? Is that real?
세상에… 너 미쳤니? 그거 진짜 문신이야?

A Of course it's not. I'm just pulling your leg. It's washable.
당연히 아니지. 그냥 너 놀려 본 거야. 씻으면 지워져.

소통 필수 표현 7

Not gonna lie, he's not CEO material.

MP3 039

솔직히, 그 사람이 회사 대표감은 아니지. (≥ to be honest with you)

'솔직하게 말하면'을 영어로 돌릴 때 제일 먼저 생각나는 건 아마도 to be honest with you일 텐데요, 원어민들이 일상에서 더 자주 쓰는 표현은 not gonna lie입니다. I'm not going to lie를 줄여서 편하게 not gonna lie라고 하는데요, '나는 거짓말을 하지 않겠다'라기 보다는, 상대방 기분이나 주위 분위기 살피지 않고 '포장 없이 있는 그대로 말하면, 솔직히 까놓고 말하면'의 의미로 보면 돼요.

1 My dad failed as a dad. I'm not gonna lie.
우리 아빠는 아빠로서는 실패했어. 솔직히 그래.

2 Not gonna lie. Her food is gross.
까놓고 말해서, 걔가 한 음식들은 역겨워.

Q 그럼 not gonna lie는 안 좋은 말, 듣기 거북한 말을 할 때만 쓰나요?

A 아니요, 그렇지 않아요. 안 좋은 말이든 좋은 말이든 꾸밈 없이 솔직히 말할 때 쓰여요.

1 Not gonna lie. You're the best singer I've ever heard.
거짓말 안 보태고, 내가 들어 본 사람들 중에서 네가 노래를 제일 잘해.

2 The movie was epic. I'm not gonna lie.
그 영화 끝내준다. 진짜로.

3 Her hair looks funny. Not gonna lie.
걔 헤어스타일 이상해 보여. 난 있는 그대로 말하는 거야.

Q 대표 예문에 CEO material이라고 나와 있는데요, material이 무슨무슨 '감'의 뜻으로도 쓰이나요?

A 네. Material의 가장 기본적인 뜻은 '물질/재료'지만, 이게 사람에게로 가면 그 사람이 맡은 역할을 잘 수행할 만한 '자질'을 갖췄는가를 보는 척도로 쓰여요. 지도자감, 대통령감 이렇게요. 물건을 만드는 재료나 사람의 자질을 결정짓는 근본이나 일차적으로는 같은 의미이니까요. 말하다 보니 '~ 감' 대신 '그릇'으로 해석해도 좋겠다 싶네요.

1. **He wasn't presidential material.**
   그 사람은 대통령감/대통령 할 그릇은 아니었어.

2. **She's definitely leader material.**
   그 사람은 확실히 지도자감이야/지도자가 될 만한 그릇이야.

3. **I know I'm not boss material, but I'm trying, you know.**
   내가 보스감이 아니란 건 나도 알지만, 그래도 노력 중이라고.

4. **I don't know why she had five kids because she's not mother material.**
   그 사람은 좋은 엄마감도 아니면서 애는 뭐 하러 다섯이나 낳았는지 몰라.

준쌤의 Question

Not gonna lie와 연결해 '솔직한 사람, 정직한 사람'은 뭐라고 할까요?

A 빙빙 돌려 말하지 않고 직설적으로 말한다는 의미에서 a straight shooter라고 합니다.

1. **If you need real advice, ask Jenny. She's a straight shooter.**
   진짜로 너한테 도움될 만한 조언이 필요하면 제니한테 부탁해 봐. 걘 뭐든 솔직하게/직설적으로 말하는 사람이니까.

2. **My husband is a straight shooter. He tells it like it is.**
   남편은 돌려서 말하질 못해. 뭐든 있는 그대로 말해.

그렇다면 a straight shooter는 have no filter와 비슷한 뜻이겠네요? 거르지 않고 다 얘기한다는 뜻이니까요.

A 아니요. A straight shooter는 좋은 의미의 솔직함, 정직함을 뜻하는 반면, have no filter는 안 해도 될 말, 하지 말아야 할 말, 들어서 기분 나쁜 불필요한 말까지 가리지 않고 다 한다는 뜻이라서 두 표현 사이에는 분명한 차이가 있답니다.

1 He's a straight shooter. He'll be a big help with your business.
그 사람, 정직한 사람이야. 네 사업에 큰 도움이 될 거야.

2 My mother-in-law said my kids are lucky because they got their intelligence from their dad and not from me. She has no filter, you know.
시어머니가 우리 애들이 내 머리 안 닮고 아빠 머리 닮아서 천만다행이라고 하더라. 그분은 말을 안 가리고 막 하신다니까.

소통 필수 표현 8

Our bathroom is **filthy dirty**.

MP3 040

우리 화장실 엄청 더러워/지저분해. (≥ **very dirty**)

어떤 장소나 물건, 몸이 더러워도 굉장히 더럽다고 할 때 very dirty라고 해도 되지만, filthy라는 더 좋은 표현이 있어요. 영한 사전에서 filthy를 찾아보면 '더러운, 불결한'으로 정의되어 있어서 dirty와 똑같은 뜻이라고 생각할 수 있는데, 영어 사전에는 '역겹도록 더러운'이라고 나와 있어요. 더럽기로 따지자면 dirty보다 filthy가 윗선이라는 거죠. Filthy라고만 말해도 충분히 더럽지만, filthy dirty를 합쳐 말함으로써 더러움을 더욱 극대화시킬 수도 있답니다.

1. **My feet are filthy.**
   내 발 되게 더러워.

2. **Streets in Paris were filthy with dog poop.**
   파리 길거리들이 개똥으로 굉장히 지저분하더라고.

3. **That public bathroom is filthy dirty.**
   저 공중화장실 엄청 더러워.

Q 욕을 많이 하는 사람한테 입이 더럽다고 하잖아요. 그럴 때도 filthy를 쓸 수 있나요?

A 네. Filthy에는 '추잡한, 부도덕한'의 뜻도 있어서 '욕을 달고 사는 입이 더러운 사람'에게는 filthy mouth, '음란한 생각을 많이 하는 사람'에게는 filthy mind라는 표현을 쓸 수 있어요. 물론 dirty mouth, dirty mind라고 해도 되고요.

1. **My boss has a filthy mouth. He can't talk without using F-words.**
   내 상사는 입이 더러워. 육두문자를 안 쓰면 말을 못 한다니까.

2. **I don't make friends with people who have a dirty mouth.**
   난 입이 더러운 사람들하고는 친구 안 해.

3   Jaden has a filthy mind. The only thing he thinks about all day is sex.
    제이든은 음란해. 온종일 섹스 생각만 한다니까.

4   She's dirty-minded.
    걔는 애가 음탕해.

> **준쌤의 Question**

Filthy rich라는 표현도 있는데, 이건 더러운 방법으로 돈을 벌어서 부자가 된 사람을 뜻하는 걸까요?

A   원래는 인권도 무시하고 불법으로 돈을 버는 일이 지금보다 더 손쉬웠던 시절에 '더러운 방법으로 돈을 번 사람'의 뜻으로 쓰였던 표현인데요, 세월을 거쳐 지금은 '굉장한 부자, 엄청난 부자'로 그 의미가 순화된 경우예요.

1   My parents are filthy rich. They own buildings throughout the country.
    우리 부모님 재력이 장난 아니야. 전국 곳곳에 빌딩을 가지고 계셔.

2   We're not filthy rich, but we're comfortable.
    우리가 엄청난 부자는 아닌데, 그래도 돈 걱정은 안 하고 살아.

소통 필수 표현 **9**

Bamboo trees are **hollow**.

MP3 041

대나무 속은 비어 있다. (≥ **empty inside**)

대나무나 관악기처럼 안이 텅 비어 있는 것을 말할 때 empty inside라고 해도 뜻은 통하지만, 정확한 표현은 hollow입니다. Empty, hollow 둘 다 똑같이 '빈'이라는 뜻이어도 분명한 차이점이 있거든요. Empty는 채워져 있던 것을 비워낸다는 의미이고, hollow는 애초에 빈 공간이라는 의미예요. 예를 들어 가방 안의 물건을 다 꺼내서 텅 비었다면 empty, 새의 날개뼈처럼 원래 안이 비어 있는 게 정상이면 hollow가 맞다는 거죠.

1. **Bird wing bones are hollow.**
   새 날개뼈는 안이 비어 있어.

2. **Wind instruments like flutes are built hollow.**
   플루트 같은 관악기들은 만들어질 때부터 안의 공간이 비어 있어.

3. **My shot glass is empty. Someone fill it up, please.**
   내 잔 비었는데. 누가 좀 채워 주지.

4. **Empty your suitcase.**
   여행 가방 비워 놔/안에 들어 있는 것 다 꺼내.

5. **Lots of seats are empty at the theater.**
   극장에 빈 자리 많네.

Q 마음이 텅 비어서 공허하다고 할 때도 empty나 hollow를 쓸 수 있나요?

A 네, 둘 다 쓸 수 있기는 한데, 이때는 empty를 훨씬 더 많이 써요. 마음뿐 아니라 인생이 허무하고 공허하다고 할 때도 쓸 수 있고요. 또, 문어체적이긴 하지만 '공허한 웃음, 공허한 목소리, 텅 빈 눈동자'를 표현할 때도 empty나 hollow를 사용합니다.

1 **I feel empty inside.**
마음이 공허해/텅 빈 것 같아.

2 **My life is empty.**
내 삶은 공허해.

3 **There was nothing left for her. She looked up into the sky with hollow eyes.**
그녀에게 남은 건 아무것도 없었다. 그녀는 텅 빈 눈으로 하늘을 바라보았다.

4 **His heart was empty, and his laughter was hollow.**
그의 마음은 텅 비어 있었고, 그의 웃음은 공허했다.

Q '비우다'가 나와서 하는 말인데, 세입자가 집을 비우거나 대장 내시경을 위해서 배 속을 비우기도 하잖아요. 그런 건 어떻게 표현하나요?

A 세입자든 전 주인이든 이사를 해서 집을 비우는 건 move out이라고 하지, empty the house라고는 안 해요. 하지만 인테리어(remodel/renovation)를 위해서 집이나 방을 비운다고 할 때는 empty를 쓸 수 있답니다. 또 대장 내시경이나 피 검사 등을 위해 배 속을 비울 때는 empty the stomach이라고 하는데요, 그러기 위해선 금식이 필수라서 fast를 쓰는 경우가 더 많아요.

1 **The renters moved out a week ago.**
세입자들이 일주일 전에 집을 비웠어.

2 **We emptied the living room for renovation.**
인테리어 다시 하려고 우리 집 거실을 비웠어.

3 **I emptied the room before the new bed was delivered.**
새 침대가 배송되기 전에 내가 미리 방을 비워 놨어.

4 **You should empty your stomach before the colonoscopy.**
대장 내시경 하기 전에 배 속을 비워야 해.

5 **You're not supposed to take this pill on an empty stomach.**
이 약은 빈 속에 먹으면 안 돼.

6 **The nurse told me to fast for at least 24 hours before the bloodwork.**
간호사가 피 검사 전에 최소한 24시간은 금식하랬어.

- 원어민들은 '피 검사'를 bloodwork라고 해요. blood test보다 훨씬 많이 써요.

7 **An eight-hour fast is required before the procedure.**
(검사/치료 등의) 절차에 들어가기 전 8시간 금식은 필수입니다.

준쌤의 Question

반대로 '공간을 꽉 채운다/찼다'는 말은 어떻게 할까요?

A 방, 공연장, 냉장고처럼 수용 공간이 찼을 때는 full, 봉제인형이나 만두, 추수감사절 칠면조처럼 안에 내용물을 꽉꽉 채워 넣을 때는 stuff를 씁니다. 내용물을 채워 넣더라도 도넛이나 크림빵, 단팥빵, 혹은 치아를 때워 넣는 레진 필링 등의 경우에는 fill을 쓰니까 구분을 잘 해야 해요.

1 **Carnegie Hall is full of people.**
카네기홀이 사람들로 꽉 찼어.

2 **Her room is full of comic books.**
걔 방은 만화책으로 꽉 찼어.

3 **I'm stuffing dumplings.**
만두 속 넣고 있는 중이야.

4 **We need stuffing for turkey.**
칠면조 안에 넣을 속재료가 필요해.

- 칠면조의 경우 stuffing 자체가 하나의 요리가 됩니다. 오래된 식빵과 샐러리 등을 넣어서 만드는데, 추수감사절이나 크리스마스 저녁 식사에 항상 같이 올리는 side dish예요.

5 **Can I get a lemon-filled donut?**
레몬잼 들어 있는 도넛 주세요.

6 **Your front tooth needs a filling.**
앞니에 레진 필링 하셔야겠는데요.

소통 필수 표현 10

We **had a falling-out**.

MP3 042

우리 이제 서로 안 봐. (≥ don't see each other anymore)

사이가 틀어져서 더 이상 안 본다고 할 때 don't see each other anymore라고 해도 되지만, have a falling-out이라는 표현을 안다면 원어민 느낌을 제대로 낼 수 있습니다. 관계가 떨어져 나갔다고 이해하면 쉽게 외울 수 있을 거예요.

1 She and I used to be best friends, but we had a falling-out over a man.
걔랑 나랑 단짝 친구였는데, 남자 하나 때문에 서로 안 보는 사이가 됐어.

2 I had a falling-out with my family.
난 우리 가족들이랑 이제 안 봐.

Q '연을 끊는다'는 말이 있잖아요? 영어에도 똑같은 표현이 있나요?

A 네, 원어민들도 아니다 싶은 사람과는 연을 끊으니까요. Cut ties with ~라고 하는데요, 묶여 있는 끈을 자른다는 말이니까 '연을 끊는다'와 거의 똑같다고 봐야겠죠? '손절하다'로 해석해도 좋습니다.

1 I would cut ties with her if I were you.
내가 너라면 난 그 사람 손절하겠어.

2 I cut ties with my ex-husband. Our kids are grownups now, and I have no reason to talk to him anymore.
난 전남편이랑 연 끊었어. 우리 애들도 이제 성인이고, 이제 더 이상 그 사람하고 말 섞을 이유가 없으니까.

3 My daughter cut ties with me years ago. I want her back so bad.
내 딸이 수년 전에 나랑 연을 끊었거든. 다시 연락하고 지낼 수만 있다면 정말 좋을 텐데.

— **so bad** '아주 나쁘게'가 아니라 '정말/너무나 몹시'의 의미로, bad가 부사로 쓰인 형태입니다. 주로 문장 뒤에 놓입니다.

준쌤의 Question

관계를 끊는다는 영어 표현 중에 **burn one's bridges with ~**라는 것이 있어요. 전쟁 중에 자신들이 방금 건너온 다리를 불태움으로써 퇴로를 막고 죽을 각오로 싸운다는 데서 유래했지요. 여기서 문제! **Betty burned her bridges with me.** 이 예문에서 먼저 연을 끊은 사람은 Betty일까요, 나일까요?

A 정답은 '나'입니다. 문장의 주어가 Betty라서 언뜻 Betty가 나와의 연을 끊었다고 생각하기 쉽지만, 다리를 태워 없앤 사람, 즉 연을 끊을 수밖에 없는 이유를 제공한 사람이 Betty이고, 그 때문에 연을 끊기로 마음먹은 사람은 나인 것이죠. 그래서 베티가 나랑 절교한 게 아니라 내가 베티랑 절교한 것입니다.

1 **I think I burned my bridges with Henry. He doesn't talk to me anymore.**
헨리가 (내가 한 언행 때문에) 이제 나 안 볼 건가 봐. 나랑 더 이상 말을 안 해.

2 **I know you lost your job, but don't burn any bridges.**
네가 실직한 건 알지만, 그래도 안 좋게 나오지는 마.

— 어떤 일을 당해서 당장 기분이 나쁘더라도 나중을 생각해서 좋게 정리하고 관계를 지키라고 조언할 때 원어민들이 자주 하는 말이 Don't burn any bridges.입니다.

3 **Don't burn your bridges with your ex-boss. You might need his reference for your next job.**
전 직장 상사하고 좋게 끝내. 다음 직장 구할 때 그 사람한테 추천을 부탁해야 할지도 모르니까.

— 미국에서는 새 직장을 구할 때 전 직장 상사나 동료의 추천이 아주 중요해요.

Q Burn one's bridges with ~처럼 문장 뒤에 나오는 사람이 결정이나 행동의 주체가 되는 표현이 또 있을까요?

A [주어 + grow on 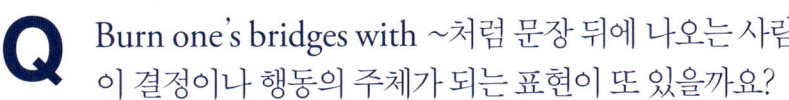] 표현이 있는데요, 누가 누구를, 혹은 무엇을 점점 더 좋아하게 된다는 뜻입니다. 역시 grow on 뒤에 나오는 사람이 문장의 주어를 점점 더 좋아하게 되는 경우예요. Julie is growing on me.라면 내가 줄리를 점점 더 좋아하게 된다는 말이에요. 또, Coffee is on me. 역시 내가 커피를 산다는 뜻으로, 앞의 표현들처럼 맨 뒤에 나오는 사람이 돈을 내는 주체가 되는 문장 구조입니다.

1   **I didn't like New York when I first moved here, but it's growing on me.**
    여기 뉴욕에 처음 이사 왔을 때는 싫었는데, (살다 보니) 뉴욕이 점점 좋아지네.

2   **I didn't like this dog at first, but she grew on me.**
    난 처음엔 이 개가 싫었는데, 점점 더 예뻐하게 됐어.

3   **Although I wasn't a Yankees fan, the team kept growing on me.**
    내가 양키즈 팬은 아니었지만, 그 팀이 점점 더 좋아지더라고.

4   **On our first few dates, I didn't get his sense of humor, but it grew on me over time.**
    처음 몇 번 데이트할 때는 조의 유머 감각이 이해가 안 됐는데, 시간이 지나니까 이해가 되더라/점점 더 웃기다는 생각이 들더라.

5   **Dinner tonight is on me.**
    오늘 저녁은 내가 쏜다.

6   **This is on the house. Enjoy.**
    이건 저희 식당에서 서비스로 드리는 거예요. 맛있게 드세요.

소통 필수 표현 11

I paid a **hefty** fine for running red lights.

MP3 043

나, 신호위반해서 벌금 되게 많이 냈어. (≥ a lot of)

돈의 액수는 양에 해당하므로 '많다, 적다'라고 하죠? 그래서 많은 양의 돈을 영어로 말할 때도 a lot of money, big amount of money라고 하고요. 하지만 원어민들은 크기나 무게에 쓰이는 hefty(육중한, 크고 힘센)를 사용해서 많은 양의 돈을 표현하기도 합니다. 하기사 우리도 '큰돈, 두둑한 액수' 등 양이 아닌 사이즈나 두께로 말하는 경우가 많으니까요.

1. **My boss gave me a hefty raise.**
   사장님이 내 월급을 두둑하게 올려줬어.

2. **I sold my house in New York and made a hefty profit.**
   나, 뉴욕에 있는 집을 팔아서 큰돈 챙겼어.

3. **We pay a hefty rent for a crappy, rundown house.**
   다 무너져 가는 거지 같은 집에 우리가 월세를 얼마나 많이 내면서 살고 있다고.

4. **He owes a hefty debt to the bank.**
   그 사람은 은행에 빚이 상당히 많아.

 Hefty가 크기나 무게에 쓰이는 단어라고 했는데, 그럼 사람에게도 쓸 수 있나요?

A 네, 쓸 수 있어요. '한덩치 한다'는 말도 hefty로 해결할 수 있답니다.

1. **My grandma was a hefty woman. She was taller and stronger than my grandpa.**
   우리 할머니가 한덩치하셨지. 우리 할아버지보다 키도 크고 힘도 더 세셨으니까.

2. **Some women like slim, girly-looking guys, but I like hefty men.**
   날씬하고 예쁘장하게 생긴 남자를 좋아하는 여자들도 있지만, 난 덩치 좀 있는 남자가 좋더라.

3. **He's getting heftier as he gets old.**
   그 사람은 나이 들어갈수록 육중해져.

> **준쌤의 Question**
>
> 반대로 돈의 양이 적을 때 '쥐꼬리만하다'는 말을 영어로는 어떻게 할까요?

A 보잘것없는 양의 돈, 얼마 안 되는 돈을 뜻하는 paltry가 있는데, 처음 들어 보는 분들도 계실 것 같네요. 만약 paltry가 너무 낯설어서 친해지기 힘드시다면, 아주 쉽게 almost nothing이라고 해도 좋습니다. 거의 없는 거나 쥐꼬리만한 거나 적은 건 마찬가지니까요.

1 **I got a paltry 1% increase in my paycheck. How stingy!**
내 월급이 쥐꼬리만큼 겨우 1% 올랐어. 어찌나 짠지!

2 **The company faced a million-dollar fine, which is a paltry amount of money for them.**
그 회사가 백만 달러 벌금형을 받았는데, 그 사람들한테 그 정도 액수야 껌값이지.

3 **Her paycheck is almost nothing. She needs a better job.**
그 사람 월급 진짜 쥐꼬리만해. 더 나은 직장을 알아보는 게 좋겠어.

4 **I won the writing contest, but the prize amount was almost nothing.**
내가 글쓰기 대회에서 1등을 했는데, 상금이 쥐꼬리만하더라고.

소통 필수 표현 12

You shouldn't have let this happen from the get-go.

MP3 044

애초에 이런 일이 없게 했어야지. (≥ from the (very) beginning)

Get-go는 beginning과 마찬가지로 '시작, 처음, 애초'를 말해요. '처음부터, 애초에, 애시당초'라고 할 때 이미 다 아는 표현으로 from the (very) beginning도 괜찮지만, 원어민이 즐겨 쓰는 from the get-go도 함께 알아두면 다 살이 되고 피가 된답니다.

1 **I didn't like her from the get-go.**
난 처음부터 그 사람이 싫었어.

2 **His business was a mess from the get-go.**
그 사람 사업은 시작부터 엉망이었어.

3 **She shouldn't have married him from the get-go.**
걔가 애초에 그 사람이랑 결혼하지 말았어야 했어.

Q '시작부터'라는 뜻이라면 from the start라고 해도 되겠네요?

A 네, 됩니다. From the start도 from the get-go와 같은 뜻으로 보시면 돼요. 단, 사용 빈도수로 보면 from the start보다는 from the get-go, from the beginning이 더 높습니다.

1 **Their relationship was wobbly from the start.**
걔네 관계는 시작부터 불안불안했어.

2 **She was way ahead of everyone in her career from the start.**
그 사람은 자기 분야에서 시작부터 남들보다 앞서 있었어.

3 **This project had tons of problems from the start.**
이 프로젝트는 애초부터 문제가 많았어.

준쌤의 Question

원어민이 즐겨 쓰는 표현 중에 **in the first place**라는 표현이 있는데요, 뜻은 **from the get-go**와 같지만 두 표현 사이에는 약간의 차이점이 있습니다. 무엇일까요?

A In the first place는 from the get-go와 같은 '애초에, 처음부터'라는 뜻으로도 쓰이지만, 어떤 결정을 내리게 된 동기, 혹은 일이 그렇게 흘러간 이유에 순서를 매길 때도 쓰여요. First place가 '첫 번째/가장 주된 이유'인 셈이죠. 당연히 in the second place, in the third place로 이유를 나열할 수도 있고요.

1 We shouldn't have moved to this area in the first place.
애초에 이 지역으로 이사오는 게 아니었어.

2 **A** Why did you decide to be a mortician/funeral director in the first place?
처음에 장례 지도사가 되기로 결심한 이유가 무엇인가요?

B Well, in the first place, I thought it would be meaningful to be there for someone who's leaving this world. In the second place, it's a good business.
뭐, 가장 큰 이유는 이 세상을 떠나는 사람 곁을 지켜준다는 게 의미 있는 일 같았어요. 또 다른 이유라면 돈을 많이 벌 수 있는 사업이라는 점도 있죠.

3 If you're wondering why I quit my job, in the first place I was sick of my boss, and in the second place, the pay was almost nothing.
내가 왜 직장을 관뒀는지 궁금하다면, 제일 큰 이유는 상사가 지긋지긋했다는 거고, 두 번째 이유는 월급이 쥐꼬리만하다는 거였어.

소통 필수 표현 13

He and I ran out of things to talk about, and it became awkward.

MP3 045

그 사람이랑 나랑 대화거리가 떨어져서 엄청 불편했어.
(≥ uncomfortable)

'불편하다'고 하면 우리는 일단 uncomfortable이 먼저 생각나지 않나요? 물론 uncomfortable이라고 해도 되지만, 인간관계에서의 어색함이나 불편한 상황을 말할 때 원어민들은 awkward를 많이 씁니다. 그래서 '어색한 순간'은 awkward moment, '불편한 상황'은 awkward situation, '어색한 침묵'은 awkward silence, 이런 식으로 하나의 구문처럼 사용하는 경우도 많고, 그냥 awkward만 말하는 경우도 많아요.

1 I was in my boss's office with three other strangers, and no one said anything. It was so awkward.
모르는 사람 세 명이랑 상사 사무실에 같이 있는데 아무도 말을 안 하는 거야. 얼마나 불편하던지.

2 I can't stand awkward silences.
어색하게 아무 말도 안 하는 거/어색한 침묵이 도는 거 난 진짜 못 참아.

3 A I met my ex-boyfriend at my new boyfriend's birthday party.
새로 사귄 남자 친구 생일 파티에서 내 전 남자 친구를 만났지 뭐야.
B What an awkward situation!
진짜 불편했겠다!

4 A What was the most awkward moment in your life?
살면서 제일 어색했던 순간이 언제였나요?
B Right now.
바로 지금이요.

 가끔은 어색하고 불편한 걸 '이상하다'라고도 하잖아요. "진짜 이상한 상황이었어." 이렇게요. 그럼 strange를 써도 괜찮지 않나요?

A   Strange는 예상하지 못했던 일이나 평소와는 다른 변화에 대해 이상하다고 말할 때 쓰이기 때문에 어색하고 불편한 상황에 쓰기에는 의미상 빗나가는 면이 없지 않아 있어요. 하지만 우리도 가끔 '어색하다'와 '이상하다'를 섞어 쓰듯이 원어민들도 대화 중에 두 단어를 섞어 쓰기도 하니까 기를 쓰고 구별할 필요는 없습니다.

1 She's normally at home by 8. That's strange that she's not home yet.
걔가 보통 8시엔 집에 있는데, 아직까지 집에 안 온 게 좀 이상하네.

2 I could've sworn that there was a house here yesterday. How strange!
어제 분명 여기에 집이 한 채 있었는데, 진짜 이상하네!

— **I could've sworn ~** 맹세할 수 있을 만큼 확실하다는 뜻으로, 분명히 무엇을 봤거나 들었다고 할 때 원어민들이 잘 쓰는 구문이에요.

3 Isn't it strange/awkward that we're back together after ten years?
우리가 (헤어지고 나서) 10년 후에 다시 만난다는 게/합쳤다는 게 이상하지 않니?

Weird도 strange와 같이 '이상한'의 뜻이라고 알고 있는데요, 그럼 weird도 awkward 대신 쓸 수 없는 거죠?

A   Weird도 awkward, strange와 호환이 가능하긴 합니다. 섞어 쓴다고 원어민이 이해를 못하는 건 아니니까요. 하지만 이 기회에 weird에 대해서 정확히 알고 가는 게 좋을 것 같긴 하네요. Awkward가 어색함과 불편함에 초점이 맞추어진 단어이고, strange는 낯섦과 일상적이지 않음에 초점이 맞추어진 단어라면, weird는 잘못 됐거나 이해할 수 없음에 초점이 맞추어져 있어서 단어 자체에 부정적인 뉘앙스가 포함되어 있어요. 그래서 stranger는 그 사람이 좋은 사람이든 나쁜 사람이든 단순히 '모르는 사람'이라는 뜻이지만, weirdo는 '괴짜'나 '이해할 수 없는 행동을 하는 이상한 사람'이라는 뜻이에요.

1 This is weird. Ten thousand dollars was wired into my account from a stranger.
이상한데. 모르는 사람이 내 계좌로 만 달러를 이체시켰어.

2 I don't want to talk to him. He's a weirdo.
그 사람이랑 말 섞고 싶지 않아. 진짜 이상한 사람이야.

3   **What are you doing, you weirdo?**
    너 이 이상한 놈, 지금 이게 뭐 하는 짓이야?/이 괴짜 같은 녀석, 지금 뭐 하는 거야?

    ━ 이 표현은 진짜 이상한 짓을 하는 사람에게도 쓰이지만, 어린아이나 반려동물들이 (이해할 수는 없지만) 귀여운 짓을 할 때도 자주 쓰기 때문에 대상과 상황에 따라 부정적일 수도 긍정적일 수도 있어요.

Q Bizarre라는 단어도 들어 본 적이 있는데, 이건 어떻게 다른가요?

A 앞의 단어들과 마찬가지로 bizarre 역시 '이상한'의 뜻인데요, 이 단어는 외관이나 스타일과 관련해서 쓰이는 경우가 많아요. 예를 들어 평범하지 않은 별난 옷이나 신발, 혹은 이상한 헤어스타일에 대해 말할 때처럼요. 그렇다고 꼭 복장이나 외관에만 쓰이는 것은 아니어서 상황에 따라 앞의 단어들과 호환이 가능하답니다.

1   A **Look at her dress. What is she wearing?**
        저 여자 원피스 좀 봐. 도대체 뭘 입고 다니는 거야?

    B **Oh my gosh! That is so bizarre. Where did she even get it?**
        어머! 원피스 한번 진짜 요상하다. 저런 건 대체 어디서 사는 거니?

2   A **I didn't like the movie. It was bizarre.**
        영화가 마음에 안 들어. 이상하기만 하고.

    B **I know. It was so weird.**   그러니까. 진짜 이상하더라.

3   **I don't understand Picasso's paintings. They look bizarre to me.**
    난 피카소 그림들은 이해할 수가 없더라. 내가 보기엔 괴상하기만 해.

준쌤의 Question 1

Odd도 '이상한'인데요, 일상에서 odd가 다른 의미로도 쓰인다는 걸 아세요?

A 숫자 중 '홀수'를 odd number라고 해요. 극히 드문 일이 일어나서 '이런 일이 일어날 확률이 얼마나 되냐?'고 할 때는 What are the odds?라고 하고요. 또, 동물 중 양쪽 눈 색깔이 다르면 odd eyes라고 하는데요, [odd-eyed _____] 형태의 형용사로 쓰이기도 합니다.

1 Three is an odd number.
   3은 홀수야.

2 I met my high school friend in Nepal. What are the odds?
   네팔에서 내 고등학교 때 친구를 만났다는 거 아니야. 그럴 확률이 대체 얼마나 되겠냐고.

3 My cat has odd eyes.
   우리 고양이는 양쪽 눈 색깔이 달라.

4 He's an odd-eyed dog.
   그 개는 양쪽 눈 색깔이 달라.

준쌤의 Question 2

떡 본 김에 제사 지낸다고, 홀수를 배웠으니 이참에 짝수, 자연수, 정수, 분수, 유리수, 무리수, 실수, 허수도 영어로 배워 볼까요?

A 각종 다양한 수의 영어 이름, 다음과 같이 정리합니다.

> 짝수: **even number**
> 자연수: **natural number**
> 0을 포함한 자연수: **whole number**
> 정수: **integer**
> 분수: **fraction**
> 유리수: **rational number**
> 무리수: **irrational number**
> 실수: **real number**
> 허수: **imaginary number**

1 108 is an even number.
   108은 짝수이다.

2 Natural numbers are the set of positive integers starting from 1.
   자연수란 1부터 시작하는/0보다 큰 (정수 중) 양수를 말한다.

3 Whole numbers are the real numbers that include zero and all the positive integers.
   0을 포함한 자연수란 0과 모든 양수를 포함한 실수를 말한다.

4   -5 is an integer.
    마이너스 5는 정수이다.

5   Fractions can be converted to decimals.
    분수는 소수점으로 변환될 수/바꿔 쓸 수 있다.

6   Negative five over six is a rational number between negative one and zero.
    $-\frac{5}{6}$는 −1과 0 사이에 있는 유리수이다.

7   The square root of seven is an irrational number because it can't be simplified.
    7의 제곱근은 나누어서 딱 떨어지지 않으므로 무리수이다.

8   Real numbers are numbers that include both rational and irrational numbers.
    실수란 유리수와 무리수를 포함하는 수이다.

9   An example of an imaginary number is the square root of negative one.
    허수의 한 예는 −1의 제곱근이다.

10 In 5^2, 5 is a base and 2 is an exponent.
    5의 2승에서 5는 '밑'이고, 2는 '지수'이다.

소통 필수 표현 14

The deceased didn't leave a will.

MP3 046

고인께서 유서를 남기지 않으셨습니다. (≥ dead person)

영어에도 '고인(故人)'이라는 말이 있을까 궁금하기도 하고, 그냥 dead person 이라고 해도 되지 않을까 싶기도 하죠? 물론 dead person도 되지만, die나 dead는 '죽음'을 가장 적나라하게 표현한 단어들이라 투박하고 무례하게 들릴 수도 있어서, 좀 거리감 있게 느껴지더라도 the deceased라고 하는 것이 안전합니다. 우리말로도 '고인'과 '죽은 사람'은 어감이 다르니까요.

1 **The deceased wished to be buried by his wife.**
고인께서 아내 곁에 묻히길 원하셨습니다.

2 **The three deceased were all firefighters.**
세 분의 고인은 모두 소방관이셨어요.

3 **Her deceased father left her his house.**
고인이 되신 아버지께서 딸에게 집을 남겨 주셨어.

4 **Her deceased friend suffered from cancer for years.**
그 사람의 고인이 된 친구가 암으로 몇 년 동안 투병을 했어.

5 **The dead are dead. Don't think too much about her/him.**
죽은 사람은 죽은 사람이야. 죽은 사람한테 너무 신경 쓰지 마.

- **dead** 형용사뿐 아니라 명사로 '죽은 사람'도 됩니다.

Q Pass away도 '죽다' 아닌가요? Die나 deceased와 다른 점이 있나요?

A 앞서 설명했듯이 die/dead는 너무 대놓고 죽었다는 것 같고, deceased는 좀 정형적인 표현인데 반해 pass away는 훨씬 부드러우면서도 예의에서 벗어나지 않는다는 뉘앙스를 주어서 가장 많이 쓰이는 표현이에요. 하지만 pass away는 동사로만 쓰이기 때문에 명사로 '고인'을 말할 때는 the deceased가 딱입니다.

1. **My sister passed away on her birthday. What are the odds?**
   우리 언니는 자기 생일날 작고했어. 세상에 그럴 확률이 얼마나 될까?

2. **He was only thirty when he passed away.**
   그분은 고작 나이 서른에 돌아가셨어.

3. **It won't be weird if she passes away tonight. It's a miracle that she's still holding on.**
   그분이 오늘 밤에 돌아가신다고 해도 이상할 게 없어요. 지금까지 버티신 게 기적입니다.

4. **My dog passed away last year.**
   우리 개가 작년에 죽었어.
   ─ 동물에게도 pass away를 자주 써요.

Q 우리도 '죽었다' 대신에 간접적으로 '하늘나라로 갔다', '떠나셨다'고 하잖아요. 영어에도 이렇게 돌려 말하는 표현이 있나요?

A 네, 있어요. '천국으로 갔다/좋은 곳으로 갔다'처럼 온화한 표현으로는 _____ is in heaven now, _____ is in a better place가 있어요. _____ is no longer with us/me(우리/내 곁을 떠났다)라고도 하고요. _____ (has) departed나 _____ entered the pearly gates는 depart와 enter가 주는 시기적인 느낌 때문에 죽은 지 얼마 안 되는 경우에 적합한 표현인데요, 이중 _____ entered the pearly gates는 천국의 문이 진주로 되어 있다는 성경 구절에서 왔답니다.

많은 분들이 이미 알고 계실 kick the bucket과 비슷한 맥락의 표현으로는 bite the dust가 있는데, 흙이 입에 들어갔으니 죽어서 묻혔다는 말이 되죠.

_____ cashed in one's chips라는 독특한 표현이 있는데, 이게 어떻게 죽는다는 뜻이 되는지 아시나요? 카지노에서 게임을 할 때는 현금 대신 칩을 사용하다가 게임을 마치고 자리를 뜰 때 칩을 현금으로 바꿉니다. 이걸 삶과 죽음에 적용하면 '삶을 정리하고 떠난다'는 의미가 되는 거죠. 정말 기발하고 재치 있는 표현 아닌가요? 하지만 '아무개가 죽었다'는 직접적인 표현으로는 잘 쓰지 않고 대화 중 농담으로 쓰이는 표현입니다.

1. **My grandma is in heaven now.**
   우리 할머니는 지금 천국에 계셔.

2 **I miss my sister, but I know she's in a better place.**
우리 언니가 그립긴 하지만, (여기보다) 더 좋은 곳으로 갔으니까.

3 **Freddy is no longer with us. He departed a month ago.**
프레디는 이제 우리 곁에 없어. 한 달 전에 떠났어.

4 **She entered the pearly gates. I know she's in peace now.**
그 사람 천국의 문 안으로 들어갔어. 이젠 편안히 잘 쉬고 있겠지.

5 **Don't be too happy when I kick the bucket. I'll keep watch on you from heaven.**
나 죽었다고 너무 좋아하지는 마. 내가 하늘나라에 가서도 계속 지켜볼 거니까.

6 **I don't know when I'll bite the dust, but when the time comes, I'll go without any fuss.**
내가 언제 죽을지는 모르지만, (죽을) 때가 오면 조용히 갈 거야.

7 A **I just want to die.**
나 그냥 죽고 싶어.

B **Nope. Don't cash in your chips yet.**
안 돼. 아직은 때가 아니야.

Q 반려동물이 죽으면 '무지개 다리를 건넜다'고 하는데요, 영어에도 이런 표현이 있나요?

A 네, 미국 반려동물들도 죽으면 무지개 다리를 건너요. Cross (over) the rainbow bridge라고 하는데요, 스코틀랜드 예술가가 자신이 사랑하던 반려견을 잃고 나서 쓴 시에서 유래했기 때문에 영어권에서 먼저 쓰이기 시작한 표현입니다. 슬프긴 하지만 참 따뜻하고 예쁜 표현이죠?

1 **Our beloved dog crossed the rainbow bridge last night.**
사랑하는 우리 개가 어젯밤에 무지개 다리를 건넜어.

2 **My cat crossed over the rainbow bridge while in my arms.**
우리 고양이가 내 품에 안겨서 죽었어.

> **준쌤의 Question**

고인을 땅에 묻지 않고 화장할 수도 있는데요, 영어로 '화장'을 **burning**이라고 할까요?

A Burn이 태운다는 뜻은 맞지만, '화장'에는 쓰지 않아요. 대신 cremation이라고 합니다. 동사로는 cremate로 쓸 수 있고요. 참고로 '화장터'는 crematory라고 하니까 같이 쟁여 두세요.

1 **I want to be cremated.**
난 화장되고 싶어.

2 **I brought my sister's ashes home after the cremation.**
우리 언니를 화장한 후에 내가 유골을 집에 가져왔어.

3 **My mom wailed at the crematory.**
화장터에서 우리 엄마가 대성통곡을 하셨어.
— **wail** 대성통곡하다, 구슬프게 울다

소통 필수 표현 15

In retrospect, I shouldn't have left Florida.

MP3 047

돌아보면 내가 플로리다를 떠나지 말았어야 했어. (≥ looking back)

지난 일을 다시 돌아본다고 할 때 아주 쉽게는 looking back이라고 해도 좋지만, 좀 더 원어민다운 표현으로 in retrospect가 있어요. 복고풍을 레트로(retro)라고 하는 것만 봐도 retrospect의 뜻이 쉽게 이해되죠? In retrospect는 단순히 지난 일을 회상하는 데서 그치는 것이 아니라, 그때는 몰랐지만 지금에야 깨달은 것에 대한 아쉬움과 후회까지 담고 있는 아련한 표현이랍니다.

1 **In retrospect, the best time of my life was living in that tiny, rundown house with my family.**
이제 와서 생각해 보면 그 좁고 다 쓰러져 가던 집에서 가족들과 함께 살던 시절이 내 생애 가장 행복한 시절이었어.

2 **In retrospect, I should have told my mom that I love her more often.**
돌아보면 엄마께 사랑한다는 말을 좀 더 자주 했어야 했어.

3 **Don't look back. Don't regret anything from the past.**
뒤돌아보지 마. 지나간 일은 뭐든 후회하지 마.

 Retro는 알겠는데 spect는 무슨 뜻인가요?

 Retro는 '뒤로, 다시', prospect는 '방향, 전망'을 말하는데요, 두 단어를 합치는 과정에서 prospect의 pro를 제껴 버렸어요. 이참에 prospect도 알아두시면 좋겠죠?

1 **I see no prospect of a pay raise.**
월급이 오를 전망이 안 보여.

2 **There's the prospect of our company moving to Texas.**
우리 회사가 텍사스로 이사 갈 가망성이 있어.

준쌤의 Question

Spect를 보니까 **spectrum**이 생각나지 않나요? 과학 시간에 관찰한 여러 가지 색의 스펙트럼 외에도 원어민들은 일상에서 **spectrum**을 꽤 많이 쓰는데, 어떤 식으로 사용할까요?

A Spectrum이 빛의 파장으로 만들어진 색깔의 띠니까, 파장이 미치는 거리를 '범위, 영역'이라고 생각해 볼 수 있겠죠? 범위가 넓으면 종류가 다양할 것이고, 범위가 좁으면 다양하지 않을 거고요. 그래서 spectrum은 무엇의 범위와 다양성을 말할 때 자주 쓰여요. 또, on the spectrum이라는 표현도 있는데요, 원래는 '자폐증 스펙트럼 장애'를 말해요. 자폐 증상에도 의사소통 장애, 정신 지체, 사회성 장애 등 범위가 넓어서 spectrum으로 표현한 거죠. 그런데 요새 미국 젊은이들 사이에서 이 on the spectrum이 필요 이상으로 남용되고 있답니다. 혼잣말을 즐긴다거나, 잘 어울리지 못한다거나, 실없이 잘 웃는다거나... 아무튼 일반 기준에서 좀 벗어난다 싶으면 She/He's on the spectrum.이라고 외쳐 대거든요. 이 참에 좀 일반적이지 않은 성향을 보이는 사람, 약간 이상한 사람을 off로 표현한다는 것도 같이 알아두시면 앞으로의 생이 좀 더 풍요로워지실 겁니다. He/She's a little off. 이렇게 쓰시면 엄지 척!

1 **He said his girlfriend is Asian, but there's a broad spectrum of Asians. Koreans, Japanese, Taiwanese…**
걔가 자기 여자 친구가 동양인이라는데, 동양인도 범위가 넓잖아. 한국인, 일본인, 대만인도 있고…

2 **When my kid left home for college, I went through the whole spectrum of emotions.**
우리 애가 대학 들어가서 집을 떠났을 때 온갖 기분이 다 들더라니까.

3 **Our company provides a broader spectrum of services for our customers.**
저희 회사는 고객을 위해 더욱 폭넓은 서비스를 제공하고 있습니다.

4 **Sophia is on the spectrum.** 소피아는 자폐증이 있어.

5 A **Did you see him talking to himself? He's definitely on the spectrum.**
걔 혼잣말하는 거 봤어? 걔 확실히 정상은 아니야.

B **Well, he is a little off, but I don't think he's autistic.**
뭐 걔가 좀 이상한 데가 있긴 하지만, 그렇다고 자폐아는 아닌 것 같은데.

소통 필수 표현 16

Your outfit is **too revealing**.

네 옷 노출이 너무 심해/야해. (≥ too sexy)

MP3 048

옷 중에서도 원단을 최대한 아껴서 만든 야한 옷들이 있죠? 여기저기 많이 파여서 눈을 어디에 두어야 할지 모를 노출이 심한 옷들이요. 그런데 여기서 우리가 주의해야 할 점은 '야한 옷'과 '노출이 심한 옷'의 차이점입니다. 노출이 심한 옷이야 더 설명이 필요 없지만, 야한 옷 중에는 노출이 전혀 없는데도 야해 보이는 것들이 있잖아요. 물론 sexy를 쓰면 노출이 심한 옷과 야한 옷 모두를 얼버무릴 수는 있지만, revealing을 사용하면 야한 옷 중에서도 노출이 심한 옷이라는 걸 바로 알 수 있다는 거죠.

1. **I love your top. It's so sexy.**
   네 윗도리 너무 예쁘다. 되게 섹시해. (노출 수위는 오리무중)

2. **Her hair makes her look sexy.**
   헤어스타일 덕에 걔가 섹시해 보여. (노출과는 무관)

3. **Your dress is not revealing or anything, but it's sexy.**
   네 드레스가 노출이 심하거나 그런 건 아닌데, 섹시해 보여.

4. **You're not going anywhere in that outfit. It's way too revealing.**
   너 그 옷 입고는 아무 데도 못 나갈 줄 알아. 노출이 심해도 너무 심하잖냐.

Q Reveal은 감춰졌던 진실이 드러날 때처럼 '드러내다'는 뜻으로 알고 있는데요. 뭔가가 물리적으로 드러날 때도 쓸 수 있나 보네요?

A 네. 출생의 비밀처럼 숨겨져 있던 사실이 밝혀졌을 때도 reveal을 쓰지만, 속에 들어 있는 내용물이 육안으로 들여다 보일 때에도 쓸 수 있어요.

1. **That incident revealed what kind of person Jefferson really is.** 그 일로 제퍼슨이 진짜 어떤 사람인지 드러났어.

2 I had to take off my shoes at my Korean friend's house, and revealed my dirty socks with holes. I'm not gonna go to any Asian's house.
내 한국인 친구네 집에서는 신발을 벗어야 해서, 구멍 난 내 더러운 양말을 다 보여줬잖아. 다시는 동양 사람네 집에 안 갈 거야.

준쌤의 Question

Reveal이 진실을 드러내는 의미라고 했는데요, 사실을 밝혀내는 '진상규명'은 영어로 뭘까요?

A 우리말의 '진상규명'과 가장 비슷하게 생긴 단어는 아무래도 fact finding이겠네요. 하지만 fact finding 외에도 문제의 원인을 파악하는 get to the bottom of it, 문제의 원인을 포함한 모든 전말에 관한 조사나 수사를 동반하는 investigation도 있으니 전부 다 퍼 담으시길요.

1 We formed a fact-finding committee to get to the bottom of the allegations.
저희는 의혹의 원인을 찾아내기 위해 진상 규명 위원회를 구성했습니다.

2 The police started an investigation to get to the bottom of the crime.
경찰은 범죄 진상 규명을 위한 조사를 시작했습니다.

소통 필수 표현 17

Lack of persistency is your shortcoming.

MP3 049

인내심이 부족한 게 네 단점이야. (≥ weakness)

'단점'을 영어로 돌릴 때 제일 만만한 단어는 weakness나 weak point가 아닐까 싶어요. 물론 이 두 단어를 써도 괜찮습니다만, shortcoming도 있으니 얘도 함께 데려가세요. 길이가 좀 길어야 목표나 결과에 가 닿을 수(coming up) 있는데 길이가 짧으니(short) '부족한 점, 단점'이 되는 거죠.

1 This machine has shortcomings, but they are minor.
이 기계에 단점이 있긴 한데, 아주 사소한 거예요.

2 The new medicine that we strongly believed is a cure for cancer has a fatal shortcoming.
우리가 암 치료제라고 굳게 믿었던 신약에 치명적인 단점이 있어요.

3 It's hard to see one's own shortcomings.
자기자신의 부족한 점을 아는 건 어려운 일이야.

4 Your potential will explode once you overcome your shortcomings.
네 단점만 극복해 내면 네 잠재력이 폭발할 거야.

Q 단점이 shortcoming이면 장점은 longcoming인가요?

A 얼핏 말이 되는 것 같긴 합니다만, 아쉽게도 longcoming이라는 단어는 없어요. 대신 weakness의 반대말인 strength나 advantage가 '장점'입니다. 그런데 같은 장점이라도 이 두 단어에는 차이가 있어요. Strength는 한 개체가 내세울 만한 '강점'을 말하고, advantage는 다른 개체와 비교했을 때의 '유리한 조건'이나 우위를 차지할 수 있는 '이점'을 말한다는 거죠.

1 A Is shortcoming's antonym longcoming?
쇼트커밍의 반대말이 롱커밍이야?

B No, there's no such thing as longcoming.
아니, 롱커밍이라는 말은 없어.

2 A Passion is my strength.
   열정이 저의 장점입니다.

   B ... Anything other than passion?
   ... 열정 말고 뭐 다른 건 없나?

3 Your looooong legs are a big advantage for being a model.
   네 길~쭉한 다리가 모델하기엔 큰 장점/이점/유리한 조건이지.

준쌤의 Question

Short가 나온 김에 **strawberry shortcake** 아시죠? 이름에 왜 **short**가 들어간 걸까요? 다른 케이크보다 길이가 짧아서일까요?

A 식용유 중에 '쇼트닝(shortening)'이라는 게 있어요. 파이 껍질처럼 바삭바삭한 질감이 나게 쓰는 기름인데요, 이처럼 short는 경화유를 사용한 '바삭한' 질감을 뜻하기도 합니다. Strawberry shortcake 역시 빵의 질감 때문에 이런 이름이 붙게 되었어요.

1 Shortening is an edible fat to shorten bread.
   쇼트닝은 빵을 바삭하게 만드는 식용 지방이야.
   ― **edible** 식용 가능한, 먹을 수 있는 (발음: 에더블)

2 I don't like the texture of shortcakes. It's too crispy.
   난 쇼트케이크의 식감이 싫어. 너무 버석거려.

Culture Column 2   미국 2년제 대학의 매력들

미국에서는 2년제 대학을 junior college, 2-year college 또는 community college라고 부르는데, 캘리포니아 내에만 116개가 있을 만큼 수가 많습니다. 우리 기준에서는 인식면에서나 호감도면에서 2년제 대학이 4년제 대학보다 떨어진다고 생각하기 쉽지만, 미국에서는 그렇지 않아요. 2년제 대학이 갖는 매력이 아주 많거든요.

일단 입학이 쉬워요. 따로 시험 볼 필요도 없고, 고등학교 성적도 필요 없으니까요. 심지어 고등학교 졸업장이 없어도 수강이 가능합니다. 누구나 언제든 등록만 하면 해당 학기부터 바로 출석할 수 있어서 미국 2년제 대학에는 직장 다니다 온 중년들도 많고, 나이 지긋한 동네 분들도 많아요. 게다가 학비도 연간 만 달러가 넘는 4년제 대학에 비해 반 이상 싸니 더욱 인기죠. 보통 4년제 대학은 집에서 멀리 떨어진 곳, 심지어는 다른 주(州)로 가기 때문에 거주비와 생활비가 학비보다 더 많이 들지만, 2년제 대학에 가겠다고 집을 떠나는 사람은 없어요. 대부분 집에서 가까운 학교를 선택하기에 학비 외에 들어가는 돈이 없다는 것도 대단한 매력이죠. 고등학교 졸업하고 바로 등록한 학생에 한해서 학비를 전액 면제해 주는 자비로운 2년제 대학들도 있답니다.

2년제 대학의 매력 중 제일은 취업에 용이한 전문직 자격증 프로그램을 많이 보유하고 있다는 거예요. 치위생사, 간호사, 엑스레이 촬영 기사, 초음파 촬영 기사, 방사선사, 호흡기 치료사, 동물병원 조무사, 보조 약사, 우주선 엔지니어, 소프트웨어 엔지니어… 종류도 어찌나 많은지 다 열거할 수도 없습니다. 보조 약사처럼 6개월~1년 과정인 프로그램도 있고, 방사선사처럼 2년 과정인 프로그램도 있어요.

이런 자격증 프로그램 때문에 4년제 대학 대신 2년제 대학을 선택하는 사람들도 많은데, 문제는 프로그램에 들어가는 게 쉽지 않다는 것! 2년제 대학에 들어가기는 쉬운데, 대학이 보유하고 있는 프로그램에 들어가는 건 꽤 어려워요.

왜? 경쟁률이 치열하기 때문이죠. 앞에 나열한 직업 중 동물병원 조무사와 보조 약사만 빼고는 돈을 엄청 많이 벌거든요. 그러니 너도나도 지원하는 거죠. 프로그램에 들어가려면 각 프로그램마다 요구하는 필수 과목을 이수해야 하는데, 이수한 과목들의 성적 순으로 뽑는다면 얼마나 공정하겠습니까만은, 캘리포니아의 경우 황당하게도 추첨으로 학생들을 뽑는답니다. 30명 뽑는 프로그램에 300명이 지원하면 상자에 300명의 이름을 넣고 그 중 30개를 뽑아요. 머리 좋은 놈, 성실한 놈 다 제끼고 운 좋은 놈이 들어가는 겁니다. 명색이 학교라는 곳에서 이게 대체 뭐 하는 것인지, 잘 이해가 안 갑니다.

2년제 대학의 또 다른 매력은 4년제 대학으로 편입이 쉽다는 거예요. 2년 동안 성적만 잘 받으면 UCLA, UC Berkeley 같은 굵직굵직한 4년제 대학으로 편입할 수 있어요. 4년제 대학에 비해서 교과 과정이 훨씬 쉬워서 성적 잘 받기도 어렵지 않고요. 실제로 고등학교에서 바로 UC Berkeley로 가기보다 2년제 대학에서 UC Berkeley로 가는 게 더 쉽다니까요.

이렇게 매력 덩어리이니 2년제 대학에 대한 사람들의 인식도 좋을 수 밖에요. 미국인들에겐 2년제 대학이 4년제 대학에 갈 실력이 안 돼 어쩔 수 없이 가는 차선책이 아닌, 똑똑하고 야무진 선택지인 거죠.

CHAPTER 3
따로따로는 아는데 합치면 모르는 표현들

 QR코드를 스캔하시고 '바로듣기'를 탭하세요. 해당 도서의 음원을 바로 들으실 수 있습니다. 반복 재생과 속도 조절도 가능합니다.

소통 필수 표현 1

Don't **play the "old" card** with me.

MP3 050

나이로 이기려 들지 마세요.

"나랑 오래된 카드를 가지고 놀지 말아라." 모르는 단어가 없으니 바로 우리말로 옮기긴 했는데, 도대체 이게 뭔 말이랍니까? 얼핏 보면 카드가 너무 낡았으니 새 카드로 바꿔서 놀자는 뜻 같기도 하지만, 그 또한 별로 말이 되는 것 같진 않죠? 우리말에 "비장의 카드/무기를 꺼내다"라는 표현이 있는데요, 내가 확실히 이길 수 있는 방법이 있다는 뜻이지, 실제로 카드를 꺼내서 보여주거나 총을 겨누겠다는 뜻은 아닌 것처럼, play the "old" card 역시 나이를 들먹이며 이기려 드는 것을 의미해요. 따라서 Don't play the "old" card with me.는 "나이로 밀어붙이지 마세요."라는 뜻이 됩니다.

1 **My mom's generation loves playing the "old" card.**
우리 엄마 세대는 나이 많은 게 벼슬이야.

2 **Now you want to play the "old" card with me?**
이젠 나이로 밀고 나오시겠다?

Q 나이로 밀어붙인다는 거니까 old 대신 age를 써도 되지 않나요?

A 네, 돼요. 단, old card는 나이가 더 많은 사람만 쓸 수 있는 표현인데 반해, age card는 나이 어린 사람이 귀염성과 풋풋함을 앞세워 밀고 나올 때도 쓸 수 있습니다.

1 **Stop playing the age card on young people.**
젊은 사람들을 나이로 이겨 먹으려고 좀 하지 마.

2 **My husband is ten years younger than me, and he plays the age card whenever he wants something.**
남편이 나보다 열 살 어린데, 바라는 게 있을 때마다 나이로 밀어붙여.

준쌤의 Question

요즘 미국에서 가장 큰 문제 중 하나가 '인종 차별' 문제죠? 아무래도 시선이 많이 집중되는 문제이다 보니 지나치게 예민하게 반응하는 사람들도 있고, 이것을 역으로 이용하는 사람들도 있는데요, 누군가를 '인종 차별주의자'로 몰고 가서 공격하는 것을 영어로 어떻게 표현할까요? 앞에서 배운 표현을 응용해 보세요.

A Playing the race card라고 합니다. Playing the old/age card에서 단어 하나만 바꾸면 간단하게 해결돼요. 참고로 '인종 차별주의자'는 racist라고 합니다.

1. Don't play the race card with me. I'm not saying that Caucasians are superior to African Americans.
   나한테 인종 차별주의자니 뭐니 하지 마. 내가 지금 백인이 흑인보다 우월하다고 하는 게 아니잖아.

2. I just said "black", and she immediately played the race card with me. So it's okay to call whites white, but it's not okay to call the blacks black?
   난 그저 "흑인"이라고 말했을 뿐인데, 그 사람이 바로 인종 차별을 들먹이면서 나를 몰아붙이더라. 그럼 뭐, 백인은 백인이라고 불러도 괜찮고, 흑인은 흑인이라고 부르면 안 된다는 거야?

소통 필수 표현 2

He's **a fast talker**.

MP3 051

그 사람 말솜씨 장난 아니야.

말을 빨리하는 사람이라고 오역하기 딱 좋은 표현인데요, fast talker는 '말로 듣는 이의 혼을 쏙 빼놓는 사람, 상대방에게 생각할 시간을 주지 않고 말로 밀어붙여서 결국 자기 말을 따르게 만드는 사람'에게 쓰는 표현이에요. 단, 유창한 말솜씨로 사람을 구슬러 사기를 치거나, 속이거나, 물건을 팔아먹는 사람을 의미하기 때문에 그렇게 좋은 의미로 쓰이지는 않습니다.

1. **In my opinion, politicians and lawyers are all fast talkers.**
   내가 보기엔 정치가랑 변호사는 말로 속여 먹고 사는 사람들 같아.

2. **Yesterday, a door-to-door salesperson came by, and he was a fast talker. We bought a pet hair vacuum cleaner from him. You know we don't even have a pet.**
   어제 우리 집에 방문 판매 영업 사원이 왔는데 말솜씨가 장난이 아니더라. 결국 반려동물 털 전용 진공청소기를 샀잖아. 반려동물도 안 키우는데.

3. **I bought a stain remover from a salesman who was a fast talker. That stain remover adds stains instead of removing them.**
   말 엄청 잘하는 판매원한테 얼룩 제거제를 샀거든. 그런데 얼룩을 없애기는 커녕 오히려 얼룩이 더 생겨.

Q 그럼 말을 빨리한다고 할 때는 talk fast라고 하나요?

A 네, 맞아요. 말하는 속도가 빠르다고 할 때는 두 단어의 자리를 샤샤샥 바꿔서 talk fast, 또는 speak fast라고 해요. 우리는 말 빨리하는 사람을 '따발총'이라고 하죠? 영어에는 talk a mile a minute(분속 1마일로 말한다) 표현이 있으니까 이것도 함께 알아두면 좋을 것 같네요.

1. **I can't keep up with your story. You talk too fast.**
   네 얘기 못 따라가겠어. 네 말이 너무 빨라.

2 My mom speaks too fast. She just can't help it.
우리 엄마는 말이 너무 빨라. 어쩔 수 없으신가 봐.

3 Have you heard Linda talking? She talks a mile a minute.
너, 린다 말하는 거 들어 본 적 있니? 걔 완전 따발총이야.

준쌤의 Question

말발, 말재간이 좋은 사람, 즉 '달변가'는 영어로 뭐라고 할까요?

A 말이 자연스럽게 잘도 나오는 사람, 대화를 거칠게 몰고 가는 게 아니라 부드럽고 듣기 좋게 말하는 사람이라는 의미에서 smooth talker, 또는 smooth operator라고 해요.

1 She's a smooth talker.
그 사람, 달변가야/말을 참 잘해.

2 He's a real smooth talker with women.
그 사람, 여자들한테 말발 장난 아니야.

3 Do you think smooth talkers are born that way?
말발 좋은 사람들은 타고나는 걸까?

소통 필수 표현 3

I lost my touch.

MP3 052

내가 감이 떨어졌어.

Touch를 '손길' '접촉'으로만 알고 있으면 어떻게 '감'이라는 해석이 나오는지 의아할 수도 있어요. 하지만 어떤 것과 자꾸 접촉을 하게 되면 그것에 대한 이해가 쉬워지고, 잘 알게 되고, 그러다 보면 감이 생기기 때문에 그 반대 표현인 lose one's touch는 '아무개의 감이 떨어지다'로 해석할 수 있어요. 말이 좋아 감이 떨어졌다고 하는 거지, 결국 실력이 예전만 못하다는 말이죠, 뭐.

1 My mom's apple pie is not good anymore. I think she's losing her touch.
우리 엄마가 만든 애플파이가 이젠 맛이 없어. 아무래도 엄마가 감이 떨어지시는 것 같아.

2 I haven't played the piano for the last ten years. I've probably lost my touch.
나, 지난 십 년 동안 피아노를 한 번도 안 쳤어. 아마 감 다 잃었을걸.

3 My students don't listen to me anymore. I seem to have lost my touch.
내 학생들이 이젠 내 말을 안 들어. 나도 이젠 이빨 빠진 호랑이인 거지.

4 I haven't done it for a while, but I haven't lost my touch.
안 해 본 지 꽤 됐지만, 나 아직 감 안 잃었어.

Lose touch는 '연락이 끊기다'라는 뜻 아닌가요?

네, lose touch with ~는 '아무개와 연락이 끊기다'가 맞아요. Lose one's touch 는 '감이 떨어지다'의 뜻이고요. With냐, 소유격 one's냐 그것이 문제입니다.

1 I lost touch with my best friend from college.
대학교 때 나랑 제일 친하던 친구랑 연락이 끊겼어.

2 It's too bad he lost his touch. He used to be the best surgeon in town.
그 사람이 감이 떨어져서 참 안타까워. 예전엔 이 동네에서 제일 잘 나가던 외과 의사였는데 말이야.

준쌤의 Question

Have a/the magic touch라는 표현이 있는데요, 무슨 뜻일까요?

A 손으로 만지면 마법이 일어난다는 의미에서 '금손이다'라는 뜻입니다. 요리든 꽃 장식이든 어떤 한 분야에서 재능이 뛰어난 사람에게 쓰는 표현이에요. 보통은 have a magic touch 형태로 쓰이지만, 문맥에 따라서 have the magic touch로 쓰이기도 해요. 정해진 문법이라기보다는 입 밖으로 나올 때 더 자연스러운 쪽으로 기우는 거라 원어민들에게 "너희는 왜 이랬다 저랬다 하냐"고 따져봐야 아무 득 될 게 없답니다.

1 You have a magic touch for cooking.
너 손맛 끝내준다/음식 진짜 잘한다.

2 Anna has the magic touch when it comes to crochet.
안나는 코바늘 뜨기 금손이야/코바늘 뜨기만 하면 작품이 나와.

소통 필수 표현 4

Everything is **lining up** for me.

MP3 053

내 일이 순리대로 잘 진행되고 있어/이제 일이 되려나 봐.

계획이 뒤죽박죽으로 섞여서 뭐가 뭔지, 어떤 게 먼저인지 갈피가 안 잡히면 일이 잘 풀릴 턱이 없겠죠? 반대로, 잘 정렬되어 있다가 순서대로 착착 들어맞으면 당연히 순조롭게 진행될 테고요. 그래서 '순리대로 풀리다, 일이 되려 한다'는 것을 line up, 줄을 선다고 표현합니다. 비슷한 표현으로 fall into place, come together도 있어요. '모든 게 제 자리에 딱딱 맞아떨어진다, 원하는 방향으로 일이 진행된다'는 의미입니다.

1 **It's amazing how everything is lining up for us.**
우리 일이 이렇게 착착 풀리는 게 신기해.

2 **All of a sudden, things started falling into place.**
갑자기 일이 딱딱 맞아떨어지면서 풀리기 시작했어.

3 **Everything is slowly coming together.**
일이 슬슬 잘 풀리고 있어.

Q TV 쇼나 운동 경기에서 "라인업으로 누가 나와?"라고들 하는데요, 이때의 라인업은 '줄 서다'의 line up인가요?

A 방송 스케줄이나 출연진, 출전 선수들의 진용을 말할 때는 띄어 쓰지 않고 한 단어로 lineup이라고 해요. 동사로 '줄을 서다(line up)'가 아니라 배열해 놓은 '구성'이라는 명사로 쓰이거든요.

1 **What's the lineup?**
누가 나와?/출전 선수들이 누구 누구야?

2 **Here's tonight's lineup of shows.**
오늘 밤 방송 스케줄입니다.

3 **Our team has a powerful lineup.**
우리 팀 출전 선수들이 쟁쟁해.

4 **Don't you see everyone lined up? You don't want to cut in line.**
다들 줄 서 있는 거 안 보이세요? 새치기하면 안 되죠.

Q 그럼 반대로 '일이 잘 안 풀린다, 진행이 안 된다'고 할 때는 어떤 표현을 쓰나요?

A Fall into place를 반대로 돌려 보면 fall apart, out of place라는 표현이 나와요. 하나로 뭉치지 않고 따로따로 분해되어 버리고(apart), 제자리에서 벗어났으니(out of place) 일이 제대로 진행될 리 없죠. 이 중 out of place는 잘 어우러지지 못하고 겉도는 느낌이 들거나 물건이 제자리에 있지 않을 때도 쓸 수 있는 표현이에요. 또, '계획대로 되는 일이 하나도 없다'라고 하려면 Nothing is going according to plan.이라고 하면 됩니다. 세상 간단한 표현으로 Nothing works. 도 있어요.

1 **Things fell apart at the last minute.**
막판에 일이 어그러져 버렸어.

2 **My business is falling apart. I don't know what to do.**
내 사업이 엉망으로 돌아가고 있어. 어째야 할지를 모르겠어.

3 **Everything seems out of place.**
제대로 돌아가는 일이 하나도 없는 것 같아.

4 **I felt out of place for a while at my new job.**
새 직장 들어갔을 때 한동안은 겉도는 느낌이 들었어.

5 **This file is out of place.**
이 파일은 이 자리가 아닌데.

6 **I tried my best, but nothing is going according to plan.**
나도 하는 데까진 해 봤는데, 계획대로 되는 게 하나도 없어.

7 **This is so frustrating. Nothing works. Nothing!**
진짜 짜증난다. 되는 일이 하나도 없어, 하나도!

> **준쌤의 Question**
>
> **Line up**과 비슷한 뜻의 **align**(일렬)이 들어가는 **the stars align**이라는 표현이 있는데, 이건 어떻게 해석하면 좋을까요?

A 별들이 사람들 줄 서듯 쭉 한 줄로 나열되어 있을 확률은 거의 없죠? 상상해 보면 신비하기도 하고, 혹시 신의 계시가 아닌가 싶기도 하지 않나요? 흔치 않은 현상이 나타났으니 운명 같기도 하고 행운의 징표 같기도 하고요. 그래서 The stars align.은 현재 일이 잘 진행되고 있고 앞으로도 잘 될 거라는 확신이 있을 때, 행운이나 운명이 찾아온 것 같을 때 사용하는 표현이에요. 그렇다고 대단히 거창한 상황에만 쓰이는 건 아니에요. 늦게 일어난 날, 출근길에 빨간불에 한 번도 걸리지 않고 교통체증을 피해서 제시간에 회사에 도착한 상황에서 "하늘이 도왔어"라는 말이 무색하지 않은 것처럼, the stars align도 일상에서 쉽게 쓸 수 있는 표현이니까 자주 애용해 주세요.

1. **All the stars are aligning for us.**
   (하늘이 우리 일을 돕는지) 일이 술술 잘도 풀리는구나.

2. **The stars aligned when we first met.**
   우리의 첫 만남은 운명이었죠.

3. **Seems like the stars are aligning against you.**
   일이 너한테 불리하게 돌아가는 것 같은데.

4. **I woke up late this morning, but the stars are aligned, and I made it to work on time.**
   내가 오늘 아침에 늦게 일어났는데, 하늘이 도와서 회사에 제시간에 도착했다니까.

소통 필수 표현 5

Keep **plugging away**.

MP3 054

꾸준히 계속해.

Plug away는 '꾸준히 열심히 하다' '부지런히 하다'라는 표현인데요, 여기서 궁금한 점이 생깁니다. Plug는 '막다' '꽂다'라는 뜻이고, away는 '멀리' '떠나'라는 뜻인데 두 단어가 합쳐져서 어떻게 꾸준히, 부지런히 한다는 뜻이 되는 걸까요? 차라리 플러그를 뽑아 버린다는 의미에서 '관두다/그만하다'가 더 말이 될 것 같은데 말이죠. 하지만 away에 '멀리'뿐 아니라 '당장' '끊임없이' '계속해서'라는 뜻도 있다는 걸 알고 나면 plug away가 '계속해서 막다'라는 해석이 가능해집니다. 이 표현의 유래를 찾아보면 그 옛날 해전에서 승리를 확신하고 나서야 한숨 돌리며 배의 구멍 난/파손된 부분들을 막았다는 얘기가 있지만, 쉽게 기억하려면 콘센트에 플러그가 계속 꽂혀 있는 상태, 즉 기계를 계속 꾸준히 가동시키고 있는 상태를 그려 보는 게 더 좋을 것 같아요. 여기서 한 가지 더! 콘센트는 콩글리시라서 outlet이라고 해야 합니다.

1 **I've been plugging away at English.**
나는 꾸준히 영어 공부를 하고 있어.

2 **Don't give up and keep plugging away.**
포기하지 말고 계속 열심히 해 봐.

3 **I'll keep plugging away at my job until I find a new one.**
내가 새 직장 찾을 때까지는 지금 직장에서 계속 열심히 일해야지, 뭐.

4 **He plugged away at school, but his grades weren't that good.**
걔는 학교생활/공부 열심히 했는데도 성적은 그다지 안 좋았어.

5 **Is there any outlet I can plug my laptop into?**
제 노트북 플러그를 꽂으려고 하는데 여기 어디 콘센트가 있나요?

Q 꾸준히 한다니까 끈기 있다는 게 생각나는데요, 끈기 있다는 건 '인내심 있고 참을성 있다'라는 뜻이니까 끈기 있는 사람을 영어로 표현할 때 patient를 쓰면 되나요?

A 아니요. 영한 사전에는 'patient = 인내심/끈기 있는'이라고 나오지만, 엄밀히 따지자면 인내심과 끈기는 의미상 차이가 있어요. 인내심은 통증이나 힘든 일 등을 잘 참거나 묵묵히 기다린다는 뜻이고, 끈기는 포기하지 않고 계속해 나간다는 뜻이니까요. 잘 참고 인내심 있다는 건 patient가 맞지만, 끈기가 있다는 건 persistent라고 해야 합니다. 참고로 persistent의 주체가 반드시 사람만은 아니라는 점도 알아두세요. 끊임없이 내리는 비, 지속되는 통증 등 어떤 현상이 계속될 때도 persistent를 쓸 수 있습니다.

1 Don't rush anything and just be patient.
뭐든 재촉하지 말고 그냥 좀 기다려/참아.

2 He's not going to give up. He's persistent.
걘 포기 안 할걸. 애가 끈기가 있거든.

3 I got my persistence from my dad.
난 우리 아빠 닮아서 끈기가 있어.

4 Persistent rain caused heavy damage to the crops.
계속된 비로 농작물이 큰 피해를 입었다.

5 I have persistent pain in my back.
내 허리/등에 계속 통증이 있어.

6 This salesman is so persistent. He visits us every single day.
이 방문 판매 영업 사원, 엄청 끈질기네. 하루도 안 빼먹고 매일 찾아온다니까.

Q '끈기'로 grit도 많이 쓰던데, persistent랑 같은 뜻인가요?

A 둘 다 포기하지 않는다는 의미에서는 거의 비슷한데, 약간의 차이는 있어요. Persistent가 꾸준히 계속 밀고 나가는 자세에 초점을 맞춘 단어라면, grit은 아무리 힘들어도 끝내 해내고야 말겠다는 정신력에 초점이 맞춰져 있어요. 이를 악물고 악바리처럼 달려드는 근성이 있다는 의미가 크죠. 각 단어가 주는 느낌을 강약으로 따진다면 persistent보다 grit이 좀 더 강하다고 볼 수 있습니다.

1. If you have a dream, be persistent until you achieve it.
꿈이 있다면 꿈을 이룰 때까지 끈기 있게 밀고 나가.

2. If you have a dream, have grit, and go get it.
꿈이 있다면 악바리처럼 달려들어서 성취해.

3. I know you're having a hard time, but you have to grit your teeth and get through it.
네가 고전하고 있다는 건 알아. 그래도 이를 악물고 견뎌 내야 해.

4. I know you can do it. Show some grit.
난 네가 해낼 수 있다는 걸 알아. 근성을 보여 봐.

준쌤의 Question

Away에 '멀리' '떠나' '당장' '계속해서'라는 각기 다른 뜻들이 있다고 했는데요, 다음 문장들 속 away는 어떻게 해석하는 것이 좋을까요?

1. My memories are fading away.
2. Don't trifle away your time.
3. I've been working away.
4. It needs to be right away.
5. I'm blown away.

A 1. My memories are fading away.
내 기억이 점점 흐릿해지고 있어. (멀리 사라지고 있다는 의미)

2. Don't trifle away your time.
사소한 일에 시간 낭비하지 마. (날려 버린다는 의미)

3. I've been working away.
나, 열심히 일하고 있어. (계속의 의미)

4. It needs to be right away.
즉시 해야 해/바로 필요해. (당장의 의미)

5. I'm blown away.
나, 감동 먹었어. (기분이 멀리 붕 떴다는 의미)

소통 필수 표현 6

It's **long gone**.

MP3 055

벌써 다 썼지/다 먹었지.

Long gone, 어쩐지 누가 멀리 떠난 것도 같고, 영원한 이별 같기도 하죠? 물론 누가 죽은 지 오래됐다는 뜻으로 쓰이기도 하지만, 일상에서는 '어떤 물건을 다 써 버리거나 없어진 지 오래, 벌써 다 먹어 버리고 하나도 안 남았다, (장소/사업장 등이) 없어진 지 오래다'라는 의미로 자주 쓰여요. It's gone.의 과장된 표현으로 '진작에 없어졌다' '다시 보긴 글렀다'라는 뉘앙스를 줍니다.

1. **Some boxes were missing when I moved to the new house, and my favorite jacket is long gone.**
내가 새 집으로 이사 갈 때 (이삿짐) 상자가 몇 개 없어졌는데, 내가 제일 좋아하던 재킷도 같이 영영 없어져 버렸어.

2. **What are you looking for? Sea salt pecan pie? Sorry, it's long gone.**
너 뭐 찾아? 천일염 피칸 파이? 미안하지만 그건 진작에 다 먹고 없어.

3. **When I was a kid, I used to go to an old Chinese restaurant with my family once a week. Sadly, that restaurant is long gone.**
내가 어렸을 때 가족이랑 일주일에 한 번씩 중국집에 갔거든. 슬프게도 그 식당이 없어진 지 한참 됐지.

4. **You probably met my dad at our high school graduation. He's long gone now.**
네가 아마 우리 고등학교 졸업식 때 우리 아버지를 봤지 싶다만, 우리 아버지 돌아가신 지 벌써 꽤 됐어.

Q 상품이 완판되거나 절판됐다고 할 때도 long gone을 쓸 수 있나요?

A 아니요. Long gone은 상품을 다 사용해서 없다는 뜻이지 다 팔려서 없거나, 더 이상 출시되지 않는다는 뜻은 아니에요. 상품을 만들던 회사가 문을 닫은 지 오래되었다고 할 때는 long gone을 쓸 수 있지만요. '완판'은 sold out, '절판'

은 discontinue인데요, discontinue는 계속 이어지지 못하고 끊어졌으니 앞으로도 더 이상 안 만든다는 의미인 거죠. 또, sold out과 비슷한 표현으로 out of stock이 있는데, 이건 창고에 재고가 남아 있지 않다는 뜻이에요. 만약 콘서트 티켓이 전 좌석 매진이어서 어디를 가도 표를 구할 수 없다면 sold out이지만, 한 지점에 들여놓았던 분량이 다 팔린 것이지 다른 지점에 가서 구할 수 있다면 out of stock이 맞아요. 참고로 물건이 다 팔리고 없을 때 원어민들이 잘 쓰는 캐주얼한 표현으로는 It's all gone.이 있어요.

1. **We're out of stock. Check back in about two days and see if we have them.**
   지금 그거 다 팔리고 없는데요. 한 이틀 정도 뒤에 들어왔나 다시 확인해 보세요.

2. A **Sorry. The Korean ramen is all gone.**
   죄송합니다. 한국 라면이 다 팔리고 없네요.

   B **It's all gone? Do you think they'll have it at a different location?**
   다 팔렸다고요? 혹시 (다른 동네에 있는) 다른 지점에는 있을까요?

3. **The NBA finals tickets are all sold out.**
   (미국) 농구 결승전 티켓이 완전 매진이야.

4. **We're sold out of hamburger buns. They're out of stock. It happens every Super Bowl Sunday.**
   햄버거 빵이 동이 났어요. 창고에 재고도 없고요. 수퍼볼 하는 일요일에는 항상 있는 일이랍니다.

   ― **Super Bowl Sunday** 매년 2월에 치르는 미국 풋볼 결승전으로 항상 일요일에 경기를 하는데, 이 날은 집집마다 바비큐를 하는 것이 거의 전통처럼 되어 있어요. 주로 햄버거와 핫도그를 만들어 먹습니다.

5. **That brand has been out of stock for months.**
   그 상표 제품이 몇 달째 재고가 없어요.

6. A **My favorite shampoo has been discontinued. What should I do now?**
   내가 제일 좋아하는 샴푸가 절판됐어. 난 이제 어쩌지?

   B **Just don't wash your hair. Just kidding. Well, what can you do? The company is long gone.**
   그냥 머리를 감지 마. 농담이고, 뭐 어쩌겠니? 그 회사가 문을 닫았다는데.

> ### 준쌤의 Question
>
> **Goner**라는 슬랭이 있어요. **Gone**에 **-er**을 붙여서 사람이 되었는데요, **goner**는 어떤 사람에게 쓰는 표현일까요?

A 사라졌거나 멀리 떠났다는 gone에 -er이 붙어서 '사라진/떠난 사람'이라는 뜻이 되기 때문에 이미 '죽은 사람'이나 '가망 없는 사람', 또는 '위기를 모면하지 못한 사람'을 말할 때 쓰입니다. "난 이제 틀렸어." "너 아니었으면 큰일날 뻔했어." 등의 말을 할 때 딱 들어맞는 표현이에요.

1 When I rescued the stray dog, he looked like a goner. But amazingly he came back to life.
내가 그 유기견을 구조했을 땐 (상태가) 곧 죽겠구나 싶었거든. 그런데 놀랍게도 다시 살아났지 뭐야.

2 You would've been a goner if it wasn't for me.
넌 나 아니었으면 죽었을 뻔/큰일날 뻔했어.

3 Our next game is the San Francisco 49ers. We're goners.
우리 다음 경기 상대가 샌프란시스코 포티나이너스야. 우린 이제 다 죽었어/틀렸어.

4 I'm a goner. My boss found out that I was the one who blew the deal.
난 이제 죽은 목숨이야. 나 때문에 계약이 날아갔다는 걸 상사가 알았거든.

소통 필수 표현 7

It's **quite a commitment**.

MP3 056

보통 일이 아니야/책임이 많이 따르는 일이야.

Quite(상당히), commitment(책임, 약속), 모르는 단어들도 아닌데 붙여놓고 보면 '상당한 약속/책임'이라는 약간 애매모호한 해석이 나오죠? It's quite a commitment는 입양, 결혼 등 일단 하기로 마음먹고 나면 큰 책임이 따르는 중요한 결정을 할 때 자주 쓰이는 표현입니다. 하지만 그렇다고 입양이나 결혼처럼 일생일대의 중대사에만 쓸 수 있는 건 아니에요. 술을 끊겠다거나 거르지 않고 매일 일기를 쓰겠다는 등 일상에서 각오를 단단히 하고 굳게 마음먹었을 때도 유용하게 쓰일 수 있으니 겁 먹지 마시고요.

1. I decided to adopt a blind dog at the shelter. I know it's quite a commitment, but I couldn't leave him there.
   보호소에 있는 눈먼 개를 입양하기로 했어. 책임이 많이 따르는 일이라는 건 아는데, 거기에 그냥 두고 올 수가 없더라고.

2. Are you really going to get married? Marriage is quite a commitment.
   너 진짜로 결혼할 거야? 결혼 그거 보통 일이 아닌데.

3. My dad quit smoking. It's been quite a commitment.
   우리 아빠가 담배를 끊으셨어. 진짜 대단한 결심/각오를 하신 거지.

4. It's quite a commitment to get up at 4 every morning.
   매일 아침 새벽 4시에 일어나겠다는 결심이 쉬운 게 아니야.

Q 무엇을 하겠다, 안 하겠다고 마음먹었다고 할 때 대부분 I decided ~ 구문을 쓰는데요, 이것 말고 다른 표현은 없나요?

A Make up one's mind와 be determined to가 있어요. 이럴지 저럴지 고민 끝에 결정을 내렸을 때는 make up one's mind가, 단단히 마음먹고 노력할 때는 be determined to가 더 적절합니다.

1 **I made up my mind. I'm not going to college.**
나 결정했어. 대학에 안 갈 거야.

2 **He's determined to be a pro gamer.**
걔, 프로게이머 되려고 단단히 결심했어/부단히 노력 중이야.

준쌤의 Question

마음을 바꿔서 결정을 번복하는 것을 영어로 어떻게 말할까요?

A 반대로 뒤집는다는 뜻의 reverse나, 군대 구령인 "뒤로 돌아."에서 온 do an about face를 사용해서 말할 수 있습니다. 방향을 반대 방향으로 튼다는 점에서 결정을 번복한다는 의미가 되는 거죠.

1 **She reversed her decision to be a nurse.**
그 사람, 간호사가 되겠다는 마음을 바꿨어.

2 **He did an about face and turned down the job offer.**
그 사람, 마음 바꿔서 일자리 제안을 거절했어.

소통 필수 표현 **8**

I hitched my wagon to his star.

MP3 057

나, 그 사람 라인이야/그 사람한테 줄 섰어.

유명한 사람, 영향력 있는 사람 뒤에 줄을 잘 서서 덕을 보려고 할 때 '라인이 중요하다'고 하죠? 영어로는 무엇을 어디에 걸어서 끌고 갈 때 쓰는 hitch를 사용해서 hitch one's wagon to a star라고 표현해요. 직역하면 '수레를 별에 걸다'인데, 그만큼 힘 있는 사람에게 내 수레를 걸어 놔야 그 사람이 내 수레를 끌고 가 주겠죠? 힘 있는 사람(star)의 성별에 따라서 his star, her star를 쓸 수도 있고, 특정인의 이름을 쓸 수도 있습니다.

1 **For people like me, it is important to hitch our wagon to a star.**
나 같은 사람들에겐 말이야, 줄을 잘 서는 게 중요해.

2 **You should hitch your wagon to her star.**
그 사람 라인을 선택하는 게 좋을 거야.

3 **I shouldn't have hitched my wagon to his star. Now I'm doomed.**
그 사람한테 줄 서는 게 아니었는데. 난 이제 망했다.

4 A **Should I hitch my wagon to Robert's star, or Gilbert's?**
로버트 라인이 나을까, 길버트 라인이 나을까?
B **How about Hubert's?**
휴버트 라인은 어때?

Q 라인/줄을 서는 것도 결국 인맥을 위해서인 거잖아요. '인맥'을 영어로는 어떻게 말하나요?

A '인맥'을 사람과 사람 사이의 연결고리로 보고 have connections라고 표현해요. Be well connected라고도 하는데, be connected에는 '인터넷에 접속되다'라는 의미도 있으니 상황에 따라 적절히 이해해야 합니다.

1. **I don't think he'll go to jail. He has connections.**
   내 생각엔 그 사람, 감방에 안 갈 것 같아. 그 사람이 인맥이 있거든.

2. **I left my hometown when I was young, so I have no connection there.**
   내가 어렸을 때 고향을 떠나서 그 동네에 아는 사람이 없어.

3. **I'm not connected (to the Internet.)**
   인터넷 접속이 안 돼.

Q 인맥이라고 다 똑같은 인맥은 아니잖아요. 그냥 지인이 많아 발이 넓을 수도 있고, 아는 사람은 많지 않지만 높은 사람과 연이 닿아 있을 수도 있는데, 이 두 경우를 구분하는 영어 표현이 따로 있나요?

A 아는 사람이 많은 걸 '마당발'이라고 하죠? 이 경우엔 know everyone이라고만 해도 충분해요. 하지만 높은 사람과 인맥이 있는 경우라면 have friend(s) in high places, know people/someone in high places라고 하는데, friends라고 해서 꼭 친구만을 뜻하는 건 아니에요. 나이에 상관없이 '잘 아는 사람' '가까운 사람'이면 friends로 치기 때문에 우리도 그렇게 이해하면 됩니다.

1. **He knows everyone.**
   걘 마당발이야.

2. **Everyone knows her.**
   걔 모르면 간첩이야.

3. **Don't worry. I have friends in high places.**
   걱정하지 마. 내가 높은 데 있는 사람들을 좀 알거든.

4. **Do you know anyone in high places?**
   너, 높은 분들 중에 누구 아는 사람 있어?

Q 그럼 '인맥을 동원한다' '빽을 쓴다'는 건 어떻게 말하나요?

A Pull some strings라고 해요. '줄을 잡아당긴다' 즉 필요할 때 끌어다 쓸 '끈이 있다'는 거죠. 좀 어렵다 싶으시면 some은 싹 무시하시고 pull strings라고만 하셔도 돼요.

1. **I pulled some strings to get this job.**
   내가 이 회사 들어오려고 빽 좀 썼지.

2. **Can you pull some strings for me?**
   나한테 빽 좀 써 줄 수 있어?

3. **I know you pulled strings to win this case. Shame on you.**
   이 재판 이기려고 네가 인맥 동원한 거 다 알아. 창피한 줄 좀 알아라.

준쌤의 Question

실력이 아닌 인맥으로 채용되거나 승진한 사람을 '낙하산'이라고 하는데요, 영어에도 같은 의미의 표현이 있을까요?

A 네, 있어요. 그렇다고 parachute(낙하산)는 아니고 친족 등용이나 연고주의를 뜻하는 nepotism에서 온 nepotism baby, 줄여서 nepo baby라고 하는데요, baby라서 어른에게는 못 쓰느냐? 놀랍게도 주로 어른에게 쓰인답니다. 대표적인 nepo baby로는 윌리엄 스미스의 아들 Jaden Smith, 조지 부시의 아들 George W Bush 등이 있죠.

1. **No wonder he got promoted that quick. He's a nepo baby.**
   어쩐지 그 사람이 이렇게 빨리 승진할 리가 없다 했다. 낙하산이구먼.

2. **There're lots of Hollywood nepo babies.**
   미국 영화계에 낙하산들이 엄청 많아.

3. **The Korean word for a nepo baby is "parachute." It means a person landed on the top of the mountain using a parachute without having to climb up.**
   '네포 베이비'를 한국말로는 '낙하산'이라고 해요. 힘들여 등산하지 않고 낙하산을 타고 산 정상에 착지했다는 뜻이죠.

소통 필수 표현 9

I took the fall.

MP3 058

내가 다 뒤집어썼어.

Take the fall… 떨어지는 것을 받다? 폭포를 가지다? 단어는 다 아는데 한곳에 합쳐 놓으니 난감하죠? 이건 누군가를 대신해서 잘못이나 책임을 '뒤집어쓴다'는 뜻이에요. 표현을 잘 들여다보면, 추락하는 것을 굳이 나서서 받고 싶은 사람은 없을 테니 누군가 희생양이 되어 독박을 쓴다는 게 이해되기도 하죠?

1. **He took the fall for something another person did.**
   다른 사람이 한 일을 그 사람이 뒤집어썼어.

2. **Somebody has to take the fall for this situation.**
   누군가는 이 상황을 책임져야 할 거 아니야.

3. **One of the executives took the fall and resigned.**
   임원 중 한 사람이 다 뒤집어쓰고 사퇴했어.

4. **We'll wire a million dollars to your account if you take the fall. What do you say?**
   자네가 혼자 안고 간다면 자네 통장으로 백만 달러를 입금해 주지. 어떤가?

Q 그럼 '누명을 씌우다' '누명을 쓰다'는 어떻게 말하나요?

A 누명을 썼다고 할 때는 wrongly accused, falsely accused라고도 할 수 있지만, 원어민들이 일상에서 훨씬 더 자주 쓰는 표현으로는 frame과 set up이 있어요. 둘 다 누명을 씌우는 경우, 누명을 쓰는 경우에 모두 사용할 수 있고요. Frame의 가장 기본적인 뜻인 '사진틀', '액자'를 생각해 보면 누군가에게 이미 짜여진 틀을 씌운다는 의미가 쉽게 이해되지 않나요? Set up 역시 이미 세팅이 끝난 '짜 놓은 판'이니 누명을 씌우고 쓴다는 말이고요.

1. **My friend framed me for stealing money.**
   내 친구가 나한테 돈을 훔쳤다는 누명을 씌웠어.

2. **I was framed for embezzling company funds.**
   내가 회사 자금을 횡령했다고 누명을 썼어.

3   **I've been set up.**
    나 누명 썼어.

4   **The company set me up for fraud.**
    회사가 나한테 사기쳤다는 누명을 씌웠어.

준쌤의 Question

반대로 '누명을 벗다'는 어떻게 말할까요?

A 누명, 오명, 둘 다 이름이 더럽혀졌다는 뜻이잖아요. 그래서 누명을 벗는다고 할 때는 더럽혀진 이름을 깨끗하게 복구한다는 의미로 clear one's name이라고 합니다. 이름을 주어로 해서 One's name has been cleared라고 해도 좋아요.

1   **She cleared my name.**
    그 사람이 내 누명을 벗겨줬어.

2   **He was framed for murder, but now his name has been cleared.**
    그 사람이 살인 누명을 썼는데, 지금은 그 누명을 벗었어.

소통 필수 표현 10

I'm very **self-conscious**.

MP3 059

난 남을 많이 의식해.

다른 사람이 나를 어떻게 생각할까, 걱정하고 의식하는 것을 self-conscious라고 해요. 남의 시선을 의식하는 건데 왜 self가 들어가나 싶을 수도 있지만, 남이 '나'를 어떻게 생각할지 '내가' 의식하는 것이기 때문에 신경 쓰는 사람도, 신경이 쓰이는 사람도 결국 나(self)인 것이죠.

1 Teenagers are pretty self-conscious.
십 대들은 남의 시선을 꽤 의식하지.

2 The way that Avery stares at me makes me self-conscious.
에이브리가 나를 빤히 쳐다볼 때면 (내 얼굴이 이상한가 싶어서) 신경이 쓰여.

3 No one cares about how you look. You're too self-conscious.
아무도 네 외모에 신경 안 써. 네가 지나치게 남들을 의식하는 거야.

Q 보통은 자신이 특히 신경 쓰이는 부분에 대해 남의 시선을 의식하게 되는데, 사람마다 신경 쓰는 부분이 다 다르잖아요. 그게 몸무게일 수도 있고, 옷차림일 수도 있고요. 이렇게 특정 부분에 대해 남을 의식할 때는 어떻게 말하나요?

A 신경 쓰이는 게 몸무게라면 weight-conscious, 옷차림이라면 fashion-conscious로 self 자리에 다른 단어를 넣어서 말할 수 있어요. 하지만 hairstyle-conscious처럼 어감이 자연스럽지 않은 경우에는 self-conscious about one's hairstyle처럼 self-conscious 뒤를 about ~으로 처리해 주면 됩니다.

1 My boss is fashion-conscious, but she has the worst taste in fashion.
내 상사가 옷차림에 엄청 신경 쓰는데, 패션 센스는 또 최악이야.

2   She's a bit self-conscious about her facial skin.
    걔는 자기 얼굴 피부에 신경을 좀 많이 써.

3   He's always self-conscious about his short height.
    그 사람은 항상 자기 (작은) 키 때문에 사람들 시선을 의식해.

준쌤의 Question

Self-awareness는 self-consciousness와 어떻게 다를까요?

A   Self-consciousness는 다른 사람의 시선을 신경 쓰는 것이지만, self-awareness는 무엇을 자기 스스로 인식하는 '자각, 각성, 자의식'을 말해요. 그래서 '자기객관화'를 objective self-awareness 라고 합니다.

1   He lacks self-awareness.
    걘 자의식이 부족해.

2   Self-awareness helps you find what triggers your habitual responses.
    자각은 당신이 무엇에 습관적으로 반응하는지 그 이유를 찾도록 도와준다.

3   I didn't know what I was doing to my kids because I lacked self-awareness.
    내가 우리 애들한테 어떻게 하고 있는지를 내 스스로 의식을 못해서 몰랐지.

Q Self-conscious나 self-awareness처럼 self가 앞에서 끌어주고 다른 단어가 뒤에서 밀어주는 구조의 표현이 또 있나요?

A 네. 일단 self-esteem이 있는데, 얘가 그 유명한 '자존감' 되시겠습니다. '낮은 자존감'은 low self-esteem, '높은 자존감'은 high self-esteem이겠죠? 다음은 self-righteous 보실게요. Righteous가 '정당한, 옳은'이다 보니 self-righteous는 스스로 옳다고 생각하는 경향, 즉 '독선적인, 자기만 항상 옳다고 생각하는' 사람에게 쓰이는 표현이에요. 그리고 self-serving도 있는데, 이게 무슨 뜻일 것 같으세요? 혹시 목 마른 사슴이 시냇물을 찾듯, 목 마른 사람이 식당에서 자기가 직접 물 떠다 먹는 거!라고 생각하셨다면 땡입니다. Self-serving은 다른 사람들보다 나를 먼저 챙기는 '이기적인' 걸 말해요. 또, self-checkout이란 것도 있

는데요, 가게에서 물건을 산 후 가격 스캔부터 결제, 물건 챙기기까지 손님이 직접 처리하는 '무인 계산대'를 말해요. 같은 맥락에서 호텔이나 공항에서 손님이 스스로 체크인하는 건 self-check-in이라고 하고요.

1. **People with high self-esteem are good at forming healthy relationships.**
   자존감이 높은 사람들은 (타인과) 건강한/바람직한 관계를 맺는 것에 능하다.

2. **I used to have such low self-esteem because my mom always said I'm not good at anything.**
   우리 엄마가 난 잘하는 게 하나도 없다고 늘 말씀하셔서 옛날엔 내 자존감이 엄청 낮았지.

3. **John is very self-righteous. He just can't tolerate other people's opinions.**
   존은 엄청 독선적이야/항상 자기만 옳아. 다른 사람들 의견은 받아들이질 않는다니까.

4. **Some people are very self-serving with their "me first" attitude.**
   "내가 먼저"라는 태도로 엄청 이기적인 사람들이 있지.

5. **The self-checkout lane is 15 items or less.**
   저희 가게 무인 계산대(줄)는 15개 이하 물품을 구입하셨을 때 사용하실 수 있습니다.

6. **I hate self-check-in. It took me forever to get my boarding pass at the airport. I mean, where are all the workers?**
   난 셀프체크인 정말 싫어. 공항에서 보딩 패스 받는 데 한 오백 년 걸렸다니까. 아니, 직원들은 다 어디 가고?

소통 필수 표현 11

He lied to me to **save face**.

MP3 060

그 사람이 자기 체면 지키려고 나한테 거짓말을 했어.

얼굴(face)을 구한다(save)는 게 뭘까요? '체면을 지킨다'는 것을 '면을 세운다, 면이 선다'라고 달리 말하는데요, 떳떳하게 얼굴을 들고 다닐 수 있다는 점에서 얼굴(face)를 구한다(save)는 영어 표현과 같습니다. 어떤 방법으로 체면을 지킨다고 할 때는 save face by ~로 연결해 주면 돼요.

1 My dad had to buy his whole office dinner to save face.
우리 아빠가 체면 차리시느라고 사무실 사람들 전부한테 저녁을 사야 하셨지.

2 Don't worry too much about saving face.
너무 체면 차리려고 전전긍긍하고 하지 마.

3 It's not right to fight just to save face.
체면 때문에 싸우는 건 옳지 않아.

4 Jaden saved face by working double after his coworkers complained about him.
직장 동료들이 자신에 대한 불만을 털어놓은 뒤로 제이든이 두 배로 열심히 일해서 자기 체면을 살렸어.

5 I just said it to save face for my mom.
내가 우리 엄마 체면 세워 주려고 그냥 그렇게 말한 거야.

Q 반대로 '체면을 구기다, 체면이 말이 아니다'는 어떻게 말하나요?

A 체면을 '잃었다'고 해서 lose face라고 말합니다.

1 I made a big mistake and lost face with everyone.
큰 실수를 해서 사람들한테 내 체면이 말이 아니야.

2 Some parents think they lose face if their kids don't get good grades at school.
애들 학교 성적이 안 좋으면 본인들 체면을 구긴다고 생각하는 부모들이 있어.

3 What you did isn't embarrassing. You didn't lose face.
네가 무슨 부끄러운 일을 한 것도 아니잖아. 체면 구긴 거 아니라니까.

준쌤의 Question

유사품인 '면목이 없다'는 영어로 어떻게 표현할까요?

A 상대방 얼굴을 마주보기가 부끄럽고 창피하다는 의미에서 [be ashamed to face + 사람]이라고 합니다. 해석으로 '그 사람 얼굴을 어떻게 봐야 할지 모르겠다'도 좋겠네요.

1 I cheated on my boyfriend and now I'm ashamed to face him.
남자 친구를 두고 바람을 피워서 이제 남자 친구 얼굴을 어떻게 봐야 할지 모르겠어.

2 Please don't do anything that would make you ashamed to face your family.
제발 네 가족들에게 면목없을 짓은 하지 마.

3 I know it's not your fault. No need to be ashamed to face me.
네 잘못이 아니라는 거 알아. 나한테 면목없어 할 필요 없어.

소통 필수 표현 12

This is **a dead giveaway**.

MP3 061

이거 완전 빼박이네.

Dead에 '확실한'이라는 뜻도 있다는 걸 모르거나, giveaway가 고민할 필요 없이 '거저 주어지는 것'의 뜻이란 걸 모르면 이해가 안 되는 표현이 dead giveaway입니다. Dead giveaway는 확실하게 주어진 것, 즉 '명백한/결정적 증거'를 말해요. '빼박, 보나마나한 무엇' 등으로 자연스럽게 해석해 주면 좋습니다.

1 She's wearing a diamond ring. It's a dead giveaway that she's married.
저 여자 다이아몬드 반지 끼고 있잖아. 보나마나 결혼한 거지.

2 You're lying to me. Your nervous laughter is a dead giveaway.
너 나한테 거짓말하는 거네. 긴장해서 웃는 걸 보면 뻔하지 뭐.

3 A I didn't eat your cake. 나 네 케이크 안 먹었어.
B Oh, yeah? The cream around your lips is a dead giveaway.
아, 그러셔? 네 입술 주변에 묻은 크림이 빼박 증거인데도.

 원어민들이 쓰는 표현 중에 dead가 들어간 게 많은 것 같던데요, 몇 개 소개해 주실 수 있나요?

A '단단한 결심' '단호한 자세'를 dead set이라고 해요. 또, 누군가에게 "넌 이제 끝났다."고 할 때는 죽은 오리에 빗대어 dead duck이라고 하고요. 농담이 아닌 진심임을 강조할 때는 dead serious라고 합니다.

1 He's dead set on getting a job.
그 사람이 취직하려고 단단히 마음먹었어.

2 The police found where the serial killer is hiding. He's a dead duck now.
경찰이 연쇄살인범이 숨어 있는 곳을 찾았어. 이제 그 사람은 끝이야.

3   Mom, I'm not going to college. I'm dead serious.
    엄마, 나 대학 안 갈 거예요. 진심이에요.

준쌤의 Question

미국에서는 어떤 도로나 골목 입구에 DEAD END라고 쓰인 팻말이 세워져 있는 걸 종종 볼 수 있는데요, 무슨 뜻일까요?

A 골목끼리 이어져 있어서 통행이 확보되어 있는 게 아니라 골목 끝이 막혀 있어서 돌아 나와야 하는 구조일 때 초입에 DEAD END 팻말을 세워 놓습니다. '막다른 길'을 뜻하는데요, 더 이상 희망이 안 보이고 절망적일 때 '인생의 막다른 골목'이라는 은유적인 표현으로도 쓰여요.

1   This is a dead end.
    여기 막다른 길이네.

2   I've come to a dead end in my life.
    내 인생의 막다른 골목까지 와 버렸어.

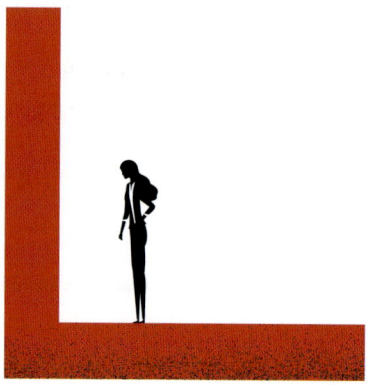

소통 필수 표현 13

I **don't ship** them.

MP3 062

난 걔네 둘이 안 사귀었으면 좋겠어/걔네 사이 응원 안 해.

암만 사전을 찾아봐도 ship에 '사귀기를 바란다'는 뜻은 나오지 않으니까 찾으려고 애쓰실 필요 없어요. 미국 젊은 세대들이 쓰는 인터넷 슬랭이거든요. 두 사람이 아직 사귀지는 않지만, 앞으로 사귀었으면 좋겠다 싶으면 ship _____, 안 사귀는 게 낫겠다 싶으면 don't ship _____이라고 표현해요. 두 사람이 배(ship)를 타고 신혼여행 떠나는 장면을 상상해 보면 기억하기 쉽겠네요.

1 I ship you guys. I think you two would make a good couple.
난 너희 둘이 사귀면 좋겠어. 너희 둘이 잘 어울릴 것 같거든.

2 A I don't ship Dominique and Nina. Do you?
난 도미닉이랑 니나가 안 사귀길 바라. 넌 사귀면 좋겠어?
B Of course I ship them. I think they're perfect for each other.
당연히 사귀길 바라지/응원하지. 둘이 천생연분일 것 같구먼.

3 Don't try to ship us. We're just friends.
자꾸만 우리 둘을 엮으려고 하지 마. 우린 그냥 친구 사이야.

Q 사귀는 사람이 있다고 할 때 have a boyfriend/girlfriend 말고 원어민들이 쓰는 다른 표현이 있을까요?

A 가볍게 만나는 사람이라면 seeing someone이라고 하고, 보다 깊은 관계의 애인이라면 in a relationship with라고 하는데요, 가장 자주 쓰이는 표현은 역시나 have a boyfriend/girlfriend입니다.

1 A Are you seeing someone?
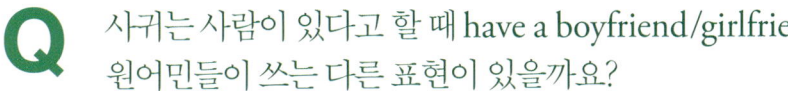
누구 만나는 사람 있어요?
B Yes, I have a boyfriend.
네, 남자 친구 있어요.

2 He's in a relationship with my friend.
그 사람, 내 친구랑 사귀어/애인이야.

3 I'm not seeing anybody at the moment.
나, 지금은 만나는 사람 없어.

준쌤의 Question

미국의 젊은 세대 얘기가 나와서 말인데요, 각 세대를 대표하는 알파벳이 있습니다. 요새 젊은 세대를 **MZ** 세대라고 하죠? 그런데 미국에서도 **MZ generation**이라고 할까요?

A MZ generation은 1981년 ~ 1996년 사이에 태어난 Millennials 세대와 1997년 ~ 2012년 사이에 태어난 Z세대를 묶어서 만든 말로, 우리나라에서만 쓰여요. 원어민들은 Millennials 세대 따로, Z 세대 따로 분리해서 말하는데, 여기서 주의할 점은 Z generation이 아니라 generation Z라고 한다는 겁니다. Generation을 줄이고 Z 뒤에 er을 붙여서 gen Zers라고도 해요. X 세대 역시 gen Xers라고 할 수 있고요.

1 A I'm Generation X.
난 엑스 세대야.
B Are Gen Xers still alive?
엑스 세대들이 아직도 살아 있어요?
A Hey, you'll get old, too.
야, 너도 나이 들어.

소통 필수 표현 14

We arrived home **safe and sound**.

우리는 무사히 집에 잘 돌아왔어.

MP3 063

Safe and sound를 그대로 해석하면 '안전하고 소리'인데요, 이게 뭔 말인가 싶죠? 하지만 sound에 '온전한, 다치지 않은'의 뜻도 있다는 걸 알고 나면 safe and sound가 어떻게 '무사히/별 탈 없이'의 의미가 되는지 이해가 갑니다. 주로 출타했던 사람이 잘 돌아왔을 때 쓰이지만, 위험한 상황을 무사히 넘겼을 때도 쓰여요. 또, sleep과 함께 곤히 잠을 잔다는 뜻으로 쓸 수도 있습니다.

1. I came back from Hawaii safe and sound.
   나, 하와이 갔다가 무사히 돌아왔어.

2. The missing boy was found safe and sound in a neighboring city.
   실종되었던 남자아이가 인근 도시에서 무사히 발견되었습니다.

3. Our house was safe and sound during the hurricane.
   우리 집은 허리케인에도 무사했어.

4. My old car survived the long, tough trip safe and sound.
   내 낡은 차가 그 길고 험난한 여행을 무사히 버텨냈어.

5. She's sleeping safe and sound.
   쟤 지금 곤히 잘 자고 있어.

Q In one piece도 '무사히/무탈하게'의 뜻인 걸로 알고 있는데요, 그럼 safe and sound와 같다고 봐도 될까요?

A 아주 큰 차이는 없지만, 똑같은 '무사히'라도 여행에서 무사히 돌아온 것과 전쟁에서 무사히 돌아온 건 다르죠? 위에서 설명한 것처럼 safe and sound는 힘들고 위험한 상황을 무사히 넘겼을 때도 쓰이지만, 가볍게 '안녕히'의 의미로 쓰이기도 해요. 그에 비해서 in one piece는 심각한 상황에서도 어디 한 군데 다치지 않은 '멀쩡한' 상태를 말하고요. 해석만 해 봐도 알 수 있듯이 팔, 다리

가 잘려서 여러 조각으로 나뉜 것이 아니라 one piece, 한 덩어리(사지 멀쩡한 몸)를 뜻한다는 걸 알 수 있죠?

1. **Enjoy your trip and come back safe and sound.**
   여행 즐겁게 하고 무사히 돌아와.

2. **He came back home in one piece after the war.**
   그 사람은 전쟁이 끝난 후 무사히 집으로 돌아왔어.

Q Safe and sound처럼 and로 연결되어 하나의 뜻으로 쓰이는 영어 단어들이 또 있나요?

A 있죠, 있습니다요. 여러분 혹시 〈Up Close and Personal〉이라는 영화를 아시나요? 로버트 레드포드와 미셸 파이퍼가 주연했던 1996년도 영화인데요, up close and personal은 '밀착 취재'를 말해요. 아주 그냥 엄청 가깝게 다가가서, 사적인 것까지 판다고 보시면 됩니다. 꼭 취재가 아니더라도 대상을 가까이에서 관찰하는 경우에도 쓸 수 있어요. 그리고 hit and miss도 있는데요, (공을) 칠 때도 있고 못 칠 때도 있다는 말이라서 '결과가 들쭉날쭉하다/결과에 일관성이 없다'는 뜻으로 쓰여요. 또, hot and cold는 '변덕이 죽 끓듯 하는 사람, 성격이 이랬다 저랬다 하는 사람'을 말해요. 뜨거웠다가 차가웠다가 종잡을 수가 없는 거죠. 자매품으로 love-hate relationship도 있는데요, '애증 관계'를 의미해요.

1. **The reporter got up close and personal in his interview with the mayor.**
   기자가 시장님과의 인터뷰에서 밀착 취재를 진행했습니다.

2. **The safari tour gave us a chance to get up close and personal with the wildlife.**
   사파리 관광은 야생동물들을 아주 가까이에서 볼 수 있는 기회였어.

3. **I asked him not to play the piano at night, but it's hit and miss.**
   내가 그 사람한테 밤에는 피아노 치지 말라고 부탁했는데, 칠 때도 있고 안 칠 때도 있고 그래.

4. **My boss is hot and cold. Sometimes she's nice and sometimes she's mean.**
   내 보스는 성격이 이랬다 저랬다야. 어떨 때는 착하다가도 또 어떨 때는 못되게 군다니까.

5   My younger brother and I have a love-hate relationship.
    남동생하고 나는 애증 관계야.

준쌤의 Question

Safe and sound처럼 단어를 다 알아도 해석이 안 되는 표현 중에 **out cold**라는 게 있어요. 무슨 뜻일까요?

A 죽은 사람의 체온을 일컬어 cold라고 부르기 시작한 것이 나중에 의식이 없는 사람에게 쓰이게 되면서 '기절한'의 뜻이 되었다고 해요. 그래서 의식을 잃고 기절했거나 기절한 듯 잠에 곯아떨어졌을 때 out cold라고 합니다.

1   He was in a car accident and is out cold.
    그 사람, 교통사고 나서 의식이 없어.

2   She must be super tired. She's out cold now.
    쟤, 진짜 피곤한가 보다. 지금 완전 곯아떨어졌어.

3   I was out cold for 11 hours after the trip.
    나, 여행 다녀와서 열한 시간 동안 뻗어서 잤어.

소통 필수 표현 15

It's **the same difference**.

MP3 064

그게 그거지/도긴개긴이지.

Same도 알고 difference도 아는데, 두 단어가 앞뒤로 붙어 있으니 도대체 같다는 건지 다르다는 건지 애매모호하죠? Same difference는 차이가 있긴 있되 그 차이가 너무 미미해서 아예 없는 것과 별반 다르지 않을 때 쓰여요. 흔히 말하는 '그거나 그거나, 엎어치나 메치나'의 의미라고 보면 됩니다. 주의할 점은 different가 아니라 difference라는 것!

1 **A** I lost 2 pounds. Now I weigh 136.
　　나 2파운드 빠졌어. 이제 몸무게 136(파운드) 나가.
　B 136, 138, same difference.
　　136이나 138이나.

2 **A** Oh, look at that baby kangaroo. So cute!
　　어머, 저 아기 캥거루 좀 봐. 너무 귀엽다!
　B Actually, that's not a baby kangaroo. That's a wallaby.
　　그게, 쟤는 아기 캥거루가 아니라 왈라비거든.
　A Whatever. Same difference.
　　아무거면 어때. 그거나 그거나.

Q Same difference 대신 same thing을 써도 될까요?
　　거의 같은 뜻 같은데요.

A 똑같거나 거의 차이가 없으니 똑같다고 봐도 된다고 우길 때라면 same thing도 가능하겠죠. 하지만 아무리 차이가 없어 보여도 다른 건 다른 거니까 두 표현이 같다고는 할 수 없습니다.

1　**A** Fuchsia, hot pink, same thing.
자홍색이나 선명한 핑크색이나 똑같지 뭐.

　　B Maybe the difference is subtle, but they're not the same colors.
별 차이 없을지는 모르지만, 그래도 같은 색은 아니지.

2　Mountain lions and pumas are the same thing. It's the same animal with two different names.
마운틴 라이언이나 퓨마나 같은 거야. 같은 동물인데 이름이 두 개인 거거든.

준쌤의 Question

Not the same은 단순히 두 가지 것이 서로 다르다는 뜻일까요?

A 단순히 같지 않다는 말일 수도 있고, 비교해서 무엇이 더 낫거나 더 못하다는 말일 수도 있어요. 언제 더 낫다는 뜻으로 쓰이는지, 언제 더 못하다는 뜻으로 쓰이는지는 대화 내용과 화자의 의도에 달려 있기 때문에 공식처럼 정해진 건 아니고요. 예문을 보시면 쉽게 이해되실 거예요.

1　I used American style breadcrumbs for shrimp tempura, and it wasn't the same. It needs Korean breadcrumbs.
미국식 빵가루로 새우튀김을 했더니 확실히 맛이 다르더라고/그 맛이 안 나더라고. 한국 걸 써야 해. (더 못하다는 의미)

2　I bought an expensive facial lotion for the first time in my life, and I'm telling you. It's not the same.
내가 태어나서 처음으로 비싼 로션을 사 봤는데, 이게 있잖니.
진짜 다르긴 다르더라고. (더 좋다는 의미)

소통 필수 표현 16

The serial killer is **still at large**.

MP3 065

그 연쇄 살인범이 아직 안 잡혔어.

Large는 사물의 크기 외에 넓은 공간을 말할 때도 쓰이는데요, 공간이 넓으면 자유롭게 움직일 수 있죠? 그래서 still at large는 범죄자가 아직도 자유롭게 여기저기로 도망 다니고 있는 상태를 뜻해요. 한마디로 수배 중인 거죠. 또, still을 빼고 at large만 보면 '전반적인, 대체적인'의 뜻이 됩니다. 대부분의 사람들이 생각하는 바나 전체적인 분위기 등을 표현할 때 쓰면 좋아요.

1 **The deserter with a gun is still at large.**
총기를 소지한 탈영병이 수배 중이야/아직 안 잡혔어.

2 **I'm still at large. I need to leave the country.**
나, 아직 수배 중이야. 이 나라를 떠야 해.

3 **Our neighbors at large are against Airbnb.**
우리 동네 사람들 대부분이 동네에 에어비앤비 들어오는 걸 반대해.

4 **The issue of crime concerns society at large.**
범죄 문제가 사회적으로 크게 대두되고 있어.

Q 그럼 반대로 범인이 잡히면 at small이라고 하나요?

A 아니요, at small이라는 말은 없어요. 체포되었으니 arrested라고 하거나, got 또는 caught를 이용해 표현합니다.

1 **The drug dealer was arrested.** 마약상이 체포됐어.

2 A **Did the police get the killer?** 경찰이 살인자를 잡았어?
B **Yeah, they got him.** 응, 잡았어.

3 A **Did the criminal get caught?** 그 범죄자 잡혔어?
B **Yeah, the police caught her.** 응, 경찰이 잡았어.

준쌤의 Question 1

범인에게 붙는 '현상금'이나 '포상금'을 영어로는 뭐라고 할까요?

A 범인을 체포하도록 도와준 것에 대한 '보상'이라서 reward라고 합니다. 범인뿐 아니라 잃어버린 물건이나 반려동물을 찾아준 사람에게 주는 보상금 역시 reward라고 해요.

1 The city of LA offered a 50,000 dollar-reward for tips that lead to the arrest of the criminal.
엘에이 시 당국이 범인을 잡는 데 필요한 정보를 제공하는 사람에게 5만 달러의 포상금을 지급하겠다고 나섰다.

2 The reward for the most-wanted criminals is a minimum of 250,000 dollars.
지명수배자에게 붙은 최저 현상금이 25만 달러이다.

3 I offered a 500-dollar reward for my lost dog.
잃어버린 우리 집 개를 찾아주는 데 500달러를 보상금으로 주겠다고 내걸었어.

4 LOST DOG; MICKEY, 4-YEAR-OLD MALE CHIHUAHUA. LOST SINCE SEP 10th. LAST SEEN IN CENTRAL PARK. REWARD $500. IF FOUND PLEASE CALL 333-333-3333.
개를 찾습니다. 미키, 4살 수놈 치와와. 잃어버린 날짜 9월10일. 중앙공원에서 마지막으로 발견됨. 보상금 500달러. 찾으신 분은 333-333-3333으로 전화해 주세요.

준쌤의 Question 2

경범죄, 중범죄, 성범죄… 이런 걸 영어로는 어떻게 말할까요?

A 뉴스 등에서 자주 들을 수 있는 각종 범죄를 정리합니다.

felony: 중범죄
infraction: (교통 법규 위반 등의) 경범죄
robbery: 절도죄
fraud: 사기죄
kidnapping: 유괴/납치죄
sexual assault: 성폭력죄
child abuse: 아동학대죄
murder: 살인죄
hate crime: 혐오 범죄

misdemeanor: 경범죄
arson: 방화죄
burglary: 주거 침입죄
auto theft: 차량 절도죄
assault: 폭행죄
sexual abuse: 성학대죄
rape: 강간죄
attempted murder: 살인미수죄
drug possession: 약물 소지죄

1. He committed a felony.
   그 사람이 중범죄를 저질렀어.

2. I got pulled over for a traffic infraction.
   (경찰이) 나를 교통 위반으로 잡았어/내 차를 교통 위반으로 세웠어.

3. She was arrested for attempted murder.
   그 사람이 살인미수죄로 체포됐어.

4. Hate crimes are getting serious.
   혐오 범죄가 점점 심각해지고 있어.

소통 필수 표현 **17**

None of it **registered** back then.

MP3 066

그 당시에는 아무것도 이해되지 않았어/깨닫지 못했어.

Register 하면 '등록하다, 기록하다' 말고는 달리 생각나는 게 없죠? 그래서 위의 문장을 '그때는 아무것도 등록/기록되어 있지 않았다.'로 해석할 확률이 큽니다. 원어민들은 이 register를 '깨닫다, 이해하다'의 의미로도 자주 사용하지요. 영한 사전을 찾아봐도 잘 나오지 않는 해석이라 원어민이 아니면 선뜻 와 닿지 않는 게 사실이지만, 우리도 이해할 수 없는 사람이나 상황을 두고 '도저히 접수가 안 된다'고 하잖아요. 그렇게 생각하면 좀 더 쉽게 다가갈 수 있지 않을까 싶네요. 특이하게 이해가 안 되는 상황이 주어 자리에, 이해를 해야 하는 사람이 with와 함께 뒤에 위치합니다.

1 **I explained the whole thing, but I'm not sure if it registered with her.**
내가 전부 다 설명하긴 했는데, 걔가 이해했을지는 잘 모르겠네.

2 **It doesn't register with me.**
난 잘 모르겠는데/이해가 안 돼.

3 **Her name didn't register with me.**
내 기억엔 그 사람 이름이 없어.

Q 등록할 때 register 말고도 sign up이나 sign in을 쓰기도 하잖아요. 이 셋의 차이점은 뭔가요?

A 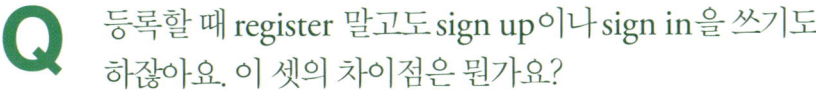 Log-in과 마찬가지로 기존 계정에 접속하는 것을 말해요. 가지고 있는 아이디와 비밀번호를 입력한 후 해당 사이트로 들어가는 거죠. 그렇다고 꼭 인터넷상에서만 쓰이는 건 아니에요. 선착순으로 서비스를 제공하는 기관인 경우에는 입구에 sign-in sheet을 두어 이름과 도착 시간을 적게 하기도 하고, 행사장이나 강연장에 입장하기 전에 입구에서 서명을 하기도 하죠. 이렇게 어떤 장소 안(in)으로 들어가기 위해 출석을 알리는 것을 sign-in이라고 해요.

1 Write your name and arrival time on the sign-in sheet.
방문자 명단/방명록/대기자 명단에 이름과 도착하신 시간을 적어 주세요.

2 If you already have an account with us, just go on our website and sign in to see all the benefits of membership.
저희 쪽에 이미 계정이 있으시면, 저희 웹사이트에 들어가셔서 로그인만 하시면 멤버십 혜택 사항을 전부 확인하실 수 있으세요.

sign up 프로그램, 사이트, 단체 등에 등록하기 위해 계정을 트는 것을 말해요. 처음 가입할 때 개인 정보를 제공하고 새로운 계정을 만들잖아요. 일단 sign up을 한 후에는 sign in만으로 본인 확인을 할 수 있어서 접속이나 출입이 가능해집니다. 또, 행사나 파티에 필요한 음식, 물품 등을 하나씩 맡아서 가져 가는 경우에 본인이 가져갈 것을 sign up한다고 해요.

1 Did you sign up for the yoga class?
너, 요가 레슨/학원에 등록했어?

2 If you sign up for a credit card today, you get a free gift.
오늘 신용카드를 트시면, 증정품/선물을 드려요.

3 It's a potluck. The sign-up link is below.
팟럭 파티입니다. 아래 보시면 사인업 링크가 있어요.

4 I signed up for salad.
난 샐러드 가져가겠다고 사인업했어.

register Sign up과 거의 같은 개념이라고 보면 되는데요, sign up처럼 일반적인 등록 절차뿐 아니라 좀 더 공식적이고 체계적인 절차도 포함됩니다. 예를 들어 축구팀에 가입할 때도 register to a soccer team이라고 하고, 선거 투표를 위해 유권자 등록을 할 때도 register to vote라고 한다는 거죠. 이 외에도 register는 일상에서 은근히 많이 활용돼 쓰이는 단어인데요, '금전등록기/계산대'는 cash register, '숙박자 등록/기록'은 hotel registry, '(예비 신랑, 신부가 받고 싶어 하는) 결혼 선물 리스트'는 wedding registry, '(예비 엄마, 아빠가 받고 싶어 하는) 아기 선물 리스트'는 baby registry, '유권자 등록'은 voter registration, '차량 등록'은 car registration, '등기소/등록 사무실'은 registration office라고 합니다. 잘 챙겨 두시면 피가 되고 살이 된답니다.

1 His car is not registered.
그 사람 차, 등록이 안 되어 있어.

2. **I didn't register for spring quarter.**
   나, 봄학기 등록 안 했어.

3. **This old cash register is such a pain.**
   이 구닥다리 금전등록기가 골칫거리야/말썽이 많아.

4. **Have you checked their wedding registry? Only the expensive things are left.**
   너, 걔네 결혼 선물 리스트 확인해 봤어? (싼 건 다른 사람들이 다 찜하고) 비싼 것들만 남았더라고.

준쌤의 Question

'등기소'가 registration office라면, 가족 관계 증명서나 출생증명서 등의 문서는 register paper라고 할까요?

A 일단 법적 효력을 갖는 증명서 중 상당수에 certificate이 붙는다는 게 중요해요. 이제껏 certificate을 자격증으로만 알고 계셨다면 이 기회에 '증명서'도 챙겨 가세요. '가족 관계 증명서'는 Family Registry Certificate, '출생 증명서'는 birth certificate, '사망 증명서'는 death certificate, '결혼 증명서'는 marriage certificate, 이런 식으로 certificate이 마구 따라붙어요.

1. **You need a birth certificate for school registration.**
   학교에 등록하려면 출생 증명서가 필요합니다.

2. **We need a copy of our marriage certificate.**
   우리 결혼 증명서 사본이 필요해.

소통 필수 표현 18

We've been **through thick and thin** together.

MP3 067

우린 같이 울고 웃은 사이야/좋을 때나 나쁠 때나 함께했어.

Through thick and thin을 '굵고 가는 것을 통과하여'라고 해석해 버리면 답이 안 나오죠? Thick and thin은 오래전에 쓰이던 사냥 용어로, 숲의 나무가 울창한 부분과 성긴 부분을 뜻해요. 사냥에 동참한 동료들과 숲의 험난한 지역, 무난한 지역을 함께 헤쳐 나가면서 사이가 얼마나 돈독해졌겠어요? 그래서 힘든 순간도 기쁜 순간도 모두 함께한 사이에 쓰이게 되었습니다.

1. Our family stuck together through thick and thin.
   우리 가족은 힘들 때도 좋을 때도 늘 함께했어.

2. I thought he would stick by me through thick and thin, but he left when things got hard.
   난 그 사람이 어떤 상황에서도 나랑 같이 있어 줄 거라 생각했는데, 힘든 일 생기니까 떠나더라고.

3. You have me. I'm with you through thick and thin.
   너한테는 내가 있잖아. 상황이 어떻게 돌아가든 난 너와 함께할 거야.

Q 그럼 반대로 힘들 때는 곁에 없다가 좋을 때만 같이 있어 주는 사람은 영어로 뭐라고 하나요?

A '날씨 좋을 때만 곁에 있는 친구'의 의미로 fair-weather friend라고 합니다. '말뿐인 친구, 무늬만 친구'라고 해석해도 좋고, '달면 삼키고 쓰면 뱉는 사람'이라고 이해해도 좋아요.

1. I thought Brody would stick by me through thick and thin, but he turned out to be a fair-weather friend.
   난 브로디가 좋을 때든 안 좋을 때든 항상 곁에 있어 줄 친구라고 생각했는데, 나중에 보니까 내가 잘 나갈 때만 친구더라고.

2 I don't need a fair-weather friend. I need a friend who will stand by me through thick and thin.
나는 말뿐인 친구는 필요 없어. 어떤 상황에서든 내 옆에 있어 줄 (진정한) 친구가 필요하지.

3 One true friend is better than ten fair-weather friends.
무늬만 친구인 애들 열 명보다 진정한 친구 하나가 더 나아.

Q Thick skin이라는 표현도 있던데, 피부가 두껍다는 말인가요, 아니면 다른 뜻이 있나요?

A Thick skin은 우리말 중 '얼굴이 두껍다, 얼굴에 철판을 깔았다'와 같은 말이에요. 누가 뭐라고 해도 눈 하나 깜짝 안 하는 사람에게 쓰이는 표현이죠. 명사로 쓰일 때는 have thick skin, 형용사로 쓰일 때는 [be + thick-skinned] 형태가 됩니다. 단, 대화 주제에 따라서 thick skin이 정말로 피부 두께가 두껍다는 뜻으로도 쓰여요. I have thick skin on my feet. 이런 식으로요.

1 I became thick-skinned from my sales job.
난 영업 뛰면서 얼굴이 두꺼워졌어.

2 He knows his co-workers hate him, but he doesn't mind. He has very thick skin.
그 사람은 직장 동료들이 자기를 싫어한다는 걸 아는데도 신경 하나 안 써. 얼굴에 제대로 철판 깐 거지, 뭐.

3 I have thick, leathery skin on my elbows.
내 팔꿈치 살이 두껍고 (가죽처럼) 뻣뻣해.

준쌤의 Question 1

Thin hair는 머리카락 한 올 한 올이 가늘다는 뜻일까요?

A Thin hair는 '머리숱이 적다'는 말이에요. 그래서 머리숱 많은 사람이 숱을 치는 것을 thin out이라고 해요. 반대로 '머리숱이 많다'면 thick hair나 full이라고 합니다. 그렇다면 한 올 한 올 머리카락 자체가 가는 것은? Fine hair랍니다.

1. **I used to have thick hair, but now I'm getting old, and I have thin hair.**
   옛날엔 내가 머리숱이 풍성했는데, 이제 나이 들어 가면서 머리숱도 별로 없어.

2. **You have thick hair. Do you want me to thin it out a little?**
   머리숱이 많으시네요. 숱 좀 쳐드릴까요?

3. **I was wondering why all TV celebrities have such full hair. Well, I heard they all wear hair pieces.**
   난 TV에 나오는 사람들은 다들 어쩜 저렇게 머리숱이 많나 했거든. 그런데 다들 부분 가발/헤어피스 붙이는 거라더라.

4. **I have no idea where my kids get their full hair because neither my husband nor I have thick hair.**
   남편도 나도 머리숱이 많질 않은데, 우리 집 애들은 어떻게 그렇게 머리숱이 많은지 모르겠어.

준쌤의 Question 2

Fair-weather friend도 있지만 fair-weather fan도 있는데, 어떤 팬을 말할까요?

A 스포츠팀을 응원하는 팬 중에 팀이 잘 나갈 때만, 이길 때만 응원하는 팬을 fair-weather fan이라고 불러요. 또, bandwagon이라는 표현도 있는데, 옛날에는 음악을 연주하는 악대(band)를 태운 차(wagon)가 지나가면 사람들이 그 차를 졸졸 따라다녀서 bandwagon이 '인기 있는 쪽, 시류를 탄 쪽'의 의미로 쓰이기 시작했어요. 그래서 시류에 탑승하다의 뜻 외에 이기겠다 싶은 팀만 응원하는 것을 jump on the bandwagon이라고도 해요. '이기는 편, 우리 편'이라고 생각하시면 되겠습니다.

1. **He only started liking the Giants when they started winning. He's such a fair-weather fan.**
   걔는 자이언츠가 이기기 시작하니까 그때서야 좋아하기 시작한 거야. 걘 어쩜 팀이 잘 나갈 때만 응원하는지.

2. **It looks like the New York Yankees are going to win. I'm jumping on the Yankees' bandwagon.**
   뉴욕 양키스가 이기게 생겼네. 그럼 나, 양키스 응원할래.

소통 필수 표현 19

I've seen better days.

MP3 068

예전이 좋았지/나았지.

더 좋은 날들을 본 적이 있다는 말을 앞뒤로 잘 해석해 보면 지금보다는 옛날이 좋았다는 거죠. 예전엔 쌩쌩했는데 지금은 오래되고 낡아서 상태가 좋지 않다는 말인데요, 물건뿐 아니라 사람에게도 쓸 수 있습니다. 문법상 [_____ have seen]이라서 주어가 좋지 않은 상태의 목적어를 지켜보는 주체라고 생각하기 쉽지만 그렇지 않아요. 그와 반대로 주어가 좋지 않은 상태에 있는 대상입니다. 이해하기 쉽게 예문으로 보여드릴게요.

1 **Your coat has seen better days. Get a new one if you don't want to look homeless.**
네 코트도 옛날엔 참 폼이 났는데. 노숙자처럼 안 보이고 싶으면 새것으로 하나 사.

2 **Look at these wrinkles on my face. It's so sad. I've seen better days.**
내 얼굴에 이 주름들 좀 봐. 진짜 슬프다. 전엔 안 이랬는데.

3 A **How is she doing these days? Is she getting better?**
걔 요새 어때? 좀 나아지고 있어?

B **Well, she's seen better days.**
뭐, 예전만 못 해.

  그럼 good old days와 같은 의미라고 봐도 되나요?

A 비슷한 듯하면서도 달라요. 둘 다 지금보다 예전이 좋았다는 의미에서는 같지만, I've seen better days.는 예전에 비해 지금은 오래되고 안 좋은 상태의 사물이나 사람에게 쓰이는 반면, good old days는 옛날 '그 당시, 그때'라는 시간적인 측면에 무게가 실린 표현이거든요. 옛 추억을 그리워하는 것처럼요. 사람/사물의 현재 상태냐, 아니면 그리운 '아! 옛날이여!'냐의 차이입니다.

1 **Oh, my! Is this the same house that I used to live in? It has seen better days.**
세상에! 이게 내가 예전에 살던 그 집이라고? 이 집, 옛날엔 참 좋았었는데.

2 When I was young, I had tons of fun living in this house. Those were the good old days.
내가 어렸을 때, 이 집에서 정말 재밌게 살았는데. 그때가 좋았지/좋은 시절이었지.

3 A Do you remember the stream behind our elementary school? We played in that stream every day after school.
우리 초등학교 뒤에 있던 시냇가 기억나? 매일 학교 끝나고 거기 가서 놀았잖아.

B Of course I remember. I even dream about it sometimes.
당연히 기억나지. 난 가끔 꿈도 꿔.

A The good old days!
그때가 좋았지.

준쌤의 Question

반대로 '지금이 낫다'는 I have seen worse days.일까요?

A I have seen worse days.는 오늘도 그리 좋은 날은 아니지만, 오늘보다 못한 날도 있었다는 뜻이라 I have seen better days.와 완전히 반대되는 말이라고 볼 수는 없어요. 그리 보편적으로 쓰이지도 않고요. 대신, I've seen worse.가 '이보다 더한 것도 봤다, 이건 갖다 댈 것도 아니다'라는 뜻으로 사용 빈도가 높은 표현입니다. I've seen better days.와 반대로 말하고 싶다면 better now를 사용해서 쉽게 표현할 수 있어요.

1 A Sorry. My room is such a mess.
미안. 내 방이 너무 엉망이라.

B No worries. I've seen worse.
괜찮아. 이보다 더한 것도 봤는데 뭐.

2 You think you have the worst acne but trust me. I've seen worse.
넌 네 여드름이 최악이라고 생각하겠지만 내 말 믿어. 난 (너보다) 더 심한 사람도 봤어.

3 The migraine pills are working great. I feel much better now.
그 편두통 약이 엄청 잘 듣네. (증상이) 이제 훨씬 나아졌어.

소통 필수 표현 20

Let's not make a rash decision.

MP3 069

섣부르게 결정하지 말자.

Rash를 '뾰루지' '발진'의 뜻으로만 알고 있으면 '뾰루지 결정을 하지 말자'라는, 말인지 방귀인지 모를 해석이 나옵니다. Rash가 어떻게 '섣부른'으로 해석되는지, 뾰루지나 발진이 돋았을 때를 생각해 보세요. 보통 하룻밤 사이에 훅 하고 올라오는 경우가 많죠? 속도로 보면 느긋한 게 아니라 확실히 성급한 쪽이라고 할 수 있어요. 그러니 rash에 '성급한/경솔한'의 뜻이 함께 있는 게 무리는 아니죠.

1 **We don't know how these problems happened, so save the rash criticism.**
이 문제들이 다 어떻게 일어나게 된 건지는 아직 모르니까, 아직 성급한 비난은 아껴 둬/하지 마.

2 **It would be rash to make such a big decision.**
그렇게 큰 결정을 내리는 게 경솔한 짓일 수도 있어.

3 **It's too early to make a rash assumption.**
성급하게 추측하기엔 너무 일러.

4 **He tends to make rash judgements about people.**
걔는 사람들을 섣불리 판단하는 경향이 있어.

5 **I have rashes on my arm.**
내 팔에 발진이 돋았어.

Q 성급하고 경솔하다는 건 조심성이 없다는 뜻도 되니까 careless를 사용해도 될까요?

A 그럼요. Careless는 부주의한 행동, 몸가짐, 결정 등 어느 것에는 쓸 수 있는 단어입니다. 혹시라도 rash가 빨리 생각나지 않는다면 careless로 대체해서 말하세요.

1 **He's always careless with spelling.**
걘 항상 철자 쓸 때 조심성이 없어.

2 **Your fly is open. You're so careless.**
너 (바지) 지퍼 열렸어. 넌 어째 그리 조심성이 없냐.

3 **I don't want to make careless moves.**
경솔하게 행동하고 싶지 않아.

준쌤의 Question

Rash가 나온 김에 The school saw a rash of flu cases this winter. 예문에서 **rash**는 어떤 의미일까요?

A 다시 한번 우리가 잘 아는 'rash = 발진, 뾰루지'로 돌아가 볼까요? 발진이 일어날 땐 한꺼번에 전체적으로 빨갛게 일어나요. 시간을 두고 하나, 둘 천천히 생기는 것이 아니라 단번에 확 일어납니다. 그래서 위의 문장에서의 rash는 갑자기 몰아서 생기는 일, 즉 '동시다발'의 의미로 쓰인 거예요. 해석하자면 '올 겨울에 학교에 독감이 빠르게 번졌다/기승을 부렸다' 정도가 되겠습니다.

1 **The city experienced a rash of car accidents over the Thanksgiving weekend.**
추수감사절 주말에 그 도시에서 교통사고가 연이어 일어났다.

2 **We had a rash of complaints about the product.**
그 제품에 대한 불만이 동시다발로 쏟아졌어.

소통 필수 표현 21

You're giving me **half-hearted** answers because it's not your business.

MP3 070

네 일 아니라고 성의 없게 대답하는구나.

뭐든 성의 없이 대충 하는 것을 half-hearted라고 합니다. 온전히 성심을 다해도 모자랄 판에 마음의 반만 내어 주는 것이니 얼마나 얼렁뚱땅이겠어요. 아무런 열정도 없이 마지못해 하는 거죠. 동기가 부족하거나 할 마음이 없는 것을 억지로 할 때 쓰면 딱인 표현입니다.

1. **He apologized to me, but I know it was half-hearted.**
   걔가 나한테 사과를 하긴 했는데, 마지못해서 하는/마음에도 없는 사과라는 거 내가 다 알지.

2. **I don't like my job. I only make a half-hearted effort at work.**
   난 내 일이 싫어. 회사에서 그냥 대충 일해.

3. **She gave me a half-hearted smile.**
   걔가 나한테 마지못해 웃어 줬어/웃다 만 것 같은 표정을 지었어.

4. **I'm very upset with our housekeeper's half-hearted job. I need a new one.**
   우리 집 가사 도우미가 일을 성의 없이 해서 속상해 죽겠어. 새로 구해야겠어.

Q 그럼 반대로 '성심성의껏'은 full-hearted라고 하나요?

A Full-hearted보다는 wholehearted가 원어민다운 표현이에요. 그래서 피자 먹을 때도 페퍼로니 반, 치즈 반 섞어서 주문할 때는 half pepperoni, half cheese라고 하고, 한 판 다 페퍼로니로 주문할 때는 whole pepperoni라고 하지요.

1. **Thank you for your wholehearted support.**
   진심 어린 성원/후원에 감사드립니다.

2. **She always gives me wholehearted advice.**
   걔는 항상 나한테 성의 있게 조언해 줘.

> ### 준쌤의 Question

Warm-hearted, light-hearted도 있는데요, 각각 무슨 뜻일까요?

A Warm-hearted는 쉽게 예상 가능하죠? '마음이 따뜻한'인데요, 여기서 '인정 많은, 푸근한'으로까지 넓혀서 생각할 수 있어요. Light-hearted는 '가벼운 마음으로'라서 뭐든 편안하고 유쾌, 경쾌한 느낌을 주는 대상에게 쓸 수 있습니다.

1 **Thank you for the warm-hearted welcome.**
따뜻하게 맞아 주셔서 감사해요.

2 **I don't think Santa Claus is a warm-hearted man. He never gives me a present.**
산타 할아버지는 인정 많은/마음이 따뜻한 분 같지는 않아. 나한테는 한번도 선물을 주신 적이 없어.

3 **You'll love her. She's light-hearted and funny.**
너도 그 사람이 되게 마음에 들걸. 유쾌하고 재밌는 사람이거든.

4 **The party was great. Good people, light-hearted music, awesome food… everything was perfect.**
파티 너무 즐거웠어. 좋은 사람들에, 경쾌한 음악에, 맛있는 음식에. 전부 최고였어.

소통 필수 표현 22

Don't **harbor ill feelings** against him.

MP3 071

걔한테 꽁해 있지 마.

Harbor는 '항구'요, ill은 '아픈'의 뜻인 건 다 아는데, 합쳐 놓고 보니 해석이 안 되죠? 일단 harbor에는 항구 이외에도 '(감정을) 마음에 품다'라는 뜻도 있어서, 안 좋은 감정을 남몰래 간직하고 있을 때 쓰입니다. 위 예문을 '꽁해 있다'라고 해석한 것도 그 때문이고요. 항구에 갇혀서 넓은 바다로 나가지 못하고 있는 감정을 상상하면 좋을 것 같네요. 그런데 harbor의 기적(?)은 여기서 멈추지 아니하고 '피난처, 숨겨 주다'의 뜻으로까지 권세를 떨칩니다. 거친 파도를 피해 들어오는 배를 항구가 포근하게 안아 주듯이, 피난처가 절실한 사람을 숨겨 준다는 의미로까지 확장이 되는 거죠. 그동안 명사로만 알고 있던 harbor가 동사로는 이렇게나 큰 활약을 한답니다. Ill 역시 '아픈' 외에 '좋지 않은/나쁜'의 뜻으로도 쓰이기 때문에 ill feelings를 '안 좋은 감정'이라고 볼 수 있으니 기억해 두세요.

1. I know she's harboring feelings of resentment after the argument.
   말다툼한 후로 걔가 계속 화나 있는 것 나도 알아.

2. I'm not gonna lie. I've been harboring doubts about our relationship.
   솔직히 까놓고 말할게. 난 우리 관계에 계속 의심이 들어.

3. The villagers harbored the deserters during the war.
   그 마을 사람들은 전쟁 중에 탈영병들을 숨겨 줬어.

4. Whoever harbors the runaway criminal will be summoned to trial.
   누구든 도주 중인 범죄자를 은닉해 주는 사람은 재판에 소환될 것이다.

Q 설명을 보니 hold a grudge도 harbor ill feelings와 똑같은 뜻인 것 같은데, 맞나요?

A 누군가에게 안 좋은 감정을 품는다는 점에서는 같지만, harbor ill feelings는 혼자서 마음에 품고 있는 감정이고, hold/have a grudge는 언젠가 되갚아 주거나 최소한 내가 화가 났다는 걸 보여주고 싶은 욕구가 있는 분한 마음을 말해요. 그래서 '원한' 역시 grudge라고 하죠. 쉽게 말하면 혼자 꽁해 있느냐, 분하고 앙갚음하고 싶은 마음이 있느냐의 차이입니다.

1 **I know you've been harboring ill feelings towards me. Can you just tell me what it is about?**
네가 나한테 꽁해 있는 것 알아. 뭣 때문에 그러는지 그냥 좀 말해 주면 안 돼?

2 **My grandma had a hard time with people through her whole life, but it's not her nature to hold a grudge.**
우리 할머니가 평생 사람들 때문에 많이 힘들어 하시긴 했는데, 할머니가 타고난 성격상 누구한테 원한 품는 분은 아니셔.

3 **I had a grudge against my colleagues for bullying me, but I'm okay now. They're the losers, not me.**
나를 괴롭히는 직장 동료들한테 분한 마음도 있었는데, 이젠 괜찮아. 내가 아니라 그 사람들이 찌질한 거니까.

4 **She died holding a grudge against her stepmom. Since then, her stepmom has been seeing the ghost of her stepdaughter. So don't be mean to your stepdaughter if you have one.**
그 여자가 자기 계모한테 원한을 품고 죽었거든. 그 후로 계모한테 그 의붓딸 귀신이 계속 보이는 거야. 그러니까 만약 의붓딸이 있다면 못되게 굴어선 안 돼.

준쌤의 Question

Ill feelings처럼 ill을 활용한 표현 중에 ill-tempered와 ill will이 있는데요, 무슨 의미일까요?

A Ill-tempered는 화를 잘 내는 안 좋은 성격을 말해요. '성질이 개떡같다, 성격이 더럽다'고 할 때 ill-tempered를 쓰면 딱인데요, 본래 타고난 성격이 안 좋은 사람뿐 아니라, 원래는 성격 좋은 사람인데 일시적으로 심술이 나 있을 때도 쓰여요. Ill will은 의

지적으로 좋지 않은 감정을 품고 있는 것이기 때문에 '적의, 반감'을 뜻해요. '악의, 악감정, 적대감, 혐오감' 등의 온갖 안 좋은 뜻으로 확장해서 쓸 수 있습니다.

1. **Don't get bothered by him. He was born ill-tempered.**
   그 사람 신경 쓸 거 없어. 태어날 때부터 성질이 개떡같은 사람이니까.

2. **You seem quite ill-tempered this morning.**
   너, 오늘 아침에 짜증/심술 많이 내는 것 같다.

3. **She's still harboring ill will against me.**
   걘 아직도 나한테 악감정을 품고 있어.

4. **We had a big fight, but now we made up and there's no ill will.**
   우리가 크게 싸우긴 했지만, 지금은 화해해서 서로 나쁜 감정 없어.

소통 필수 표현 23

Are we still on for today?

MP3 072

우리 오늘 원래 계획대로 하는 거야?

친구들끼리 만난 자리에서 이번 주 토요일에 다 같이 등산을 가자는 말이 나왔다고 칩시다. 토요일이 다가오면서 "우리 토요일에 등산 가기로 한 거, 진짜 가는 거야?"라고 말이 나오기 시작하겠죠? 가자고는 했는데 정말로 갈 건지, 말만 그렇게 한 건지 확인하는 차원에서요. 이렇게 이미 세워진 계획을 확실히 재확인할 때 still on for ~ 구문을 써 주면 좋아요. 주로 나를 포함한 계획일 때 쓰는 경우가 많습니다.

1 A Are we still on for a hike this Saturday?
   우리 이번 주 토요일에 등산 가긴 가는 거야?
  B I don't know about others, but I'm still on.
   다른 사람들은 몰라도 나는 가려고 하는데.

2 Are we still on for the trip this summer?
  우리 이번 여름에 정말로 여행 가는 거야?

3 Are we still on for meeting our real estate agent today?
  우리 오늘 부동산 중개인 만나기로 한 거 맞지?

Q 뭘 하고 싶다고 할 때 up for ~도 쓰잖아요. On for ~와 같다고 보면 되나요?

A Up for ~는 '무엇을 할 기분이 내키는' 것이고, on for ~는 기분과는 상관 없이 '원래 계획했던 대로 실행하는' 거예요. 기분이 안 내킨다면 not up for ~, 어떤 이유로든 계획을 지킬 수 없을 때는 not on for ~이고요.

1 A Are we still on for dinner tonight?
   우리 오늘 같이 저녁 먹기로 했는데, 먹는 거야?
  B No, I'm not on for it. Sorry.
   아니, 오늘 같이 못 먹어. 미안.

2 Are you still up for a drink after work today?
   오늘 일 끝나고 한잔하러 갈 마음 아직도 있어?

3 She's not up for seeing anyone now.
   그 사람이 지금은 아무도 보고/만나고 싶지 않아 해.

준쌤의 Question

계획했던 대로 일이 착착 진행된다고 할 때 원어민들이 자주 쓰는 표현이 있는데요, 뭔지 감이 오시나요?

A Everything is going according to plan.이라고 해요. 일이 계획을 잘 따르는(according) 것이니까요. 반대로 계획했던 대로 일이 안 될 때는 Nothing is going according to plan.이라고 하면 됩니다.

1 God is on our side. Everything is going according to plan.
   신은 우리 편이야. 계획대로 일이 착착 진행되고 있어.

2 God hates me. Nothing is going according to plan.
   신은 나를 미워해. 계획대로 되는 일이 하나도 없어.

Culture Column 3 슬픔을 대하는 미국인들의 자세

20여년 전, 미국에 처음 왔을 때 열네 살 먹은 늙은 개를 맡아 키우게 되었어요. 있는 정성, 없는 정성 다 모아 보살폈건만 워낙 나이가 많았던 터라 2년 반을 더 버티고는 무지개 다리를 건넜습니다. 화장을 위해 동물병원에 남겨두고 나오는데 눈물을 주체할 수가 없어서 펑펑 울었어요. 그때 남편이 저를 위로하면서도 난처해하며 주위 사람들 눈치를 살피던 모습이 참 이상하더군요.

둘러보니 로비에 앉아 있는 사람 중 반은 '굳이 저렇게까지 울다니' 하는 표정으로 고개를 돌리고 있고, 나머지 반은 '참 안됐군.' 하는 표정으로 고개를 돌리고 있더군요. 남편 왈, 미국에서는 사람들 앞에서 펑펑 우는 게 우는 사람에게는 창피한 일이고, 그걸 보는 사람들에게는 매우 불편한 일이라고요. 따라서 우는 사람이 창피할 테니 못 본 척 고개를 돌리는 게 예의고요. 저는 '사랑하는 반려견이 죽었는데 우는 게 당연하지'라고 생각했죠. 하지만 시할머니 장례식에서 눈물을 보이지 않으려고 애쓰는 시댁 식구를 보고 '아, 이게 이 사람들의 문화구나!' 싶었습니다. 미국인에게는 개인의 슬픔을 대중화하지 않고, 혼자 조용히 감당하는 것이 미덕이니까 말입니다.

저도 미국에서 산 세월이 있다 보니 가랑비에 옷 젖듯 미국 문화에 젖어 들었나 봅니다. 몇 년 전 한국에 사는 친언니를 하늘나라로 보냈는데, 장례식장에서 슬금슬금 이런 소리가 들리더군요. "어쩜 친동생이 울지도 않아. 미국 산다더니, 오래 떨어져 살아서 그런가 언니한테 정이 없나 봐." 설마, 그럴 리가요. 제가 세상에서 가장 사랑하던 사람이 우리 언닌데요. 제 눈이 부은 건 전날 밤 라면을 끓여 먹고 자서가 아니랍니다.

누군가의 죽음 앞에서 눈물을 덜 보인다고 슬픔이 덜한 건 아닐 겁니다. 곡소리를 많이 내는 것이 죽은 이에 대한 예의라고 생각하는 한국 사람이나, 눈물을 자제하는 것이 미덕이라고 생각하는 미국 사람이나, 죽어서 좋은 곳으로 갔으니 축하해야 할 일이라며 춤을 추는 인디언들이나 그리운 마음은 다 같을 테니까요.

그저 각자의 문화 속에서 조각된 슬픔의 모양이 조금씩 다른 것뿐 아닐까요? 문득 이런 생각이 드네요. 제 장례식에선 이제 좋은 곳으로 갔다고 모두들 축하하며 춤을 춰 주면 좋을 것 같다는. 저는 아마도 전생에 인디언이었나 봅니다.

CHAPTER 4
알려 주지 않으면 절대 못 쓸 단어들

 QR코드를 스캔하시고 '바로듣기'를 탭하세요. 해당 도서의 음원을 바로 들으실 수 있습니다. 반복 재생과 속도 조절도 가능합니다.

소통 필수 표현 1

heyday

MP3 073

리즈 시절, 전성기

외모, 실력 등이 한창 절정에 오른 시기를 리즈 시절, 전성기라고 하죠? 이 '리즈'라는 말은 영국 프리미어 리그의 축구 선수 스미스(Smith, A.)가 축구 클럽 리즈 유나이티드에서 뛰어난 활약을 펼치던 때를 이르던 말에서 비롯됐습니다. 이런 리즈 시절을 영어로는 heyday라고 합니다. 기쁨, 즐거움을 표현하던 16세기 감탄사에서 비롯됐다고 하네요. 누군가의 리즈 시절을 말할 때 주로 one's heyday 형태로 쓰입니다.

1 **The actress had her heyday in the 2010s.**
그 여배우의 리즈 시절은 2010년대였어.

2 **He was so handsome and confident in his heyday.**
그 사람 리즈 시절 때 진짜 잘생기고 자신감 넘쳤는데.

3 **My company sold millions of blenders in its heyday.**
우리 회사가 전성기였을 때는 믹서기를 몇 백만 대씩 팔았지.

Q 반대로 '흑역사, 인생의 암흑기'는 뭐라고 하나요?

 '흑역사'는 cringeworthy past, ugly past라고 할 수 있어요. 민망했거나 추했던 과거의 한때를 말하는 것이니까요. 또, '암흑기'는 a dark chapter in one's life 라고 표현해요. 인생을 한 권의 책이라고 봤을 때 어둡고 암울한 챕터에 해당하는 시기라는 말이겠죠.

1 **Once I was so drunk that I puked in my crush's car. It was a cringeworthy moment in my past.**
한 번은 내가 완전히 취해서 내가 좋아하는 사람 차 안에다 토를 했거든. 그게 내 흑역사야.

2 Can you delete that photo? It's from my ugly past.
그 사진 좀 지워 줄래? 내 흑역사란 말이다.

3 My high school years were a dark chapter in my life.
고등학생 시절이 내 인생의 암흑기였어.

준쌤의 Question

흑역사의 단짝 친구가 이불킥인데요, 영어에도 이 '이불킥'이라는 표현이 있을까요?

A Panic attack(공황장애) 등의 병명을 패러디한 cringe attack을 '이불킥'으로 보면 돼요. 창피하고 후회되는 과거의 기억 때문에 신체적인 반응이 일어난다는 의미니까요. 사전에 기재되어 있는 정식 영어는 아니지만, 그건 '이불킥'도 마찬가지죠.

1 I've been having cringe attacks since I told him I liked him.
내가 걔한테 좋아한다고 말한 뒤로는 쭉 이불킥 중이야.

2 What I did that night still makes me have cringe attacks.
그날 밤 내가 한 짓을 생각하면 아직도 이불킥을 한다니까.

소통 필수 표현 2

Thank you for the **juicy** details.

MP3 074

그렇게 재밌는 얘기, 자세히 전해 줘서 고마워.

Juicy하면 즙이 많은 과일이 연상되죠? Juicy는 과일뿐 아니라 육즙이 좔좔 흐르는 고기나 해산물에도 쓸 수 있는데, 육즙이나 과즙이 터지는 음식을 보면 맛있어 보이고 군침이 돕니다. 그런데 이것이 이야깃거리나 소문에 쓰이면 '솔깃한, 흥미진진한'이라는 의미가 돼요. 남의 불륜이나 숨겨 왔던 가정사 같은 충격적인 이야기를 들으면 군침이 도는 것이 너무 솔깃하잖아요. Interesting보다도 더 interesting한 표현이 juicy라고 보면 돼요. 또 juicy는 슬랭으로 '섹시하고 풍만한 여성'을 뜻하기도 하지만, 되도록이면 쓰지 않는 게 좋겠죠?

1. **I have some juicy gossip for you.**
   너한테 말해 줄 솔깃한 소문거리가 있는데 말이야.

2. **Did you hear the juicy rumor about John and Hanna?**
   야, 너 존하고 한나에 관한 그 소문 들었어?

3. **Try my steak. It's tender and juicy.**
   내 스테이크 좀 먹어 봐. 부드럽고 육즙도 많아.

4. **These oranges are sweet and juicy.**
   이 오렌지, 달고 과즙도 많아.

Q 솔깃한 이야기에 juicy를 쓴다면, '신선한' 이야기에는 fresh를 쓰나요?

A 아니요. 이야기가 신선하다는 건 기존의 것들과는 차이가 있는 색다름을 말하는 거잖아요. 그런데 fresh는 주로 상태의 신선함, 싱싱함을 말할 때 쓰이기 때문에 색다름과는 차이가 있어요. 이야기나 아이디어, 스타일 등이 신선/참신하다고 할 때는 '차별화'를 강조한 different를 씁니다.

1 **His novels are different. Different ideas, different plots… He's just different.**
그 사람 소설들은 신선해. 아이디어도 참신하고, 스토리 라인도 참신하고… 아무튼 그 사람, 참 독특해.

2 **The air is so fresh in the morning.**
아침에는 공기가 참 신선해.

준쌤의 Question 1

Juicy 얘기가 나왔으니 '겉바속촉'을 영어로는 어떻게 말할까요?

A 겉이 바삭하다는 면에서는 crispy 하나로 통일시킬 수 있지만, 속의 촉촉함은 음식 종류에 따라 표현이 조금씩 달라져요. 부드러운 식감이라면 tender, soft가 좋겠고, 촉촉한 식감이라면 moist가 좋겠고, 삼겹살 튀김처럼 육즙이 터지는 식감이라면 juicy를 쓸 수도 있어요. 애초에 '겉바속촉'이라는 영어 표현이 없기 때문에 각 음식의 식감에 맞게 표현하는 것만이 우리의 살 길입니다.

1 **This deep-fried calamari is crispy on the outside and tender on the inside.**
이 한치 튀김, 겉바속촉이야.
— **calamari** 한치. 미국인들은 오징어 튀김 대신 한치 튀김을 먹어요.

2 **Their pan-fried dumplings are crispy on the outside and moist on the inside.**
그 식당 군만두, 겉바속촉이야.

3 **I made deep-fried pork belly yesterday. It was crispy on the outside and juicy on the inside.**
내가 어제 삼겹살 튀김을 했는데, 겉바속촉이었어.

준쌤의 Question 2

식감을 영어로 적절히 표현하기가 쉽지만은 않죠. 건어물처럼 질긴 식감, 떡처럼 쫀득쫀득 쫄깃한 식감, 그리고 엿처럼 찐득거리는 식감은 영어로 어떻게 표현하면 좋을까요?

A 오징어나 문어발처럼 질긴 식감을 영어로 돌릴 때 제일 먼저 생각나는 건 hard가 아닐까 싶은데요. 물론 딱딱하긴 딱딱하니까 hard라고 해도 돼요. 하지만 더 좋은 표현으로 leathery가 있답니다. Leather = 가죽… 설명 더 필요하신 분? 우리도 너무 질긴 걸 먹으면 "소가죽 씹는 것 같다"라고 하잖아요. 바로 그거예요, 그거! 다음은 쫀득쫀득한 식감 갑니다. 일단 식감이 쫄깃하면 씹는 맛이 있죠? 씹는 걸 영어로는 chew라고 하고요. 그래서 chewy하면 떡처럼 쫀득하고 쫄깃한 식감을 말하는데, 쫀득한 게 아니라 찐득거리는 식감도 있죠? 엿 같은 음식들(말이 좀 이상하긴 합니다만)은 입 안에서도 여기저기 달라붙는 것이 여간 찐득한 게 아닌데요, 이건 sticky라고 하면 돼요. 달라붙기 때문에 스티커 이름이 stickers이듯, 끈적거리는 식감이나 느낌도 sticky입니다.

1. **Dried squid is too leathery for me. I almost lost my teeth chewing them.**
   나한테 말린 오징어는 너무 질겨. 그거 씹다가 하마터면 이 빠질 뻔했다니까.

2. **Some like rice cake and some don't because of its chewy texture.**
   쫄깃한 식감 때문에 떡을 좋아하는 사람도 있고 싫어하는 사람도 있어.

3. **I don't like taffy because it's too sticky.**
   태피/엿은 너무 끈적거려서 싫어.
   ▬ **taffy** 우리나라의 엿이나 캐러멜처럼 찐득한 느낌의 캔디

소통 필수 표현 3

She always tries to **manipulate** me.

MP3 075

걘 맨날 나를 구워삶으려고 해.

상대방을 구슬리고 조종해서 하기 싫다는 일 혹은 하면 안 되는 일을 하게 만들 때 manipulate를 씁니다. 조종하고자 하는 대상에 따라 '시세/여론 등을 조작한다' '상황/기계 등을 잘 다룬다'라는 의미로도 활용할 수 있죠. 결국 대상을 잘 조종해서 내가 원하는 방향으로 몰고 가는 것을 말해요.

1. My younger sister manipulated my mom to buy her the latest iPhone.
여동생이 엄마를 구워삶아서 최신형 아이폰을 받아냈어.

2. Tom Sawyer manipulated his friends into painting the fence for him.
톰 소여는 친구들을 속여서 자기 대신 울타리에 페인트칠을 하게 했어.

3. Don't try to manipulate me. It won't work.
날 꼬드기려고 하지 마. 소용없어.

4. The government manipulated public opinion.
정부가 여론을 조작했어.

5. Those people can manipulate stocks.
그 사람들은 증권 시세도 조작할 수 있어.

Q Manipulate도 사람을 조종한다는 뜻이니까 가스라이팅(gaslighting)과 같은 건가요?

A 아니요. Manipulating은 '약삭빠르게 상대방을 설득하거나, 얕은 속임수로 감정을 동요시켜서 내가 원하는 걸 하게 만든다'는 뜻인 반면, gaslighting은 상대방을 스스로 의심하게 만들어서 없었던 일을 있었던 일로 믿게 하는 등, 한 사람의 의식 자체를 바꿔 버리는 걸 말해요. 정말 무섭죠?

1 **I manipulated my husband into taking me to a Doja Cat concert.**
내가 우리 남편을 살살 꼬드겨서 도자캣 콘서트에 날 데려가게 만들었어.

2 **You're gaslighting me. I never said that I would take you to the concert.**
이게 날 가스라이팅하고 있네. 널 콘서트에 데려가겠다고 말한 적 없어.

준쌤의 Question

Manipulate 외에 원어민들이 누군가를 설득할 때 잘 쓰는 표현으로 무엇이 있을까요?

A 상대방을 설득해서 무엇을 하게 만들 때는 talk ____ into, 하지 않도록 만들 때는 talk ____ out of를 씁니다. 말로 잘 설득해서 안으로(into) 끌어들이거나, 밖으로(out of) 끌어낸다는 의미라고 보시면 돼요. Manipulate가 안 좋은 의미라면, talk ____ into/out of는 좋고 안 좋고를 떠난 중립적인 표현입니다.

1 **The real estate agent talked me into buying this house.**
부동산 중개업자한테 설득 당해서 내가 이 집을 산 거잖아.

2 **My doctor talked me out of having a baby.**
의사 선생님/내 주치의 말을 듣고 아기 안 갖기로 했어.

소통 필수 표현 **4**

She sued me for **defamation**.

MP3 076

그 사람이 나를 명예훼손으로 고소했어.

영어로 '명예훼손'이라… 한번도 못 들어 본 거창한 법률 용어일 것 같지만, 의외로 이미 알고 있는 단어에서 파생한 표현이에요. '명성, 명예, 유명'의 fame 아시죠? 그 fame 앞에 부정 접두어 de가 붙으면 명예를 실추시켰다는 거예요. 거기다 명사형으로 만들어 주고자 -ation으로 마무리한 'defamation = 명예훼손', 쉽게 이해가 가죠? 참고로 famous 역시 fame에서 파생한 단어입니다.

1. Everybody sues everybody for defamation these days.
요새는 너나 할 것 없이 다들 명예훼손으로 고소하고 난리들이야.

2. A famous actress sued a Youtuber who spread fake news about her personal life for defamation.
유명 여배우가 자신의 사생활에 대한 가짜 뉴스를 퍼뜨린 유튜버를 명예훼손으로 고소했어.

3. He's got sued for defamation.
그 사람, 명예훼손으로 고소당했어.

4. She won the defamation lawsuit.
그 사람이 명예훼손 재판에서 이겼어.

5. A I sued that guy for defamation.
내가 그 사람을 명예훼손으로 고소했어.
   B But… you don't have any fame to be defamed, do you?
그런데… 넌 훼손될 명예도 없지 않냐?

Q 나쁜 쪽으로 유명해도 똑같이 famous를 쓰나요?

A 나쁜 쪽으로 유명해서 악명이 높은 건 notorious나 infamous라고 하는데요, infamous의 발음은 목숨 걸고 주의하셔야 해요. famous[페이머스] 발음하듯 [인페이머스]라고 하면 안 되거든요. [인퍼머스]라고 해야 합니다.

1 She mooches off men. She's infamous for that.
걔는 남자들 등골 빨아먹어. 그걸로 유명한 애야.
— **mooch off** ~에게 얻어먹다, 빈대 붙다

2 He's notorious for gaslighting people.
그 사람, 다른 사람들 가스라이팅 하는 걸로 악명이 높아.

준쌤의 Question

무엇으로 '유명하다'고 할 때 famous 외에 원어민들이 자주 쓰는 표현이 있는데, 무엇일까요?

A '잘 알려져 있다'는 의미로 be known을 쓰는데요, 능력이나 특징으로 잘 알려진 경우에는 be known for ~, 유명해서 별칭으로 불리는 경우에는 be known as ~의 형태로 쓰입니다.

1 Michael Jordan is known for his slam dunk.
마이클 조단은 슬램덩크로 유명하다.

2 UNICEF is known for helping kids.
유니세프는 아이들을 돕는 걸로 잘 알려져 있다.

3 Las Vegas is known as Sin City.
라스베가스는 범죄의 도시로 알려져 있다.

소통 필수 표현 5

He's **an easy touch**.

MP3 077

걔는 호구야.

'호구'를 뜻하는 영어 표현 중 하나가 easy touch입니다. 조금만 손 대도 쉽게 넘어온다고 이해하면 좋을 것 같네요. 이 외에도 호구를 나타내는 표현들이 여러 가지가 있는데요, soft touch, pushover, chump가 대표적입니다. 참고로 chump를 활용한 표현으로 chump change(푼돈)도 있어요. 이때의 chump는 바보나 호구보다는 '보잘것없는'의 의미죠.

1. He's an easy touch; everyone knows they can always get him to pay.
   그 애는 호구야. 다들 매번 걔한테 대신 돈을 내게 할 수 있다는 걸 알지.

2. I can ask my mom for money anytime. She's an easy touch.
   우리 엄마한테는 아무때든 돈 달라고 하면 돼. 우리 엄마는 봉이거든.

3. What do you take me for? I'm not a soft touch.
   넌 날 뭘로 보는 거야? 나 호구 아니거든.

4. Ask Mary to babysit your kids this weekend. She'll do it. She's a pushover.
   이번 주말에 메리한테 너희 집 애들 좀 봐 달라고 해. 분명 봐 준다고 할 거야. 걔, 호구잖아.

5. Don't treat her like a chump. She's not your maid.
   그 사람을 호구 대하듯 하지 마. 네 하녀 아니잖아.

6. I don't have a big chunk of money. I only have chump change.
   나한테 그렇게 큰 목돈이 어딨어. 겨우 푼돈밖에 없어.

   ▬ **a big chunk of money** 상당히 큰돈, 많은 돈

 Easy touch처럼 touch가 들어가는 영어 표현 중에 일상에서 유용하게 쓸 수 있는 게 또 있을까요?

A '엄마 손은 약손' 아시죠? 이 '약손'을 healing touch라고 해요. 또 '금손'은 magic touch, '여자 손'이 닿아야 집이 집다워진다고 할 때도 woman's touch로 표현합니다. '마이다스의 손' 역시 Midas touch라고 하는데요, 이처럼 우리말의 '손'을 영어로는 hand가 아닌 touch(손길)로 표현해요.

1 **My mom has a healing touch.**
우리 엄마 손은 약손이야/우리 엄마가 돌봐주면 금세 나아.

2 **You have a magic touch for cooking.**
너, 요리 금손이구나.

3 **This house needs a woman's touch.**
이 집엔 여자 손길이 좀 필요하겠다.

4 **He has a Midas touch for stocks.**
그 사람은 주식에 손만 댔다 하면 돈을 벌어.

준쌤의 Question

Touch and go는 무슨 뜻일까요?

A 손을 대고 간다? 잘못 손을 댔다가는 자칫 (나락으로) 갈 수도 있다고 의역해 보면 '위태로운 상황, 아슬아슬한 상태'라는 해석이 나옵니다. 높은 확률로 실패할 수 있는 상황에 쓰이는 표현이에요.

1 **His doctor said his status is touch and go.**
걔 담당 의사가 걔가 지금 어떻게 될지 모르는 상태랬어.

2 **The basketball game was touch and go to the very last second.**
그 농구 경기, 마지막 순간까지 아슬아슬했어.

소통 필수 표현 6

I feel like **a third wheel**.

MP3 078

들러리가 된 것 같은/꼽사리 낀 것 같은 기분이 들어.

두 사람 사이에 껴서 불청객이 되어 버린 존재를 '들러리, 꼽사리'라고 하는데요, 영어로는 third wheel이라고 합니다. 자전거 바퀴는 두 개로 충분하니 세 번째 바퀴는 필요가 없겠죠. 보통은 두 사람, 특히 연인이나 부부 사이에 꼈을 때 쓰는 표현이지만, 둘 이상의 친구들 사이에서 어색함을 느꼈을 때도 쓰여요. 마차나 자동차의 바퀴가 네 개인 것을 감안해서 fifth wheel 역시 같은 의미로 사용합니다.

1. **I went to the musical with my friend and her husband and felt like a third wheel.**
   친구랑 친구 남편이랑 같이 뮤지컬을 보러 갔는데, 내가 마치 꼽사리 낀 것 같은 기분이더라고.

2. **I always feel like a third wheel in my friend group.**
   내 친구들 무리에 섞여 있을 때마다 내가 무슨 불청객이라도 된 것 같은 기분이 들어.

3. **I don't want to be the fifth wheel. You guys go without me.**
   들러리 되기 싫어. 너희들끼리 가.

Q 진짜 '결혼식 들러리'는 영어로 뭐라고 하나요?

A 신부 들러리가 여럿이면 그들 모두가 bridesmaids인데, 그중 들러리 대표를 maid of honor라고 해요. 신랑측도 들러리 모두는 groomsmen이고, 그중 들러리 대표를 best man이라고 합니다.

1. **I asked my older sister to be maid of honor at my wedding.**
   우리 언니한테 내 결혼식 들러리 대표를 부탁했어.

2. **There were five bridesmaids and five groomsmen at his wedding.**
   그 사람 결혼식에 신부측 들러리 다섯 명, 신랑측 들러리 다섯 명이 있었어.

3 The best man was better looking than the groom.
신랑보다 신랑 들러리 대표가 더 잘생겼더라.

준쌤의 Question

사람들 사이에서 들러리나 꼽사리가 될 때 느껴지는 '겉도는 느낌'을 영어로 어떻게 말할까요?

A 나만 '남겨진 느낌'에 초점을 맞춰서 feel left out이라고 합니다. 소외감을 느낀다고 할 때도 같은 표현을 써요.

1 I hope you didn't feel left out at the party last night.
어젯밤 파티에서 네가 소외감을 느끼지 않았길 바라.

2 I always feel left out at my husband's family gatherings.
우리 남편 가족 모임에만 가면 항상 나만 겉도는 느낌이야.

3 I feel left out whenever they make plans without me.
걔네들이 나 빼고 계획을 세울 때마다 나만 소외된 것 같은 기분이 들어.

소통 필수 표현 7

This is so **tacky**.

MP3 079

이거 진짜 촌스럽다.

스타일이 세련되지 못하고 촌스러울 때 tacky라고 하는데요, 옷이나 헤어스타일뿐만 아니라 취향이 반영된 것이면 무엇에든 쓸 수 있습니다. 또, 값싸고 저품질인 물건도 tacky로 표현 가능해요.

1 **She likes tacky, loud makeup.**
걔는 촌스럽고 요란한 화장을 좋아해.

— **loud** 소리가 크고 시끄러울 때뿐 아니라 요란한 색깔, 문양, 스타일에도 쓰여요.

2 **He wore a tacky, neon green suit on our first date. I think he did it on purpose to humiliate me.**
그 사람이 첫 데이트에 촌스러운 형광 초록색 양복을 입고 나왔다니까. 나 창피하라고 일부러 그런 것 같아.

3 **Who designed that coffee shop sign? It's so tacky.**
저 커피숍 간판 누가 디자인한 거야? 엄청 촌스럽네.

4 **This store only has cheap, tacky stuff. Let's try other stores.**
이 가게에는 싸구려에 촌스러운 것들만 있네. 다른 가게에 가 보자.

반대로 세련됐다는 건 영어로 어떻게 말하나요?

가장 익숙한 표현은 아마 fashionable이나 stylish일 텐데요, 우아함, 격조, 교양미를 겸비한 세련됨을 말할 땐 classy, elegant, sophisticated를 사용하면 좋습니다. 또, 유행을 잘 따라간다는 의미에서 세련됐다고 할 땐 trendy라고 할 수 있어요.

1 **She's very stylish. She knows how to look classy and sophisticated.**
그 사람은 스타일이 되게 좋아. 격조 있고 교양미 넘치게, 세련되게 옷 입는 법을 안다니까.

2   Of course, she's fashionable. She's a top-notch model.
    그 사람이야 당연히 세련됐지. 일류 모델인데.

3   She's not tacky, but not that trendy, either.
    걔가 촌스러운 건 아닌데, 그렇다고 유행에 맞게 세련된 것도 아니야.

준쌤의 Question

유행을 이끄는 사람을 '유행의 선두주자, 패션의 선두주자'라고 하는데요, 영어로는 어떻게 말할까요?

A 우리 모두가 아는 표현으로 fashion leader, fashion icon도 있지만 트렌드를 정착(set)시키는 사람이라는 의미에서 trendsetter라고도 합니다. 띄어쓰기 없이 한 덩어리로 사용해요.

1   He's always a step ahead of trends. He's a real fashion leader.
    그 사람은 늘 유행을 한 발 앞서 가. 그 사람이야말로 진짜 패션의 선두주자라니까.

2   Whatever she wears becomes a new trend. She's a trendsetter.
    그 사람이 입는 건 뭐든 다 새로운 유행이 돼. 유행의 선두주자라니까.

소통 필수 표현 8

She's so **self-righteous**.

MP3 080

그 사람은 너무 독선적이야.

내 판단만 옳고, 내가 무조건 다 옳다고 생각하는 독선적인 사람을 표현할 때 self-righteous라고 해요. Righteous만 떼어 놓고 보면 '정의로운, 옳은'이라는 좋은 뜻의 단어지만, 스스로 늘 자기가 옳다고 생각한다면 독선적이라는 부정적인 이미지를 주게 되겠죠.

1. **My dad is the most self-righteous person in the world.**
   우리 아빠는 세상에서 가장 독선적인 사람이야.

2. **I can't stand her self-righteous behavior.**
   그 사람의 독선적인 행동은 못 참아주겠어.

3. **Don't get me wrong. I'm not a self-righteous person.**
   오해하지 마. 난 독선적인 사람은 아니야.

Q Mr. Right라는 표현을 들은 적이 있는데, 이 표현도 독선과 관련이 있나요? 아니면 행실이 올바른 사람을 말하는 건가요?

A 둘 다 아니에요. Mr. Right은 '이상형의 남자, 이상적인 남편감'을 말해요. 반대로 '이상형의 여자, 이상적인 아내감'은 Mrs. Right라고 해요. 둘 다 '바로 이 사람이야!'의 느낌인 거죠.

1. **I finally found Mr. Right.**
   나, 드디어 내 이상형의 남자/이상적인 남편감을 만났어.

2. **She's my Mrs. Right, but she said I'm not her Mr. Right.**
   걔는 내가 바라던 여자가 맞는데, 난 걔가 바라던 남자가 아니래.

3. **I gave up looking for Mrs. Right.**
   난 이상형의 여자/아내감 찾는 건 포기했어.

준쌤의 Question

'독선' 하면 같이 떠오르는 단어가 '오만'인데요, '오만'은 영어로 뭘까요?

A 오만함을 건방짐과 비슷하다고 생각해서 rude/rudeness가 아닌가, 하는 분들이 계신데요, 오만함은 건방짐/무례함이 아니라 남보다 내가 더 잘났다고 생각하는 것이라서 arrogance라는 단어가 따로 있습니다. 형용사형은 arrogant입니다.

1 She thinks she's the queen. She's so arrogant.
걘 자기가 무슨 여왕인 줄 알아. 엄청 오만방자해.

2 **A** Who's worse? A self-righteous person, or an arrogant person?
누가 더 나쁠까? 독선적인 사람, 아니면 오만한 사람?

 B Do I really have to pick one?
내가 꼭 하나를 골라야 하는 거니?

3 He's self-righteous, arrogant, rude and selfish. He's the whole package.
걘 독선적이지, 오만하지, 무례하지, 게다가 이기적이기까지 해. 아주 완전 종합 선물 세트라니까.

소통 필수 표현 9

She said she would, but who knows. She's **flaky**.

MP3 081

걔가 그러겠다고는 했지만, 알 게 뭐야. 걘 믿을 수가 없어.

시리얼 종류 중에 '콘플레이크' 아시죠? 이게 잘게 부서진 조각처럼 생겼잖아요. 이처럼 flake는 부서져 나온 작은 조각을 말하는데요, 형용사형인 flaky가 사람에게 쓰이면 '약속을 자주 번복하거나, 뭘 믿고 맡기기엔 영 마음이 안 놓이는'을 의미하게 돼요. 콘플레이크처럼 자잘하고 쉽게 부스러지는 조각을 사람 성격에 대입해 보면 그런 사람에게 뭔가를 기대하거나 믿음을 갖기는 힘들겠죠. 또, flaky가 사물에 쓰이면 결결이 잘 찢어지는 빵의 결, 벽이나 문의 벗겨진 결 등을 말합니다. 이렇게 flaky는 사람에게든 사물에게든 견고하지 못하다는 뜻으로 쓰여요.

1. **He's flaky when it comes to making plans.**
   걔랑은 무슨 계획을 같이 못 세워. (세워 봤자 번복할 확률이 크기 때문에)

2. **She said she would join us for a hike, but then the next day she said she couldn't. And now she said she would. She's so flaky.**
   걔, 우리랑 같이 하이킹 가겠다더니, 다음날엔 못 가겠다고 했다가 또 이젠 오겠다고 하네. 걘 종잡을 수가 없어.

3. **I asked my flaky daughter to feed the dog while I'm gone. I bet our dog is starving by now.**
   뭘 믿고 맡길 수가 없는 우리 딸한테 나 없는 동안 개한테 밥을 주라고 했거든. 아마 지금쯤 우리 개 쫄쫄 굶고 있을걸.

4. **Their pastries are the best. So fresh and flaky.**
   그 가게 페스츄리가 짱이야. 엄청 신선하고 결이 쭉쭉 찢어져.

5. **I think it's time to repaint the house. It's all flaky.**
   집 새로 페인트칠할 때가 된 것 같아. 죄다 벗겨졌어.

6. **What are these flaky skin tags on your scalp? Dandruff?**
   네 머리(통)에 너덜너덜하게 벗겨진 피부는 뭐야? 비듬이야?

7. **Snowflakes come in all different shapes.**
   눈꽃송이들은 저마다 모양이 다 달라.

Q 누구를 믿을 수 없다고 말하는 거니까 can't believe나 can't trust라고 해도 되지 않나요?

A 한국말로는 다 똑같이 '믿을 수 없다'이지만, 영어로는 의미에 따라서 표현이 나뉩니다. believe는 자신의 판단에 근거해서 사실이라고 믿는다는 의미예요. 신이 존재한다고 믿는 것, 상대방 말이 사실이라고 믿는 것 등 내가 믿는 게 중요한 거죠. 반면에 trust는 상대가 얼마나 믿음직한 존재인가에 따라 믿고 말고가 결정돼요. 상대가 쌓아 올린 신뢰도가 중요한 것이죠. 그래서 기업, 제품 홍보 문구에는 believe가 아닌 trust가 주로 쓰여요. 판단 잘해서 제발 우리 좀 믿어달라고 호소하는 게 아니라, 우수성으로 보나 도덕성으로 보나 신뢰할 수 있는 기업이니 믿어도 좋다는 거니까요. 이 trust의 형용사형이 trustworthy(신뢰할 수 있는)입니다.

하지만 flaky는 이 둘과는 달리 '신빙성'에 무게가 실린 믿음을 말해요. 믿고 맡기기엔 마음이 놓이지 않는, 미덥지 못한 대상에 대한 불안한 의심을 내포한 단어죠. Flaky한 상황이 자꾸 반복되면 결국 can't trust가 되기 때문에 trust와 같은 맥락이긴 하지만, 의미의 크기로 봤을 때 trust가 flaky의 아버지뻘은 된다고 보시면 이해하기 쉬우실 거예요.

1 **You believe there's a previous life? I don't believe that kind of thing.**
전생이 있다고 믿는다고? 난 그런 거 안 믿어.

2 **I don't believe in God, but I believe in money.**
난 신은 안 믿어도 돈은 믿어.

3 **I'm not 100 percent sure if I can trust her.**
내가 그 사람을 믿어도 되는지 백 퍼센트 확신이 안 서.

4 **Believe me. She's trustworthy.**
내 말 믿어. 그 사람은 믿을 만한 사람이야.

5 **Don't trust him. He's very flaky.**
걔 믿지 마. 도무지 종잡을 수가 없는 애야.

Q 결정하고 나서 '마음 바꾸지 말라'는 말은 영어로 어떻게 하나요? Don't change your decision.이라고 하면 되나요?

A 그렇게 말해도 되긴 하지만 decision(결정, 결심)이라는 단어의 어감이 필요 이상으로 세게 들릴 수도 있고, 상황에 비해 지나치게 거창하게 들릴 수도 있어요. 마음 바꾸지 말라고 할 때 원어민들은 Don't change your mind.라고 합니다. 지금 가진 '마음'을 바꾸지 말라는 거니까요.

1 **You said you're coming with me. Don't change your mind.**
너, 나랑 같이 가겠다고 했다. 마음 바꾸지 마.

2 **Let me know if you change your mind.**
혹시라도 마음 바뀌면 얘기해.

3 **I don't know what she's going to do. She keeps changing her mind.**
걔가 어떻게 할지는 나도 몰라. 계속 마음을 바꾸거든.

준쌤의 Question

이랬다 저랬다 한다는 걸 영어로 또 어떻게 말할까요?

A 결정을 못 내리고 우유부단한 걸 wishy-washy라고 하는데요, 결정을 내릴 때만 쓰이는 게 아니라 애매하거나 이도저도 아닌 상황에도 쓰입니다. 발음상, y 때문에 sh[쉬] 발음이 더 격해지기 쉽지만 [위쉬와쉬]라고 하지 말고, [쉬]와 [시] 그 어디쯤에서 가볍게 발음해 주세요.

1 **Stop being wishy-washy and make a quick decision.**
우유부단하게 굴지 말고 바로/빨리 결정해.

2 **Maybe I sounded a bit wishy-washy. Let me explain it again.**
내 말이 좀 애매모호하게 들렸을 수도 있겠다. 다시 설명해 줄게.

소통 필수 표현 10

Can I order crepes a la carte?

MP3 082

크레페를 단품 메뉴로 주문할 수 있나요?

식당에서 음식을 주문하면 보통 주요리(main dish)에 뭐가 이것저것 달려 나오죠? 스테이크를 시키면 샐러드와 감자, 빵 등이 따라 나오는 것처럼요. 그런데 이렇게 달려 나오는 음식(side)을 모두 제하고 주요리만 따로 시키거나 반대로 사이드만 따로 시킬 수 있게 만든 것이 '단품 메뉴'인데, 이걸 원어민들은 a la carte라고 합니다. 프랑스어이지만 영어처럼 자리잡은 표현으로, 발음은 [알라칼~트]예요. 메뉴에 a la carte라고 별도로 기재해 놓은 식당도 있지만, 메뉴에 없더라도 Can I order _____ a la carte?라고 물어보면 대체로 그렇게 해 주니까 일단 들이대 보는 게 좋습니다. 그리고 crepes의 영어 발음은 [크레잎시]이니 이것도 같이 알아두시고요.

1 **Individual dishes from the menu are called a la carte.**
메뉴에서 개별적으로 따로 떼어서 파는 음식을 단품 메뉴라고 한다.

2 **I like ordering my meal a la carte. That way I don't have to feel sorry for leaving sides that I don't even touch.**
난 단품 메뉴로 주문하는 게 좋아. 그렇게 하면 달려 나온 음식을 손도 안 대고 남겨서 죄책감 느낄 일이 없거든.

3 **Most restaurants offer a la carte menus.**
대부분의 식당들은 단품 메뉴를 판매해.

4 **May I have Greek salad and French fries a la carte?**
그릭 샐러드랑 프렌치 프라이만 따로 주문해도 될까요?

Q 그럼 a la carte는 식당 메뉴에만 쓰이는 표현이에요?

A 원래는 식당 메뉴에 쓰이는 표현이지만, 여행사나 스파 등의 업체에서 패키지 상품 중 손님이 원하는 것만 떼어 내어 구매할 수 있게 구성할 때도 a la carte를 쓰는 경우가 있어요. 예를 들어 비행기표, 호텔, 식사, 단체 관광이 모두 포함된 여행 패키지에서 비행기표와 호텔만 단일 상품으로 구입하는 거죠.

1. You can book a la carte service from our full massage packages.
저희 풀코스 마사지 패키지에서 (원하는 것만) 선택적으로 골라서 예약하셔도 됩니다.

2. We don't sell individual a la carte products.
저희는 단일 상품만 따로 판매하지는 않습니다.

Q A la carte가 패키지에서 원하는 것만 따로 떼어 내서 구입하는 거라면, separate과 비슷한 뜻일 것 같은데요, 대화 시 separate을 써도 될까요?

A 네, a la carte가 익숙하지 않거나 기억나지 않는다면 대신 separate(ly)를 써도 되는데요, 그보다 더 일상적인 건 only예요. '~만' 달라고 요구하는 거니까요.

1. Can I order onion rings only?
양파링만 주문해도 될까요?

2. I don't need a whole package. Can I book a plane ticket only?
패키지 전부는 필요가 없어서요. 비행기표만 예약할 수 있을까요?

3. We don't sell the items separately.
저희는 제품/상품을 따로따로 판매하지 않습니다.

준쌤의 Question

식당 얘기가 나와서 말인데요, 미국에서는 **tip**을 지불하는 것이 너무 당연한 일이라 식당 영수증에 **tip**을 적는 칸이 따로 있습니다. 식당에 따라서 **gratuity, surcharge**라는 항목이 있기도 하지요. Tip, gratuity, surcharge의 차이점은 무엇일까요?

A Gratuity는 '봉사료'로 tip과 같은 뜻이에요. 서비스의 만족도에 따라서 손님이 종업원에게 자의로 지불하는 금액이죠. 그런데 요새는 영수증에 일정 금액(보통은 음식값의 18%)의 tip/gratuity를 아예 포함해서 청구하는 얍삽한 식당들이 늘고 있어요. 이런 것을 automatic gratuity라고 하는데 영수증을 자세히 확인하지 않으면 팁이 이미 포함된 줄 모르고 이중으로 팁을 지불하게 돼요. 팁을 이미 포함해 놓고도 영수증 아래 부분에 팁을 적는 칸

을 또 마련해 놓으니 교활하기 짝이 없죠? 미국 여행하시는 분들은 식당에서 식사 후 영수증을 꼼꼼히 잘 확인하시길 바랍니다. 또, '부과세'에 해당하는 surcharge는 있는 식당보다는 없는 식당이 더 많긴 하지만, 식당뿐 아니라 모든 서비스업에서 공공연하게 청구되고 있는 항목이에요. 예약비, 진행비, 서비스비 심지어는 직원 의료보험비까지, 자기네들이 이름 붙이는 대로 surcharge가 돼요. 팁과는 달리 선택의 여지 없이 손님이 무조건 지불해야 하는 금액이니 더욱 열받죠.

1 A How much tip should I leave?
팁을 얼마나 줘야 할까?

B 20, 25% is common these days, you know.
요샌 20퍼센트, 25퍼센트가 보통이잖니.

2 I didn't see the automatic gratuity on the receipt and paid a double tip.
영수증에 봉사료가 이미 찍혀 있는 걸 못 보고 내가 팁을 이중으로 냈다니까.

3 A Can you believe there was surcharge for the employees' health insurance? Why do I have to pay the health insurance for their employees?
세상에 직원 의료보험료 명목으로 부과세를 내라더라니까? 내가 왜 자기네 직원들 의료보험료를 내야 하는데?

B Think of it as good for your karma.
네가 좋은 업/카르마 하나 쌓았다고 생각해라.

소통 필수 표현 11

Criminals use **burner phones**.

범죄자들은 대포폰을 사용한다.

등록자 명의와 실제 사용자가 달라서 범죄에 이용되는 핸드폰을 대포폰이라고 하는데요, '대포'니까 cannon phone 아닌가…하시는 분들, 그럼 못써요. '대포폰'은 burner phone이라고 한답니다. 범죄에 사용된 핸드폰은 추적을 피하고 증거를 인멸하기 위해 폐기 처분하기 마련이라, '태워서 없애 버리는 전화기'라고 이해하시면 쉽겠네요.

1. Criminals use burner phones to make scam calls.
범죄자들이 보이스피싱/사기 전화에 쓰려고 대포폰을 사용해.

2. Police arrested a scammer, and he had ten burner phones.
경찰이 사기꾼을 잡았는데, 그 사기꾼한테 대포폰이 열 대가 있었어.

Q 그럼 '대포차'는 burner car인가요?

A 아니요. 아무리 범죄에 이용됐다고는 하지만, 차라는 게 핸드폰처럼 쉽게 폐기 처리할 수 있는 게 아니잖아요. 나중에 번호판을 바꾸더라도 일단 경찰을 피해서 도망다니는 게 최우선인 대포차는 getaway car/vehicle이라고 해요. 넷플릭스 자막에 대포차를 unregistered car라고 해석한 걸 본 적이 있는데, unregistered car/vehicle은 단순히 미등록 차량을 말하는 것이지, 꼭 범죄에 사용된 차량을 말하는 건 아니라서 getaway car와는 의미상 차이가 있습니다.

1. It's almost impossible to track getaway cars.
대포차를 추적하기란 사실상 거의 불가능해.

2. The drug dealers abandoned their getaway vehicle and ran away.
마약상들이 대포차를 버리고 도망쳤어.

3 There was an unregistered car parked by the park for months.
공원 근처에 미등록 차량이 몇 달 간 세워져 있었어.

Q 그럼 대포 통장은 뭐라고 하나요?
그것도 burner bank book이라고 하나요?

A 일단 '통장'은 영어로 bank book이지만, 대포통장이 뜻하는 건 통장 자체가 아니라 계좌라서 account가 맞습니다. 많은 분들이 fake account라고도 하지 않을까 생각하시는데, 어느 정도 의미는 전달되겠지만, 정확한 명칭은 dummy account예요. 이 dummy에는 '바보'의 뜻 말고도 '가짜, 모조품'이라는 뜻도 있거든요. 대포통장뿐 아니라 가짜 소셜 미디어 계정 역시 dummy account라고 합니다. 참고로 '유령 계좌'는 말 그대로 ghost bank account, 돈을 안전하게 축적할 목적으로 스위스 등 다른 나라 은행에 설치하는 '해외 계좌'는 해안(shore)을 떠났다는 뜻으로 offshore bank account라고 해요. 우리말로는 대포폰, 대포차, 대포통장 모두 '대포' 하나로 통일되지만, 영어로는 명칭이 다 제각각이니 하나하나 그 용도를 머릿속에 잘 이미지화해서 정리해 두세요.

1 Does anyone use a bank book these days?
요새 통장 쓰는 사람이 있나?

2 He scammed me into wiring money to his dummy account.
그 사람이 날 속여서 자기 대포통장으로 돈을 입금하게 했어.

3 I created a dummy Facebook account for fun.
재미로 가짜 페이스북 계정을 하나 만들어 봤어.

4 The gangs use ghost bank accounts to launder money.
갱들은 돈세탁을 위해 유령 계좌를 사용한다.

　　— **launder** 옷을 세탁하다 (격식어), 부정한 돈을 세탁하다

5 Many rich people have offshore bank accounts.
해외 계좌를 가지고 있는 부자들이 많아.

준쌤의 Question

폰 얘기가 나온 김에 '알뜰폰'은 영어로 뭐라고 할까요?

A 적은 예산으로 장만해 사용할 수 있어서 budget phone이라고 해요. 참고로 미국에서는 '핸드폰'을 말할 때 hand phone보다는 cell phone을, cell phone보다는 my phone, your phone처럼 이렇게 '누구 전화기'라고 부르는 경우가 더 많습니다.

1 This brand makes the best budget phones.
이 회사에서 나온 알뜰폰이 제일 좋아요.

2 She doesn't have a cell phone, yet.
걘 아직 핸드폰이 없어.

3 Did anybody see my phone?
누구 내 핸드폰 본 사람 없어?

4 Excuse me. Can I use your phone? I left mine at home.
저기요. 핸드폰 좀 쓸 수 있을까요? 제 걸 집에 두고 와서요.

5 Jenny's phone doesn't work. She might need a new one.
제니 전화기가 안 돼/고장났어. 어쩌면 새로 사야 할지도 모르겠네.

소통 필수 표현 12

I don't like my parents **meddling** in my love affairs.

MP3 084

난 부모님이 내 연애사에 끼어드는 거 싫어.

'개입하다, 간섭하다'는 뜻의 meddle은 meddle in과 meddle with로 나누어서 봐야 해요. Meddle in은 '다른 사람의 일에 끼어들어 참견하다'이고, meddle with는 '다른 사람의 물건을 만지작거린다, 건드린다'는 뜻이니까요.

1. I don't want to meddle in your life.
   네 인생에 참견하고 싶지 않아.

2. Some actors meddle in politics.
   정치에 관여하는 배우들이 있어.

3. Don't meddle with kitchen knives. It's not safe.
   부엌칼 만지작거리지 마. 위험해.

4. Britney Spears' dad meddled with her money and caused a big problem in their relationship.
   브리트니 스피어스의 아버지가 딸 돈에 손을 대는 바람에 둘 사이에 큰 문제가 생겼어.

Q Meddle in이 '끼어들다'라는 뜻이라면 대화 중간에 끼어드는 것도 meddle in이라고 하면 되나요?

A 아니요, meddle in은 남의 일에 이래라저래라 참견하는 것이라서 대화 도중에 끼어드는 것과는 달라요. 후자의 경우에서 내가 말하려고 다른 사람의 말을 끊는 것이라면 cut off라고 하면 되는데요, 이것도 두 가지 경우로 볼 수 있어요. 만약 상대방의 말허리를 자르는 것이라면 cut off, 남들 대화에 끼어드는 것이라면 cut into conversation이 좋습니다.

1. I was telling my friends a story, and one of them kept cutting me off.
   내가 친구들한테 얘기를 해 주고 있는데, 걔네들 중 하나가 자꾸 내 말을 자르는 거야.

2. When someone talks, don't cut them off.
   누가 말하고 있을 때는, 그 사람 말 자르는 거 하지 마.

3   I was talking with my friends, and Amanda kept cutting into our conversation.
    내가 친구들이랑 얘기하고 있는데, 아만다가 자꾸 대화에 끼어드는 거야.

4   Sorry to cut into your conversation, but I have a quick question for you guys.
    대화에 끼어들어서 미안한데, 너희들한테 잠깐 물어볼 게 있어서 말이야.

Q 새치기도 끼어드는 거잖아요. '새치기'는 영어로 뭐라고 해요?

A 서 있는 줄을 끊고 그 중간으로 들어가는 것이라서 cut in line이라고 합니다.

1   My mom used to cut in line and humiliate our family.
    옛날에 우리 엄마가 자꾸 새치기를 해서 우리 식구들 모두 엄청 창피하게 만들곤 하셨어.

2   Excuse me. You just cut in line. The line ends back there.
    저기요. 지금 새치기하셨거든요. 저 뒤로 가세요.

3   Oh, I'm so sorry. I didn't mean to cut in line. I didn't see the end of the line.
    어머, 죄송해요. 새치기하려던 게 아니었어요. 제가 줄이 어디서 끝나는지 못 봤네요.

준쌤의 Question

'운전할 때 끼어들기'는 영어로 어떻게 표현할까요?

A 다른 사람 차 앞으로 비집고 들어가는 것이라 cut in front of _____ 이라고 하는데요, 밑줄에는 me, us, him, her 등 끼어들기를 당한 차의 운전자와 동석자가 올 수도 있고, my car, that car, his car 등 차 자체가 올 수도 있어요.

1   He just cut in front of me.
    저 사람이 지금 (내 차 앞으로) 끼어들기했어.

2   Don't let that car cut in front of us.
    저 차가 우리 앞으로 끼어들지 못하게 해.

소통 필수 표현 13

What a **windfall**!

MP3 085

호박이 넝쿨째 굴러들어왔네!

Windfall은 본래 바람에 과일이 나무에서 떨어지는 걸 말하는데, 기대도 안 했던 좋은 일이 생겼을 때 '횡재, 넝쿨째 굴러들어온 호박'의 뜻으로 쓰여요. 사실 바람 때문에 과일이 떨어지면 상품성이 떨어져서 안 좋은 일이지만, 바람 덕에 힘 안 들이고 뭔가를 얻게 됐다는 의미로 좋은 일에 쓰이는 표현이 되었어요.

1 **I had an unexpected windfall from bitcoin.**
내가 비트코인으로 생각지도 않은 횡재를 했어.

2 A **I won three hundred grand at the casino. It was a huge windfall.**
나, 카지노에서 30만 달러 땄어. 횡재도 이런 횡재가 없다.

B **You know you have to pay a huge windfall tax on that, don't you?**
너, 불로소득세/횡재세 엄청 내야 한다는 건 알고 있지?

3 A **Isn't it a windfall that a millionaire wants to marry me?**
백만장자가 나랑 결혼하고 싶어 하다니, 호박이 넝쿨째 굴러들어온 것 같지 않냐?

B **But the problem is the millionaire is only 5′ 1″.**
그런데 문제는 그 백만장자 키가 겨우 155 cm라는 거지.

4 **I love my daughter-in-law. She's been such a windfall for our family.**
우리 며느리가 너무 예뻐 죽겠어. 우리 집안에 복덩어리도 그런 복덩어리가 없다니까.

  영어에도 '새옹지마, 전화위복'이라는 표현이 있나요?

A 네, It's a blessing in disguise.라는 표현이 있어요. 축복(blessing)이 변장(disguise)을 해서 겉으로는 안 좋은 일 같아 보이지만 실은 좋은 일이라는 뜻으로 '새옹지마, 전화위복'과 같아요.

1. When a boy fell from a horse and broke his leg, everyone thought it was such bad luck. However, he was exempt from going to war because of his broken leg. So, it was a blessing in disguise after all.
소년이 말에서 떨어져 다리가 부러졌을 때 모두들 악재라고 생각했지. 하지만 그 부러진 다리 덕분에 전쟁에 나가지 않게 되었어. 결국 (다리가 부러진 사건이) 전화위복이었던 거지.

- **be exempt from** '~으로부터 면제받다(되다)'는 뜻으로 병역 면제, 세금 면제, 시험 면제 등에 쓰여요. 심지어 지역 주민들에 한해 톨게이트 통행료를 면제해 준다고 할 때처럼 자잘한 일상에도 쓸 수 있는 표현이랍니다.

2. You may think this whole thing is bad luck, but who knows? It might be a blessing in disguise.
넌 이 모든 게 다 운이 나빠서 생긴 일 같겠지만, 또 모르지. 오히려 새옹지마/전화위복이 될 수도 있으니까.

준쌤의 Question

횡재와 관련해 '복권'을 언급하지 않을 수 없는데요, 꾸미기만 하면 근사할 외모를 두고 '긁지 않은 복권'이라고 하는데, 영어로는 뭘까요?

A 언제 터질지 모르는, 잠재되어 있는(potential) 잭팟이라는 의미로 potential jackpot이라고 해요.

1. Trust me. Alyssa is a potential jackpot.
내 말 믿어. 알리사야말로 긁지 않은 복권이야.

2. Brenda never dresses up, never wears makeup, but she's a potential jackpot.
브렌다가 생전 옷도 잘 안 차려입고, 화장도 안 해서 그렇지, 걔야말로 긁지 않은 복권이라니까.

소통 필수 표현 14

My younger brother is a loose cannon.

MP3 086

내 남동생은 예측불허야/천방지축이야.

옛날에는 항해 중에 대포(cannon)가 이리저리 움직이지 못하게 해군 함정 바닥에 대포를 묶어 놓았어요. 만약 이 줄이 느슨하게 풀린다면(loose) 어떻게 될까요? 그 무거운 대포가 어디로 굴러갈지 모르는 아찔한 상황이 되어 버리겠죠? 그래서 언행을 예측할 수 없는 사람, 혹은 통제가 어려운 천방지축인 사람에게 loose cannon이라는 표현을 써요. 그런데 인터넷에서 찾아보면 loose cannon이 '천방지축'의 뜻으로만 설명되어 있더라고요. 앞에서도 말했듯이 천방지축인 사람뿐 아니라 무슨 생각을 하는지, 어떤 결정을 내릴지 예상이 불가능한 사람에게도 loose cannon이라고 한다는 걸 꼭 알아두시기 바랍니다.

1 **I can never predict his behavior. He's a loose cannon.**
걔 행동은 종잡을 수가 없어. 완전 천방지축이야/예측할 수 없는 애야.

2 **She may or may not help you. You know she's a loose cannon.**
그 사람이 너를 도와줄 수도 있고, 안 도와줄 수도 있어. 종잡을 수 없는 사람이라는 거 너도 알잖아.

Q 그럼 '천방지축'의 뜻으로만 쓰는 영어 표현이 따로 있나요?

A 아주 딱 떨어지는 단어가 따로 있는 건 아니지만, 초점을 어디에 맞추느냐에 따라서 여러 가지 다른 표현을 쓸 수는 있어요. 남의 말을 듣지 않고 제멋대로라면 out of control, 여기저기 헤집고 다닌다면 all over the place, 앞뒤 가리지 않고 막무가내라면 reckless가 좋습니다.

1 **My mom said I was out of control growing up.**
우리 엄마가 그러시는데 내가 자라는 내내 천방지축이었대.

2 **My son is four, and he's all over the place. I have to always keep my eyes on him.**
우리 아들이 네 살인데 여기저기 헤집고 다녀. 항상 지켜보고 있어야 한다니까.

3   **My dad drives recklessly.**
    우리 아빠는 운전을 막무가내로/험하게 하셔.

4   **I'm kind of reckless with money.**
    내가 돈을 좀 무분별하게 쓰기는 하지.

준쌤의 Question 1

천방지축에서 조금 더 나아가 폭력적이고 막돼먹은 사람을 '개망나니'라고 하는데요, 영어로는 뭐라고 할까요?

A   '개망나니'는 순전히 우리식 표현이라서 영어로 하자면 돌려서 생각해야 해요. 인간보다는 짐승에 가까운 폭력적인 성품을 말하는 거니까 lout나 brute를 써서 표현하면 좋은데요, 둘 다 낯선 표현일 수도 있겠어서 제가 도움을 좀 드려 보려고요. 개망나니면 맨날 소리 지르고 얼마나 시끄럽겠어요(loud)? 그러니 loud 먼저 떠올리시고 d만 t로 바꾼다고 생각하면 훨씬 쉽게 기억될 것 같네요. 그리고 brute는 사람 이름과 연관시키면 아주 쉽게 외울 수 있어요. 여러분, 시저(Caesar)를 죽인 자의 이름이 Brutus(브루투스)인 거 아시죠? 영어 단어 중 brutal 역시 '잔인한, 폭력적인'이란 뜻이잖아요. 이 정도면 brute가 왜 '개망나니'인지 쉽게 이해되지 않나요? 벌써 두 단어 모두 외우셨을 것 같은데, 어떠신가요?

1   **Their son is such a lout.**
    그 집 아들이 완전 개망나니야.

2   **He becomes a brute when he drinks.**
    그 사람은 술만 마시면 개(망나니)가 돼.

3   **Her husband is a brute, so she ran away from him with her kids.**
    그 여자 남편이 개망나니라 여자가 애들 데리고 도망갔잖아.

준쌤의 Question 2

내친 김에 변태, 허언증 환자도 영어로 알아볼까요?

A 변태는 pervert라고 하는데요, 한국에서 대표적으로 만나 볼 수 있는 변태로는 '바바리맨'이 있죠. 바바리(Burberry)도 영어고, 맨(man)도 영어니까 혀 좀 굴려가며 말하면 원어민들도 알아들을 것 같지만 어림 반 푼어치도 없습니다. 바바리맨은 flasher라는 영어 명칭이 따로 있으니까요. 다음은 허언증 환자인데요, 거짓말을 하는 사람이니 liar는 liar인데, 병적으로 거짓말을 하는 사람이라서 pathological liar라고 해요. 여기서 재밌는 거 하나 알려 드릴게요. 여러분, 사이코패스(psychopath), 소시오패스(sociopath) 많이들 들어 보셨죠? 이 두 단어를 눈 시퍼렇게 뜨고 잘 들여다보면 path가 보이실 거예요. 이쯤되면 굳이 사전을 찾아보지 않아도 path가 정상이 아니라는 뜻이겠거니~ 아시겠죠? 병적인 증상을 대변하는 대표적인 접미사입니다. 물론 pathological에서는 접두사로 쓰였지만요. 패쏠로지컬 라이어, 사이코패스, 소시오패스… 얘네 셋을 묶어 놓고 보니 연관성도 잘 보이고 단어 외우기도 훨씬 수월해지지 않나요?

1 **One of my co-workers is a pervert.**
내 직장 동료 중 한 명이 변태야.

2 **There was a flasher by my high school, and he was so excited to flash us.**
다니던 고등학교 옆에 바바리맨이 있었는데, 그 바바리맨이 우리한테 자기 걸 보여주면서 엄청 신나 했지.

3 **Pathological liars can easily look you in the eye and lie to you.**
허언증 환자들은 아무렇지도 않게 눈을 맞추고 거짓말을 한다니까.

소통 필수 표현 15

I have a mom-and-pop store.

MP3 087

나는 구멍가게/개인 점포 운영해.

큰 회사에서 운영하는 체인점이 아니라 개인이 운영하는 점포를 mom-and-pop store라고 합니다. 엄마, 아빠가 운영하는 점포라니, 이 얼마나 정겹습니까? 이런 점포들은 특성상 우리나라의 구멍가게에 가깝지만, 설사 규모가 좀 있는 가게라 하더라도 개인이 운영하는 점포라면 이 표현을 쓸 수 있어요. Mom-and-pop store는 규모보다는 소유권에 초점이 맞춰진 표현이거든요. 또, 점포에도 식료품점, 수리점 등 종류가 많은데요, mom-and-pop 뒤에 무슨 가게인지를 붙이면 됩니다. Mom-and-pop electronics store, 이렇게요.

1 **There are so many mom-and-pop stores on this street.**
이 거리에는 구멍가게들/개인 점포들이 많기도 많다.

2 **This mom-and-pop store looks like it doesn't have much, but it has everything.**
이 구멍가게가 물건이 별로 없을 것 같아 보여도, 없는 거 없이 다 있어.

3 **She owns a mom-and-pop grocery store in New York.**
그 사람이 뉴욕에서 작은 식료품점을 하나 운영해.

 '골목 식당'도 mom-and-pop restaurant이라고 할 수 있나요?

A 체인점이 아니라 개인이 운영하는 식당이라면 mom-and-pop restaurant이라고 할 수 있어요. 하지만 "이런 데 가게가 있었네." 싶을 만큼 위치상 번화가가 아닌 외진 곳에 있는 식당을 말하는 거라면 hole-in-the-wall이 더 적합해요. 인터넷을 찾아보면 대부분의 경우 두 표현 모두 '작고 허름한 구멍가게'라고 나오는데요, 물론 규모가 작은 경우가 많긴 하지만, mom-and-pop은 '개인 운영'에, hole-in-the-wall은 '외진 위치'에 무게 중심을 둔 표현이라는 걸 꼭 알아 두시기 바랍니다.

1 **I inherited a mom-and-pop tool store from my parents.**
우리 부모님께서 운영하시던 공구상을 내가 물려받았어.

2 **This hole-in-the-wall restaurant is a local favorite.**
이 골목 식당이 현지인들이 제일 많이 가는 맛집이야.

준쌤의 Question

어떤 장소의 위치를 설명할 때 '구석진 곳에 틀어박혀 있다'는 말을 하죠? 그때도 **hole-in-the-wall**이라고 하면 될까요?

A 네, hole-in-the-wall도 쓸 수 있는데요, '구석진 곳에 틀어박혀 있다'와 딱 맞아떨어지는 영어 표현이 따로 있습니다. '쑤셔넣다'는 뜻의 tuck을 사용해서 be tucked away라고 해요. 구석지고 후미진 곳에 홀로 틀어박혀 있는 가게를 발견하시면 tucked away를 외쳐 주세요.

1 **The restaurant is tucked away in a corner of town. It's not easy to find.**
그 식당은 동네 구석에 틀어박혀 있어. 찾기가 쉽지 않아.

2 **My friend's hair salon is tucked away somewhere in Jamestown.**
내 친구가 운영하는 미용실이 제임스타운 어디 후미진 데 틀어박혀 있어.

소통 필수 표현 16

My family has a heart-wrenching story.

MP3 088

우리 가족에겐 가슴 아픈 사연이 있어.

나사, 너트 등을 잡고 돌릴 때 쓰는 렌치(wrench)는 그 쓰임새 그대로 '비틀다'의 뜻이 있어요. 그런데 잡고 비트는 것이 나사가 아니라 사람 마음이라면 어떨까요? 그만큼 마음이 아플 테니 '가슴 아픈/가슴이 메어지는'의 의미가 돼서 heart-wrenching story는 '가슴 아픈 사연'을 말합니다.

1. *The Bridges of Madison County* is such a heart-wrenching story.
   〈매디슨 카운티의 다리〉는 정말 가슴 아픈 이야기야.

2. I have a heart-wrenching story. Do you want to hear?
   나한테 가슴 아픈 이야기가 있는데, 들어 볼래?

3. I don't like heart-wrenching stories. I can never let go of them.
   난 가슴 메어지는 이야기들은 싫어. (들으면) 절대 안 잊혀.

Q '눈물 없이는 들을 수 없는 사연'이라는 말도 있잖아요. 영어에도 똑같은 표현이 있나요?

A 네, 있어요. 눈물을 짜낸다고 해서 tear-jerking story라고 합니다. 책, 영화 등의 내용이 너무 슬퍼서 계속 눈물이 난다고 할 때는 명사형으로  is a tearjerker라고 해요. 하지만 꼭 슬픈 내용이 아니더라도 어쨌든 눈물이 나면 이 표현을 사용할 수 있어요. 또, 부정적인 측면에서는 억지로 눈물을 짜내는 '신파'라고 볼 수도 있습니다.

1. I have a tear-jerking story that would make a great movie.
   나한테 영화로 만들어도 좋을, 눈물 없이는 들을 수 없는 사연이 있어.

2. My grandma's life story is a tearjerker.
   우리 할머니가 살아오신 얘기를 들어 보면 정말 눈물 나.

3 The movie had a happy ending, but for me, it was a tearjerker.
영화가 해피엔딩인데도 난 눈물 나더라.

4 Movies, books… I don't like tearjerkers.
영화든 책이든… 난 신파는 싫어.

준쌤의 Question

살짝 방향을 틀어서, 가난한 소년에게 치킨을 대접해서 사람들에게 돈쭐이 난 치킨집 주인 아저씨 이야기 들어 보셨죠? 이렇게 '훈훈한 이야기'를 영어로는 뭐라고 할까요?

A 들으면 마음이 따뜻해지는 이야기라서 heartwarming story라고 하는데요, 주의해야 할 점이 있어요. Heart와 warming이 띄어쓰기 없이 한 덩어리라는 것입니다. 이야기 외에 영화, 책, 기사 등에도 쓸 수 있고요.

1 I want to watch a heartwarming movie.
마음 따뜻해지는 영화 한 편 보고 싶어.

2 The article about a person who rescued and adopted a two-legged dog is heartwarming.
다리가 두 개밖에 없는 개를 구조하고 입양까지 한 사람의 기사가 참 훈훈하네.

소통 필수 표현 17

She **grilled** me.

MP3 089

걔가 어찌나 꼬치꼬치 캐묻던지.

Grill 하면 고기 굽는 그릴만 생각하기 쉬운데요, grill에는 '석쇠'와 '굽다' 외에도 '꼬치꼬치 캐묻다, 심문하다, 다그치다'라는 뜻도 있어요. 취조 당하듯이 질문 공세를 받다 보면 뜨거운 그릴에 올려진 고기처럼 바싹 타들어가는 느낌도 받게 되니, 그렇게 연결해서 이해하면 좋을 것 같네요.

1. **You're asking too many questions. Stop grilling me.**
   너, 너무 많은 걸 물어본다. 그만 좀 캐물어.

2. **The police grilled the fraud suspects.**
   경찰이 사기 혐의 피의자들을 쥐 잡듯이 취조했어.

3. **My mom's generation loves grilling people.**
   우리 엄마 세대는 사람들한테 꼬치꼬치 캐묻는 걸 아주 좋아해.

4. **Grilled mackerel is so good.**
   고등어 구이는 정말 맛있어.

Q Grill처럼 조리법에 쓰이는 영어 표현이 다른 뜻으로 쓰이는 경우가 또 있나요?

A 네, 은근히 많은데요, 그 중에서 몇 가지 골라서 말씀드릴게요.

1. **boil over**: 물이 부글부글 끓어 넘치는 것처럼 '화를 내다'라는 말이에요.
   Their argument boiled over into divorce.
   걔네들은 말다툼하다가 화나서 결국 이혼했어.

2. **boil down to**: 물이 다 끓어 버리고 밑바닥에 남는 것, 즉 '핵심은 ~이다, ~로 요약되다'라는 뜻이에요.
   The reason our business is so slow boils down to bad location.
   우리 사업/가게가 잘 안 되는 이유는 위치가 좋지 않아서라는 결론이야.

3 **half-baked**: 음식이 반만 구워졌으니 '불완전한, 어설픈'이라는 뜻이에요.
   I only have a half-baked plan for now.
   지금 당장은 계획이 좀 어설퍼/계획이 완전히 다 서지 않았어.

4 **simmer down**: 불을 줄이면 끓고 있던 물의 온도가 서서히 내려가겠죠? 그래서 '화를 가라앉히다'라는 말이 돼요.
   Everybody simmer down, please. We don't have to fight.
   다들 화 좀 가라앉히세요. 우리끼리 싸울 거 없잖아요.

5 **have bigger fish to fry**: 튀겨 먹을 더 큰 생선이 있다면 그보다 작은 생선들은 안중에도 없겠죠? 그래서 이 표현은 '더 중요한 일이 있다'라는 말로 해석돼요.
   She's not going to attend the meeting. She said she has bigger fish to fry.
   그 사람 회의 참석 안 할 거예요. 더 중요한 일이 있다고 했거든요.

6 **stew over**: stew는 음식 재료를 뭉근히 찌는 조리법이라서 '뭔가에 대해 오랫동안 고민하고 생각하는' 것을 말해요.
   I've been stewing over this problem for years.
   수년 동안 이 문제에 대해서 생각/고민해 왔어.

Q 조리법이 아니라 piece of cake처럼 음식 이름이 들어간 재밌는 표현들이 또 있나요?

A 당연히 있죠. 자, 그럼 재밌는 표현들… 준비하시고 쏘세요!

1 **as cool as a cucumber**: 진정 효과가 있는 오이처럼 '차분하고 침착한' 사람을 뜻하는 표현이에요.
   Kristin is always as cool as a cucumber.
   크리스틴은 항상 차분하고 침착해.

2 **be in a pickle**: 신선한 오이와는 달리 초절임이 된다는 건 '난감하고 곤란한 상황에 놓인다'는 의미예요.
   My boss thinks it was my mistake. I'm in a pickle.
   상사는 그게 내 잘못이라고 생각해. 내가 아주 곤란한 상황이야.

3 **big cheese**: 치즈 중에서도 큰 치즈라서 '보스'나 '중요한 사람'을 뜻해요.
   He's a big cheese.
   그 사람이 보스야/중요한 사람이야.

4   **top banana**: 상위 바나나라니, big cheese와 같이 '보스, 중요한 사람'이라는 뜻이에요.

   We need a top banana in our group.
   우리 그룹에 리더가 필요해.

5   **worth one's salt**: 소금이 필요한 데 쓰였으니 값어치가 있다는 말이 돼요. 그래서 '가치가 있는 사람, 밥값 하는 사람'을 뜻합니다.

   We paid a fortune to scout him for our team, and he was worth his salt.
   그 사람을 우리 팀에 영입하려고 돈을 엄청 썼는데, 그 사람이 제대로 밥값을 했어.

6   **a hard nut to crack**: 호두처럼 껍질을 까기 어렵다는 말로, '이해하기 어려운 사람이나 상황'을 뜻해요.

   My mother-in-law is a hard nut to crack.
   우리 시어머니는 이해할 수 없는 사람이야.

준쌤의 Question

Grill로 시작했으니, 관련된 걸 하나 물어볼게요. 고기 구울 때 그릴 아래 화로에 넣는 숯을 영어로 뭐라고 할까요?

A Charcoal이라고 해요. Charcoal은 석탄이나 숯 외에 '목탄'의 뜻으로도 쓰이고 색깔을 말할 때도 쓰여요. 완전히 검정색은 아니지만 충분히 어두운, 짙디 짙은 회색/재색을 charcoal이라고 한답니다.

1   **Everything tastes better on a charcoal grill versus a gas grill.**
   가스 그릴보다도 참숯 그릴에 구우면 뭐든 더 맛있어.

2   **There's something about charcoal drawings.**
   목탄화에는 뭔가 특별한 게 있어.

3   **My car is charcoal.**
   내 차는 재색이야.

소통 필수 표현 18

Superman's **alter ego** is Clark Kent.

MP3 090

슈퍼맨의 부캐는 클라크 켄트야.

고유한 본래의 캐릭터(본캐) 이외의 부수적인 캐릭터를 '부캐'라고 하죠? 슈퍼맨이 자신의 출신과 초능력을 숨기기 위해 만들어 낸 또 다른 자아가 클라크 켄트라는 신문사 기자인 것처럼요. 부캐를 영어로는 '바꾸다, 변형'을 뜻하는 alter를 써서 alter ego라고 합니다.

1 It seems like everyone has alter egos these days.
   요새는 다들 부캐 하나씩은 가지고 있는 것 같아.

2 It's so creepy how some criminals use dummy alter egos.
   바보 캐릭터를 부캐로 사용하는 범죄자들이 너무 소름끼쳐.

3 A My dad said his alter ego is Beerman.
      우리 아빠가 자기 부캐는 맥주맨이란다.
   B My dad's is Joblessman.
      우리 아빠 부캐는 실업맨/백수맨이야.

Q 부캐가 alter ego면, 본캐는 main ego인가요?

A 아니요. 사실 '본캐'라고 딱 정해진 단어는 없어요. 인터넷에 main character라고 나오긴 하는데, 이건 의미상 '주인공'에 가까워서 '본캐'와는 거리가 있다고 봐야 해요. Original character 역시 영화나 이야기를 위해 허구로 만들어진 인물이라서 딱히 '본캐'라고 볼 수는 없어요. 영어로 '본캐는 000이고, 부캐는 000이다.'라고 하고 싶다면 '본캐'를 빼 버리면 됩니다. 맨 위의 예문 Superman's alter ego is Clark Kent.(슈퍼맨의 부캐는 클라크 켄트이다.)만 봐도 클라크 켄트가 부캐면 슈퍼맨이 본캐라는 뜻이 자연스럽게 전달되니까요. 정 그래도 표현하고 싶다면 의미상 가장 비슷한 true self를 추천합니다.

1 **A** The serial killer's alter ego was a college professor.
그 연쇄 살인범의 부캐가 대학 교수였대.

B What? His true self and alter ego don't match at all.
뭐? 본캐랑 부캐가 완전 따로 노네.

준쌤의 Question

부캐와 발음이 비슷한 부케(bouquet)는 결혼식장에서 '신부가 드는 꽃다발'이 맞을까요?

A 결혼식과 상관 없이 bouquet는 모든 종류의 꽃다발을 뜻합니다. 결혼식 신부 꽃다발, 어버이날 어머니께 드릴 꽃다발, 내 방에 꽂아 놓으려고 산 꽃다발 등을 다 bouquet라고 해요.

1 I arranged a bridal bouquet for my friend's wedding.
친구가 결혼식에 들 신부 부케를 내가 만들었어.
- **arrange** 꽃꽂이하다, 꽃다발을 만들다
- **bridal bouquet, brides bouquet** 결혼식 신부 부케

2 I bought a bouquet of lavender for my room.
내 방에 꽂아 놓으려고 라벤더 한 다발을 샀어.

소통 필수 표현 19

The **gig** economy is getting bigger.

MP3 091

긱 이코노미(파트타임 경제 활동)가 점점 커지고 있다.

Gig는 '음악(을 연주하다)'라는 뜻인데, 밴드들은 불러 주는 곳이 있으면 일정을 잡아 한두 차례 공연을 하고 또 다른 곳으로 이동하는 게 보통이죠? 그래서 '단기직, 파트타임직, 프리랜서직' 등의 일자리를 gig라고 부르기 시작했는데요, 정규직보다 파트타임이나 프리랜서직의 비율이 높아짐에 따라 경제의 한 부류로 자리잡으면서 gig economy라는 이름까지 붙었습니다.

1. **A** I had a gig at a fair for a week.
   나, 행사장에서 일주일 동안 일했어.
   B What was the gig? 무슨 일을 했는데?
   A I worked at a lemonade stand. 레모네이드 노점에서 일했어.

2. Apply for $50-$80/ hr. gig work in California. Now hiring.
   캘리포니아 내 시급 50-80 달러 단기직/파트타임직에 지원하세요. 지금 모집 중입니다.

3. The local band did a gig at the park.
   동네 밴드/지역구에서 활동하는 밴드가 공원에서 공연했어.

Q 그럼 gig를 side job이라고 봐도 될까요?

A 본업 외의 부수적인 일을 말하는 거라면 side job으로도 볼 수 있죠. 요새는 side job 대신 side hustle이라고 말하는 미국 사람들이 많아지고 있어요. 신조어는 아니지만 최근 들어 쓰이는 빈도수가 늘고 있답니다. 본업 외에(side) 부업도 열심히(hustle) 해서 돈을 번다고 이해하시면 돼요.

1. **A** I need another gig. 일을 하나 더 해야겠어.
   B You already have a side hustle. Do you really need another one?
   너, 이미 부업하고 있잖아. 진짜로 일을 하나 더 해야 할 상황인 거야?

2   It's hard to survive without a side hustle these days.
    요새는 부업 안 하면 먹고살기 힘들어.

3   Summer jobs for teenagers are a good gig.
    청소년들한테는 여름 한철 직장도 좋은 직업이지.

— **summer job** 보통 여름 동안에만 영업하는 곳이나 일 년 열두 달 운영하는 곳에서 여름에만 일하는 것을 말합니다. 미국 여름 방학은 10주 이상이라서 이 기간 동안 아르바이트를 하는 청소년들이 많답니다.

준쌤의 Question

여러 가지 일을 하는 사람을 'N잡러'라고 하는데, 'N잡'은 맞는 영어일까요?

A 아니죠. 원어민에게 N job이라고 하면 아예 이해를 못할 수도 있으니 multiple jobs라고 해야 합니다. 'N잡러' 역시 work multiple jobs로 설명하는 것이 좋아요.

1   She has multiple jobs.
    그 사람, N잡 해/일을 여러 개 해.

2   I work multiple jobs.
    나는 N잡러야.

소통 필수 표현 20

My parents are both **overbearing**.

MP3 092

우리 부모님은 두 분 다 강압적이셔.

Overbear를 처음 들어 보신 분들도 이 단어의 뜻이 그리 편안하거나 호락호락하지는 않겠구나! 하는 느낌을 받으셨을 텐데요, 그렇다면 제대로 느끼셨습니다. 곰(bear)이 나를 위에서(over) 덮친다고 생각해 보세요. 당연히 무겁고, 강압적이고, 불편하겠죠? 그래서 overbearing은 '강압적인, 고압적인'이라는 뜻으로, 남을 지배하려 드는 사람을 말해요. 원어민들이 즐겨 하는 말 중에는 overbearing처럼 bear가 들어가는 표현들이 제법 많답니다.

1 **Don't be an overbearing parent.**
강압적인 부모가 되지 마/애들을 네 맘대로 컨트롤하려 하지 마.

2 **No one wants to work with my boss. He's overbearing.**
다들 내 상사랑 같이 일하는 걸 싫어해. 사람이 고압적이거든.

3 **I found my new teacher to be hot-blooded and overbearing.**
새로 오신 우리 선생님은 다혈질에 강압적인 분이시더라고.

— **hot-blooded** hot-tempered, short-tempered와 마찬가지로 '다혈질'을 말해요.

Q Overbearing은 형용사니까, 동사형은 overbear인가요? '그 사람이 나에게 강압적으로 굴었다'라고 하려면 He overbeared me.라고 하면 되나요?

A 아니요, overbearing은 ing를 떼어낸다고 동사가 되지 않아요. 오직 형용사형으로만 쓰입니다. '그 사람이 나에게 강압적으로 굴었다.'라고 하려면 He was overbearing with me.라고 해야 해요.

1 **You might think I'm overbearing, but I'm not.**
넌 내가 널 내 맘대로 컨트롤하려 한다고 생각하겠지만, 그렇지 않아.

2   **Those who are overbearing with others don't make good leaders.**
    남을 자기 뜻대로 몰아붙이는 사람들은 좋은 리더가 될 수 없어.

Q 원어민들이 즐겨 하는 말 중에 bear가 들어가는 표현이 제법 많다고 하셨는데, 몇 가지 더 알려 주실 수 있나요?

A 먼저 poke the bear가 있는데, 곰을 쿡쿡 찌르면(poke) 어떻게 될까요? 아무래도 다음 생을 기약해야겠죠? 그래서 poke the bear는 '건드리지 말아야 할 사람을 건드리다/자극하다'는 의미로 쓰입니다. 보통은 나보다 높은 위치에 있는 사람이나 권력 있는 사람 등을 자극해서 화나게 한다는 말이니까 '잠자는 사자의 콧털을 건드린다'와 같은 표현이라고 보시면 돼요.

1   **A** I think I poked the bear. I'm a dead duck now.
    내가 아무래도 잠자는 사자의 콧털을 건드린 것 같아. 난 이제 죽었다.

   B Well, it was nice knowing you.
    그동안 즐거웠어.

   — **It was nice knowing you.** 앞으로 다시는 안 볼 사람에게 마지막으로 하는 인사예요. 위 대화문에서는 친구가 자긴 죽었다니까 농담으로 한 말입니다.

2   **You know he can fire you anytime. Don't poke the bear.**
    그 사람이 언제든 널 해고할 수 있다는 거 알잖아. 괜히 그 사람 자극하지 마.

3   **You think she's nice enough to take anything from you, huh? You're wrong. You're poking the bear.**
    넌 그 사람이 착해서 네가 하는 것 뭐든 다 받아줄 것 같지? 틀렸어. 너 지금 그 사람 잘못 건드리고 있는 거야.

다음은 bear 한 단어만으로 가능한 표현 두 개를 알려 드릴게요. Bear에 '참다/견디다'의 뜻이 있어서 일 처리하는 데 시간이 걸리거나 부족한 점을 이해해 달라고 상대방에게 양해를 구할 때 bear with me라고 말합니다. 또, 곰처럼 쉽지 않은 상대라는 점에서 '어려운 일/힘든 일'이라는 뜻도 되는데, 이때는 _____ is a bear. 형태로 쓰여요.

1   **My English is wobbly. Please bear with me.**
    제 영어가 미흡합니다. 양해해 주세요.

   — **wobbly** 흔들거리는, 불안정한, 떨리는

2 **Bear with us. We're having technical difficulties.**
양해 부탁드립니다. 기술적인 문제가 생겼어요.

3 **The test was a bear.**
시험 진짜 어려웠어.

4 **This hike is a bear so brace yourself.**
이번 산행/하이킹은 꽤 힘드니까 준비 단단히 해/마음 단단히 먹어.

준쌤의 Question

Overbearing의 반대말은 underbearing일까요?

A 그럴싸하게 들리긴 하지만 underbearing이라는 단어는 존재하지 않아요. 대신, easygoing이나 amenable(잘 받아들이는/잘 수용하는)을 쓰면 되는데요, 발음은 [어미너블]이니 주의하시기 바랍니다. 어미(엄마)가 너그럽게 잘 받아준다고 말하려다가 발음이 새서 '너블'이라고 했다고 외워 주세요.

1 **Mr. Anderson is easygoing.**
앤더슨 씨는 성격이 느긋해/(상대하기) 어렵지 않은 성격이야.

2 **My friend said Thomas is quite overbearing, but I found him very amenable.**
내 친구는 토마스가 되게 강압적인 성격이라고 했지만, 내가 보기엔 엄청 잘 받아주는 성격이던데.

소통 필수 표현 21

Ava is language **savvy**.

에바는 언어 능력이 특출나/언어 천재야.

Savvy에는 '기술/지식'의 뜻과, 그런 기술과 지식을 갖춘 '전문가'의 뜻이 같이 있어요. 하지만 전문가라고 해서 자격증을 갖춘 전문 인력을 말하는 건 아니고, 어떤 분야에 대해 아는 것이 많은 사람이나 상식적인 판단을 잘 내리는 사람을 말합니다. 예문처럼 savvy 앞에 그 사람이 특별히 잘하는 것을 넣어 주고 '꽉 잡고 있는, 겁나게 잘하는'으로 이해하면 돼요.

1. **Karina is science savvy.**
   카리나가 과학은 꽉 잡고 있어/엄청 잘해.

2. **You are politically savvy. You should run for office.**
   넌 정치 박사잖아. 선거 한번 나가 봐.

3. **I'm not computer savvy but I can try.**
   내가 컴퓨터를 겁나게 잘하는 건 아니지만 그래도 한번 해 볼게.

Q 그럼 savvy 앞에 아무거나 다 붙여도 되는 건가요? 요리 잘하는 사람은 cooking savvy, 이렇게요.

A 뒤에 savvy가 오니까 아무거나 다 갖다 붙여도 무슨 뜻인지 이해는 하겠지만, 원어민 귀에 매끈하게 들리지 않는 어감일 수는 있어요. Cooking savvy만 해도 우리에게는 거부감이 없지만, 원어민에게는 약간, 아주 약간 어색하게 들리거든요. 그들에게는 chef savvy, cook savvy, savvy cooking이 더 자연스럽게 들리는데, 그 기준이라는 게 원어민이냐 아니냐의 차이라서 우리가 영어에 더 익숙해지는 수밖에 없다는 게 비극이라면 비극이랄까요? 원어민에게 자연스럽게 들리는 애들로만 골라서 예문을 만들어 봤습니다.

1. **He's tech savvy.**
   그 사람은 기술자 뺨쳐/기술에 빠삭해.

2. **My mom is cholesterol savvy.**
   우리 엄마는 콜레스테롤 조절에 빠삭해.

3 There are many economically savvy people.
경제에 빠삭한 사람들이 많아.

4 I'm not music savvy, but I'm art savvy.
내가 음악은 잘 모르지만, 그림은 잘 알지.

준쌤의 Question 1

'인싸'도 savvy로 표현할 수 있는데, 무슨 savvy일까요?

A '인싸'란 모두와 잘 어울리고 사회성 있는 사람을 말하기 때문에 socially savvy라고 해요.

1 Jennifer is socially savvy.
제니퍼는 인싸야.

2 I want to be socially savvy, but people don't like me.
나도 인싸가 되고 싶은데, 사람들이 다 나를 싫어해.

 '인싸'를 insider라고 해도 되지 않나요?

A 아니요, insider는 '내부자/관계자'를 말해요. 친목 그룹이 아니라 조직에 업무상 얽혀 있는 사람을 뜻하거든요. 이것의 형용사형은 inside(조직 내부의)입니다.

1 It was an insider who gave crucial information to the rival company.
경쟁사에 중요 정보를 넘긴 게 내부 사람이었어.

2 The police think it was an inside job.
경찰은 내부 소행이라고 보고 있어.

 그럼 '아싸'도 outsider가 아니겠네요?

A '아싸'는 outsider가 맞아요. Outsider는 이유에 상관 없이 조직이나 단체에 속하지 않은 사람을 말하기 때문에, 사회성이 부족해서 사람들과 어울리지 못하는 사람도, 사회성과 상관없이 소속이 다를 뿐인 제삼자도 모두 포함됩니다.

1. I don't like people. I'm an outsider.
   난 사람들을 안 좋아해. 난 아싸야.

2. The outsider sees the best of the game.
   제삼자가 보는 게 제일 정확하지.

3. The guy who won the gold medal was a rank outsider.
   아무도 그 사람이 금메달을 딸 거라는 예상을 못했었어. (← 랭크에 오를 거라고 고려한 대상자가 아니었어.)

준쌤의 Question 2

Don't tell anyone. Savvy? 이 예문에서 **savvy**는 무슨 뜻으로 쓰였을까요?

A Savvy의 뜻이 '지식'이라고 했죠? 지식이란 뭔가를 안다는 말이기 때문에 savvy를 understand, know의 의미로 사용하는 경우가 있습니다. 그러니까 Don't tell anyone. Savvy?는 Don't tell anyone. Understand?(아무한테도 말하지 마. 알았어?)인 것이죠.

1. Meet me at the park at 8 tonight. Savvy?
   오늘 밤 8시에 공원에서 만나. 알았지?

2. I want my coffee without whipped cream. Savvy?
   내 커피에는 크림 넣지 마. 알았어?

3. I guess Brie has a new job. Do you savvy?
   브리가 새 직장을 얻었나 봐. 너도 알아?

소통 필수 표현 22

Bring your A-game.

MP3 094

정신 똑바로 차리고 제대로 해/최선을 다해서 해.

상품에도 A급, B급이 있듯이 노력에도 급이 있다면 당연히 A급이 가장 높겠죠? 그래서 A-game은 '할 수 있는 최선의 노력'을 말합니다. 이때 동사는 do가 아닌 bring을 써서 bring one's A-game이라고 한다는 것과 A가 자나깨나 대문자라는 것을 기억해 주세요.

1. **We can win the game if we bring our A-game.**
   우리가 최선을 다한다면 이 경기를 이길 수 있어.

2. **Candidate No. 2 brought his A-game to the debate.**
   2번 후보가 선거 토론에서 아주 제대로 보여줬어.

3. **I need to bring my A-game to the interview.**
   나, 면접 진짜 잘 봐야 해.

4. **She brings her A-game to work every day.**
   그 사람은 매일매일 진짜 열심히 일해.

5. **The mayor is visiting our restaurant with his family. Let's bring our A-game.**
   시장님이 가족과 함께 우리 식당에 오신대요. 다들 최선을 다합시다.

Q 그럼 do one's best와 같은 뜻인 거네요.

A 네, 의미상 같은 뜻이긴 해요. 하지만 위 예문의 해석에서 볼 수 있듯이 bring A-game은 단순히 최선을 다하는 것 이상으로 좋은 결과가 절실하다는 뉘앙스를 풍깁니다. 제대로 잘해 보겠다는 의지도 활활 타오르고요. Do one's best보다 좀 더 결과 지향적인 표현이라고나 할까요?

1. **A** The presentations tomorrow will be critical for promotion. Bring your A-game.
   내일 프레젠테이션 결과가 승진에 큰 영향을 미칠 거야. 진짜 제대로 잘해라.

   B Don't worry. I'll bring my A-game.
   걱정 마. 최선을 다할 테니까.

2 **I don't know if I can pull it off, but I'll do my best.**
내가 해낼 수 있을지 모르겠지만, 아무튼 최선을 다해 볼게.

— **pull it off** '힘든 일을 결국 해낸다'는 뜻의 표현이에요.

준쌤의 Question 1

A-game이 있다면 B-game, C-game도 있을까요?

A A-game처럼 원래부터 있었던 표현은 아니지만, B-game, C-game이라고 해도 '아, 최선을 다하지 않고 설렁설렁했다는 말이구나' 하고 바로 그 의미를 이해할 수 있어요. 실제로 농담처럼 그렇게 말하는 원어민들도 있고요. 우리가 "일단은 자본이 중요해. 이단은 무슨 장사를 할 건지 결정하는 거고. 삼단은 위치!"라는 말을 들으면, 이 상황에서의 '이단/삼단'이 정식 단어가 아니라는 걸 알지만, 무슨 뜻인지 바로 이해하는 것처럼요.

1 **He brought his B-game to work every day and was fired.**
그 사람은 직장에서 매일 대충대충 일하다가 잘렸어.

2 **You don't want to bring your B-game. Bring your A-game.**
대충할 생각은 하지 마. 제대로 해.

3 **The whole team brough their C-game. What's up with them?**
팀 전체가 아주 죽을 쒔더라. 도대체 왜들 그랬대?

준쌤의 Question 2

분발해서 지금보다 좀 더 잘해야겠다, 능력을 키워야겠다고 할 때도 game을 써서 표현하는데요, 어떻게 말하면 좋을까요?

A 지금보다 좀 더 잘해서 나아지는 것을 수직적인 이미지로 그려 보면 한 단계 위로 올라간다고 생각할 수 있겠죠? 계단으로 치자면 한 칸 위로 발을 올려놓는 격이라서 step up one's game이라고 합니다. 원어민들은 줄여서 up one's game이라고도 하니까 이것도 같이 쟁여 두세요.

1. You should step up your game.
   너 좀 분발해야겠다.

2. I've been trying to step up my game.
   더 잘해 보려고 노력 중이야.

3. Let's step up our game and avoid coming in last place this year.
   분발해서 올해는 꼴찌 좀 면하자.

4. I'll stay for more practice from today. I really need to up my game.
   오늘부터는 남아서 더 연습할게요. 제가 진짜 분발 좀 해야 하거든요.

5. I need to up my cooking game. My family doesn't eat my food.
   내가 요리 실력을 좀 더 키워야겠어. 식구들이 내가 한 음식을 안 먹어.

6. She has upped her game and now she's the top student.
   걔, (열심히 하더니) 성적이 올라서 이제는 걔가 1등이야.

소통 필수 표현 23

Touché.

MP3 095

인정/한방 맞았네.

대화, 논쟁, 토론 중 상대방 말에 일리가 있어서 맞다고 인정할 때 touché라고 하는데요, 펜싱 용어로 경기 중 상대방 칼끝이 내 몸에 닿았을 때 그것을 인정한다는 뜻의 프랑스어예요. 일상에서는 논리에 들어맞는 말을 들었을 때 위트 있게 '인정!' '네 말이 맞다' '내가 졌다'라는 의미로 쓰입니다.

1 **A** Your French sucks.
   너 프랑스어 오지게 못한다.

   B My French is not that great, but still better than yours.
   내가 프랑스어를 그렇게 잘하는 건 아니지만, 그래도 너보다는 잘해.

   A Touché.
   내가 한방 맞았네.

2 **A** I don't trust dating apps. You never know what kind of people you'll meet.
   난 데이트앱은 안 믿어. (그런 데서) 어떤 사람을 만날 줄 알고.

   B Well, you met your wife on a dating app.
   그런데 너, 데이트앱에서 네 아내 만났잖아.

   A Touché.
   인정/그건 그렇지.

Q Touché를 영어로 풀어서 말하면 You're right. I lost. 정도가 되겠네요?

A 물론 You're right.도 돼요. 하지만 한방 맞았다는 뉘앙스를 제대로 살리기 위해서는 이것보다 You got me. Good one. Point taken.도 좋아요. I lost.는 우리가 생각하는 '졌다'와는 쓰이는 상황이 좀 달라서 방금 말한 You got me. / Good one. / Point taken.이나 You made a good point. / Good point.가 더 적절합니다.

1 A **You always say we should help shelter animals, but then you bought a pure-bred Afghan Hound?**
네가 맨날 보호소에 있는 (유기) 동물들을 도와야 한다고 해놓고는, 넌 아프간 하운드 순종을 샀다고?

B **You got me.**
내가 할 말이 없다.

2 A **This is 5 percent more expensive in Montana, but unlike California, there's no sales tax.**
이게 몬태나주에서는 5퍼센트 더 비싸긴 하지만, 캘리포니아주처럼 소비세는 없으니까 (더 나은 가격이다).

B **Good point.**
맞는 말씀.

준쌤의 Question 1

Touché처럼 영어권에서 일상적으로 쓰이는 프랑스 단어 중에 **faux pas**라는 것이 있는데, 영어로 직역하면 **false step**입니다. 무슨 뜻으로 쓰이는 단어일까요?

A '공공장소에서 본의 아니게 실례를 범한다'는 뜻이에요. 수업 중에 방귀를 뀐다거나, 많은 사람들 앞에서 하지 말아야 할 말 실수를 하는 것 등을 예로 들 수 있겠죠. 주의할 점은 faux pas의 발음이 [폭스 파스]가 아니라 [포우 파]라는 것!

1 **Faux pas means a social mistake.**
'포우 파'는 공식적인 자리나 사교 모임 등에서 저지르는 실수를 뜻한다.

2 **I made an embarrassing faux pas at the meeting. I sharted.**
회의 중에 내가 민망한 실수를 했어. 방귀를 꼈는데 똥까지 같이 지렸다니까.

— **shart** '방귀를 뀌다가 똥을 지리다'는 말인데요, 젊은 층에서 만들어 낸 이 지저분한 단어는 신조어라서 사전에는 없습니다. 이 단어 구조를 풀어 보면 shit + fart = shart라는 공식이 나와요.

준쌤의 Question 2

영어 속에 스며든 프랑스어 표현을 좀 더 배워 볼까요?

A 영어권에서는 많이 쓰이는데 우리는 잘 모르는 프랑스어 표현을 몇 개 알려 드리자면, 일단 cul-de-sac이 있어요. 사전을 찾아 보면 '막다른 골목'이라고 나오는데, 그냥 막다른 골목(dead end)이 아니라 작은 광장처럼 둥그런 공간이 확보된 골목을 말해요. 분수대 주위를 따라 집들이 들어서 있는 그림을 상상한 후에 분수대만 없애 버리면 그 마지막 그림이 바로 cul-de-sac입니다. 영어로는 court라고도 하는데, 구조상 외부 차량 통행이나 외부인 출입이 제한되기 때문에 어린아이들이 안전하게 놀 수 있다는 점에서 집을 사고 팔 때 이점으로 작용해요. 차를 돌려 '우회하다'는 뜻의 detour 그리고 '폐기물, 잔해, 파편'을 뜻하는 debris 역시 미국에서 밤낮으로 쓰이는 프랑스어인데요, debris를 발음할 땐 맨 뒤의 s를 대놓고 무시해 주십쇼. [디브뤼이]입니다. 좀 놀라운 건 hotel, identity, insult, kilogram도 모두 프랑어라는 점! 미국에서 마치 영어인 양 쓰이는 프랑스어가 7,000개이고, 어원까지 따지면 10,000개가 넘는다고 하네요. 이쯤에서 궁금해집니다. 저는 지금 미국에서 살고 있는 걸까요, 프랑스에서 살고 있는 걸까요?

1 **We want a house on a cul-de-sac because we have a five-year-old boy who loves riding his bike and we're expecting another child.**
저희가 자전거 타기 좋아하는 다섯 살 남자아이도 있고 곧 둘째도 태어나기 때문에 쿨드쌕에 있는 집이면 좋겠어요.

2 **Our address is 178 Spring Court, San Francisco, CA 94102.**
우리 집 주소는 178 스프링 코트, 샌프란시스코, 캘리포니아 94102야.

3 **On my way here, I had to take a detour because of the road work.**
여기 오는 길에 도로 공사 때문에 돌아서 왔어/우회해서 왔어.

4 **The typhoon left a lot of debris everywhere.**
태풍이 지나가면서 여기저기에 잔해를 많이 남겼어.

5 **I never knew the word 'hotel' was French.**
'호텔'이 프랑스어라는 건 전혀 몰랐어.

소통 필수 표현 24

Restaurant is **a loanword**.

MP3 096

레스토랑은 외래어야.

라디오, 컴퓨터, 버스처럼 외국에서 건너온 주제에 마치 우리말처럼 쓰이는 어휘를 외래어라고 하는데요, 영어로는 loanword(s)입니다. 대출(loan) 받듯이 남의 나라에서 말/단어(word)를 빌려 와서 쓴다고 생각하시면 기억하기 좋을 것 같은데요, '빌려온 말'이라서 borrowed word(s)라고도 하고, foreign word(s)/term(s)라고도 합니다. 여기서 주의할 점! Foreign words(외래어)와 foreign language(외국어)는 다르다는 것을 꼭 염두에 두시길요.

1 **I think we use too many loanwords these days.**
요새 우리가 외래어를 너무 많이 쓰는 것 같아.

2 **Why does everyone use borrowed words? We have our own beautiful language, you know.**
왜 다들 외래어를 쓰지? 아름다운 우리말이 버젓이 있는데 말이야.

3 **Rendezvous is a foreign word that means a meeting or gathering in secret.**
'랑데부'는 '비밀 모임'을 뜻하는 외래어야.

Q 외래어도 '레스토랑'처럼 프랑스에서 들어온 것도 있고, '피자'처럼 이탈리아에서 들어온 것이 있잖아요. 외래어 본국까지 같이 말하려면 loanword 앞에 나라 이름을 붙이면 되나요?

A Loanword의 경우엔 French loanword, loanword from French 둘 다 괜찮아요. 하지만 borrowed word의 경우라면 French borrowed word는 어색해서 borrowed word from French라고만 하는 것이 좋아요. 프랑스에서 왔으니까 from France가 맞지 않나 하실 수도 있는데, 그렇게 말해도 상관없지만 해당 국가의 '언어에서' 가져온 표현이기 때문에 보통은 [from + 해당 국가 언어] 형태로 말해요.

1. **Do you know 'menu' is a French loanword?**
   '메뉴'가 프랑스에서 온 외래어라는 거 알아?

2. **My grandma keeps calling chopsticks wareebashee. Wareebashee is a borrowed word from Japanese.**
   우리 할머니는 젓가락을 자꾸 와리바시라고 하셔. 와리바시는 일본에서 온 외래어인데 말이야.

준쌤의 Question

하룻밤 사이에도 수만 가지 신조어가 생겨나는데, '신조어'를 영어로 뭐라고 할까요?

A 사전적 용어로는 neologism이지만 일상에서 이 단어를 쓰는 사람은 별로 없어요. 화폐 제조하듯 말을 만들어 낸다고 해서 coinage라고 하기도 하는데, new words가 가장 일반적으로 쓰여요. 보통 청소년들이 신조어를 많이 만들어 내서 teen slang words라고도 많이 하고요.

1. **Neologisms are new words that people have coined.**
   신조어란 사람들이 만들어 낸 새로운 단어를 말한다.

2. **Lowkey is a teen slang word that means… I don't know. I'm too old to keep up with new words.**
   '로우키'는 십 대 애들이 쓰는 속어인데 이게 무슨 뜻이냐면… 몰라. 신조어들 따라잡기엔 내가 너무 늙었어.

3. **I don't understand anything when my teenage son says new words. They sound foreign to me.**
   십 대 아들이 신조어 말할 땐 하나도 못 알아듣겠더라고. 무슨 외국어를 하는 것 같아.

소통 필수 표현 25

She has **deep pockets**.

그 사람은 갑부야.

돈이 어마어마하게 많은 부자를 갑부라고 하는데요, 갑부쯤 되면 rich만으로는 부족한 느낌이 없지 않아 있죠? 그 많은 돈을 넣으려면 주머니가 깊어야 하니 갑부를 deep pockets라고 할 만도 합니다. 게다가 주머니 하나로는 어림도 없을 테니 pockets를 항상 복수형으로 처리한다는 걸 기억해 주세요.

1. **Daddy-Long-Legs is a man with deep pockets who secretly supports Jerusha.**
   키다리 아저씨는 제루샤를 남몰래 후원하는 갑부야.

2. **One of our high school alumni has deep pockets now.**
   우리 고등학교 동창생 중 한 명이 지금은 갑부가 됐어.

3. **You need deep pockets to buy that building.**
   저 건물 사려면 돈이 억수로 많아야 해/갑부는 되어야 해.

Q Very rich나 deep pockets 말고 '돈이 억수로 많다'는 뜻의 다른 영어 표현이 또 있을까요?

A 이미 알고 계실 표현으로 wealthy, super rich가 있겠고, 좀 색다른 표현으로는 뭔가 가득 찼을 때 쓰이는 loaded가 있어요. Loaded만으로도 충분하지만, loaded with money 형태로도 많이 쓰입니다. 또, 돈밭에 구른다는 의미의 rolling in money, 돈이 하도 많아서 태워도 액수에 지장이 없다는 뜻으로 have money to burn도 있습니다.

1. **I'm so lucky because my dad is super rich.**
   우리 아빠가 갑부라 난 참 다행이야.

2. **He made tons of money from bitcoin. He's loaded.**
   그 사람, 비트코인으로 돈 엄청 벌었어. 돈을 쌓아 놓고 살아/돈이 빠방하게 많아.

3. **If you marry me, you don't have to work for the rest of your life because I'm loaded with money.**

내가 돈이 엄청 많아서 나랑 결혼하면 넌 평생 일 안 해도 돼.

4. **Apparently, my ex-husband is now rolling in money after we divorced. What have I done to myself?**
   듣자 하니 전 남편이 이혼한 후로 돈밭에 구를 정도로 돈을 많이 벌고 있다던데. 내가 도대체 뭔 짓을 한 거야? (이혼하지 말걸.)

5. A **My landlady said I don't have to pay the rent for a whole year. I mean… it's very nice of her, but it doesn't feel right.**
   집주인/건물주가 나더러 일 년 동안 집세/가게세를 안 내도 된다고 하더라. 뭐… 너무 고맙긴 한데. 그래도 이건 아니지 싶어서.

   B **You know she has money to burn. What are you worried about?**
   그 사람은 돈이 하도 많아서 태워도 될 정도잖아. 뭘 걱정이야?

준쌤의 Question 1

'걱정 없이 살 정도로 생활이 넉넉하다, 삶이 윤택하다'고 할 때는 어떤 표현을 쓰면 좋을까요?

A 넉넉할 정도로 돈이 있으면 생활이 편하기 때문에 comfortable 이라고 할 수 있어요. 또, well-off도 있으니 두루두루 사용하시길요.

1. **It's not like I have deep pockets, but I'm comfortable.**
   내가 뭐 엄청난 갑부는 아니지만, 돈 걱정 없이 살 정도는 돼.

2. A **Is Tracy super rich or something?**
   트레이시가 뭐 엄청난 갑부거나 그래?

   B **She's not rolling in money, but she's well-off.**
   돈밭에 구를 정도는 아니지만, 꽤 넉넉하긴 하지.

준쌤의 Question 2

'돈을 물 쓰듯 쓴다'는 말이 있죠? 영어에도 이 표현이 있을까요?

A 어쩜 놀랍게도 똑같은 표현이 있지 뭡니까. Spend money like water! 약간 변형시켜서 spend money like crazy라고도 해요. 미친 듯이 돈을 쓴다는 말인데, 원어민들은 crazy를 섞어 쓰는 것을 아주 좋아한답니다. 또 하나 재밌는 표현은 spend money like a drunken sailor라는 것인데요. 선원들이 배를 타고 나가서 한참 동안 바다에만 있다가 오랜만에 육지로 돌아오면 신나서 술 마시고 그동안 못 썼던 돈을 물 쓰듯 쓰는 데서 유래한 말이에요.

1 A I've been spending money like water these days.
   나, 요새 돈을 물 쓰듯 쓰고 있어.
   B Tell me about it. I'm the one who's spending money like crazy.
   말 마라. 나야말로 돈을 미친 듯이 쓰고 있다니까.

2 A Kevin lost his house and his family.
   케빈이 집도 잃고 가족도 잃었어.
   B I saw this coming. He spent money on himself like a drunken sailor.
   내가 그럴 줄 알았어. 걔가 그렇게 자기한테 돈을 펑펑 써 대더라고.

준쌤의 Question 3

Flushing money down the toilet/throwing money down the drain이라는 말이 있어요. 어떤 상황에 쓰이는 말일까요?

A 돈을 변기(toilet)에 집어넣고 물을 내리는(flushing) 것도, 배수구(drain)에 넣고 흘려 보내는(throwing down) 것도 모두 낭비죠? 돈이 너무 많아서든, 본의 아니게 낭비했든 돈을 헛되이 썼을 때 쓰는 표현들이랍니다.

1 Buying that used car is like flushing money down the toilet.
   중고차를 사는 건 완전 돈 낭비야.

2 I know you have money, but buying a third yacht seems like throwing money down the drain.
   네가 돈이 있다는 건 알지만, 요트를 세 대째 사는 건 너무 돈 낭비 같은데.

소통 필수 표현 26

Gas prices soared in the **aftermath** of the war.

MP3 098

전쟁의 여파로 기름값이 치솟았다.

덧셈, 뺄셈을 기본으로 계산하는 것이 수학(math)인데, 계산을 다 하고 나서 (after) 보니 결과가 안 좋을 때 aftermath를 써요. 어떤 사건으로 인한 나쁜 '여파/영향'을 뜻하기 때문에 하기 힘든 '뒷감당'이라고도 볼 수 있습니다. After와 math 사이에 띄어쓰기 없이 통째로 한 단어이니 주의하세요.

1. **A** Do you really want to divorce? Have you thought about the aftermath?
   너 진짜로 이혼하고 싶어? 그 뒷감당은 생각이나 해 봤고?
   B I don't want to think about the aftermath for now.
   지금은 뒷일까지 생각하고 싶지 않아.

2. We lost tens of thousands of people in the aftermath of the pandemic.
   세계적인 감염병의 여파로 수만 명이 죽었어.

3. The aftermath of the wildfire was so sad. Many animals including koalas either died or were severely injured.
   산불로 인한 피해가 너무 가슴 아파. 코알라 포함해 동물들이 많이 죽거나 심하게 다쳤거든.

Q 사건의 여파라면 consequence도 쓸 수 있지 않나요? Aftermath와 비교해서 어떤 차이점이 있나요?

A 네, 말씀하신 대로 consequence를 써도 좋아요. 단, aftermath는 '안 좋은 여파, 악영향'에 쓰이고, consequence는 좋은 여파나 안 좋은 여파 모두에 쓰인다는 것입니다. 어떤 계기로 인해 부정적인 변화가 생겼다면 둘 중 아무거나 써도 상관없지만, 긍정적인 변화가 생겼다면 aftermath가 아닌 consequence를 써야 해요.

1 Jim lost his job in the aftermath of the stock market crash.
주식 시장 폭락 여파로 짐이 직장을 잃었어.

2 As a consequence, Jim became a writer and wrote a bestselling novel.
그 일로 인해서 짐은 작가가 되어 베스트셀러 소설을 썼어.

준쌤의 Question

Math를 활용한 표현 중에 do the math라는 게 있는데요, 무슨 뜻일까요?

A 직역하면 '계산해 봐.'인데, 이게 꼭 숫자 계산만을 뜻하진 않아요. 결정을 내릴 때 논리적으로 따져 보는 것도 계산으로 볼 수 있으니까요. Do the math는 '잘 따져 봐, 잘 생각해 봐.'라는 뜻의 표현입니다.

1 Before making any decision, do the math and weigh all the options.
어떤 결정을 내리든, 그 전에 잘 따져 보고 모든 선택지를 고려해 봐.

2 You've been missing work, and you keep leaving early… If you were a boss, would you keep an employee like you? Do the math.
자꾸 결근하고, 계속 일찍 퇴근하고… 자네가 상사라면 자네 같은 직원을 계속 두겠나? 생각 좀 해 보게.

소통 필수 표현 27

He's an old **has-been**.

MP3 099

그 사람은 한물간 늙은이야.

Has been 사이가 하이픈(-)으로 연결돼 has-been이 되면 '한물간 사람'이라는 뜻의 명사로 둔갑을 합니다. 한때 존경받았거나 유명했지만 지금은 아닌 사람을 has-been이라고 해요. 같은 형태로 never-been도 있는데, 이건 그나마 '한번도 못 떠 본 사람, 유명했던 적이 아예 없는 사람'을 말합니다.

1 **A** Do you remember this actress? Now she's a has-been.
   너, 이 여배우 기억나? 지금은 한물갔지만 말이야.

   B Well, it's better to be a has-been than a never-been.
   뭐, 한번도 못 떠 본 것보다 한때라도 유명했던 게 낫지.

2 Don't quote me on that. I'm just a has-been politician.
   어디 가서 내가 한 말 인용하지 마. 나야 뭐 이젠 한물간 정치가니까.

— **don't quote me** (on that) 내 말이 틀릴 수도 있으니 다른 사람에게 그대로 인용하지 말라고 할 때 쓰는 표현이에요.

Q 맨 위 예문을 보면 has-been 앞에 old가 붙어 있는데, 만약 한물간 사람이 아직 젊은 사람이면 young을 붙여도 되나요? 아니면 has-been은 나이 든 사람에게만 쓰는 표현인가요?

A 한때 잘 나갔지만 지금은 아닌 사람이라면 나이에 상관 없이 has-been이라고 할 수 있어요. 그러니 당연히 young has-been도 가능하죠.

1 That K-pop singer is a young has-been. I hope she'll make a comeback someday.
   저 케이팝 가수는 나이도 어린데 (벌써) 한물갔어. 나중에라도 다시 재기하면 좋겠다.

Q '이제는 한물갔다'보다 '옛날에 진짜 잘 나갔다'가 부정적인 뉘앙스 없이 부드럽게 들리는데요, 영어로 그냥 _____ was famous.라고 하면 되나요?

A 네, 그냥 _____ was famous.라고만 해도 충분해요. 만약 잘 나가던 '한때'를 강조하고 싶다면 once를 붙여 줘도 좋고요. 한 가지 더! _____ was big.도 있다는 걸 말씀드리고 싶네요. 누군가의 명성에 대해 얘기할 때 _____ was/is big.이라고 하면 그 사람의 이름값, 즉 유명세가 크다는 뜻이랍니다.

1 Now I'm a Mr. Nobody, but I was famous once.
지금이야 아무도 나를 알아봐 주지 않지만/거들떠보지 않지만, 나도 한때는 유명했어.

2 A Mom, who the heck is Jodie Foster?
엄마, 조디 포스터가 도대체 누구예요?
B She's my favorite actress. She was big in the 90s.
내가 제일 좋아하는 배우인데. 90년대에 유명했지.

3 She's an actress who plays Wednesday in 'Wednesday'. She's big in my age group.
그 사람, (드라마) '웬스데이'에서 웬스데이 역을 맡은 배우예요. 내 또래들 사이에서 얼마나 인기가 많은데요.

> **준쌤의 Question**

Over the hill이라는 표현 역시 '한물갔다'는 뜻이긴 하지만 **has-been**과 차이점이 있는데, 무엇일까요?

A Has-been은 나이에 상관없이 잘 나가던 한때를 뒤로한 사람을 말하는 반면, over the hill은 나이상 한창인 시기를 지나서 한물간 사람을 말해요. 예를 들어 나이 오십에 떴더라도 일단 떴다가 졌으면 has-been이고, 피겨 스케이팅 선수라면 지금 나이가 서른이라도 over the hill인 거죠. 상대방 기분을 상하게 할 수 있으니 over the hill은 주의해서 쓰는 게 좋겠죠?

1 She drew worldwide attention with her performance at the age of fifty. Now everyone says she's a has-been, but I still admire her.
그 사람이 나이 오십에 퍼포먼스로 세계적인 관심을 끌었지. 지금은 모두들 그 사람이 한물갔다고들 하지만, 난 아직도 그 사람이 존경스러워.

2 The prime age for swimmers is between 21 and 25. I'm over the hill now.
수영 선수의 전성기는 스물 한살에서 스물 다섯살 사이야. 난 이제 한물갔지.

소통 필수 표현 28

He was not only **eloquent**, but also very convincing.

MP3 100

그 사람은 달변일 뿐 아니라 설득력까지 있더라고.

같은 말을 해도 조리 있게, 유창하게, 청산유수로 좔좔좔 쏟아내는 사람들을 보면 너 참 잘났다 싶은데요, 이런 사람들에게 eloquent(달변의, 설득력 있는)라는 표현을 씁니다. 그렇게 말 잘하는 사람의 연설이나 발언 역시 eloquent speech라고 하고요. 발음은 [엘러퀀트]로 액센트가 '엘'에 있으니 주의해 주십시오.

1 **She barely ever talks, but when she does, she sounds so eloquent.**
   걘 보통 때는 말을 잘 안 하는데, 한번 했다 하면 엄청 유창하게 해.

2 **I had to vote for him after his eloquent speech.**
   연설이 워낙 설득력 있어서 그 사람을 뽑을 수밖에 없었어.

3 **You're so lucky. You have an eloquent way with words.**
   넌 좋겠다. 언어 구사 능력이 최고라서.

Q 언변에 상관 없이 발음이 안 좋으면 전달력이 떨어지는데요, 말할 때 '발음이 샌다'는 영어로 어떻게 표현하나요?

A 구강 구조 때문에, 혹은 치아 교정틀로 인해 특정 발음이 새는 걸 lisp(혀짤배기 발음)라고 해요. 보통은 s와 z 발음을 th로 뭉개 버리는 현상을 보이죠. 귀여워 보이려고 발악하는 차원에서 혀 짧은 소리를 낸다면 그건 baby talk라고 해요. 말을 막 배우기 시작한 아기들이나 어린아이들이야 baby talk가 당연하지만, 나이 먹어서까지 "턴영이 더거 타주테어."(해석: 선영이 저거 사 주세요) 이러지는 맙시다, 우리.

1 **My daughter lisps a few words, but her doctor said she'll grow out of it.**
   우리 딸이 몇몇 단어들을 말할 때 발음이 새는데, 의사가 좀 더 크면 괜찮아질 거라고 하더라고.

2 I spoke with a lisp when I was wearing braces.
내가 치아 교정을 하고 있었을 땐 발음이 샜어.

3 It doesn't sound cute at all when you do babytalk.
너 혀 짧은 소리하는 거 전혀 안 귀여워.

Q 발음이 좋은 사람에게 '딕션'이 좋다고 하잖아요. 원어민들도 우리처럼 diction이 좋다는 말을 하나요?

A 안타깝게도 많은 분들이 diction을 무조건 '발음'이라고만 알고 계시더라고요. Diction은 '말씨, 어법, 용어 선택'이라는 뜻으로 대화 시 얼마나 적절한 단어를 선택해서 말하느냐, 의도를 얼마나 명확하게 잘 전달하느냐에 따라 좋고 나쁨이 갈리는 것이지, 발음만을 뜻하는 게 아니에요. 원어민들도 우리처럼 diction이 좋다, 나쁘다 말하긴 하지만, 발음의 정확도뿐 아니라 단어 선택, 어조, 발성, 전달력 등 의미하는 범위가 훨씬 넓다는 걸 꼭 알아두세요.

1 I took speech classes to improve my diction.
내가 화법을 늘리려고 스피치 강의를 좀 들었어.

2 I can tell she's well educated by her diction.
그 사람 말투에서 교육을 잘 받은 사람이라는 게 티가 나더라.

3 When you're drunk, your diction becomes slurred, and I can't understand a word.
넌 취하면 혀가 꼬여서 무슨 말을 하는지 한 마디도 못 알아듣겠어.

준쌤의 Question 1

말을 잘하는 달변가 외에, 글을 잘 쓰는 '문장가'를 영어로 뭐라고 할까요?

A Wordsmith라고 해요. '단어, 언어'를 뜻하는 word와 '대장장이, 제철공'을 뜻하는 blacksmith의 smith를 합쳐서 wordsmith라

고 불러요. 대장장이가 쇠로 근사한 물건을 만들어 내듯, 문장가는 말로 작품을 만들어 내니까요. 그런데 wordsmith를 '말 잘하는 사람'으로 알고 있는 분들도 계시더라고요. 하긴 원어민 중에도 eloquent와 wordsmith를 구분하지 않고 섞어 쓰는 사람들이 있기는 한데, 그래도 각 단어의 기본값은 확실히 알고 씁시다.

1 **We're looking for a wordsmith for an editor position.**
편집장직을 맡을 문장가를 찾고 있습니다.

2 **She grew up with books and now she's a great wordsmith.**
걔가 자라는 내내 그렇게 책을 좋아하더니만 지금은 글을 얼마나 잘 쓰는지 몰라.

준쌤의 Question 2

말발에 관계된 표현 중에 silver tongue이라는 게 있는데, 무슨 뜻일까요?

A 말주변이 좋은 사람들 중에서도 특히나 남 설득하는 데 도가 튼 사람에게 쓰이는 표현이에요. 별로 필요도 없는 물건인데 아무개 말을 듣다 보면 내가 지금껏 이 물건 없이 어찌 살았나 싶어지는 거죠. 이쯤 되면 '혀(tongue)를 잘 놀린다'고 해야 할까요? 물론 tongue에는 '언어'의 뜻도 있다는 거 아시죠? Mother tongue이 '모국어'인 것처럼요. 아무튼 은(silver)으로 된 혀라는데, 원어민들은 은의 가치를 참 높게 사는 것 같습니다. 우리는 '금수저'라 하는데, 그네들은 born with a silver spoon in one's mouth라고 하질 않나, 이왕이면 '금 혀'가 낫지 싶은데 silver tongue이라고 하질 않나, 아무튼 말로 사람 마음 잘 구슬리는 사람에게 silver tongue이라고 한다는 것, 꼭 알아두세요.

1 **With your silver tongue, we raised the most amount of donations in the history of our shelter. All thanks to you.**
네가 말을 잘해서 우리 보호소 역사상 기부금 액수 최고점을 찍었어. 다 네 덕이야.

2 **Melody is born with a silver tongue. I think she can even manipulate Kim Jong Un.**
멜로디는 말발 하나는 타고난 애야. 내 생각엔 걔라면 (북한의) 김정은도 넘어오게 만들 수 있지 싶다.

소통 필수 표현 29

You can't **stonewall** me forever.

MP3 101

네가 언제까지 나를 피할 수 있을 것 같니?

Stonewall을 몰랐더라도 듣는 즉시 머릿속에 돌로 쌓은 벽이 떠오르셨을 거예요. 그렇게 벽을 쌓듯 누군가를 피하고 싶어서 용을 쓰거나 마주하는 상황을 최대한 지연시키고 싶을 때 stonewall을 씁니다. 시간 끌기 작전, 혹은 회피의 뜻으로 이해해 주시면 되겠네요. 너무나 적나라하고도 쉬운 표현이라 거저 먹은 것 같은 희열이 느껴지지 않나요?

1. **The police department is stonewalling the media about the case.**
   그 사건에 대해서 경찰 당국이 방송국/미디어를 피하고 있어.

2. **I know you're stonewalling for time.**
   네가 시간 끌기 작전하고 있다는 거 다 알아.

3. **We tried to get some information about the situation, but we were completely stonewalled.**
   그 상황에 대한 정보를 알아내려고 애써 봤는데, (안 새어 나가게) 철저하게 막아 놓았더라고.

Q 벽 얘기가 나와서 말인데요, 꽉 막힌 사람을 벽창호라고 하잖아요. 영어에도 '벽창호'가 있나요?

A 이걸 그대로 영어로 옮기려고 하면 여러분 머릿속이 꽉 막힐 수도 있으니까 일단 의미 확장을 해서 범위를 넓혀 놓고 생각해야 쉬워요. 벽창호는 고집이 센 사람을 말하는 거잖아요. 꽉 막힌 사람 역시 다른 사람 말 안 듣고 내 고집대로만 하는 사람이고요. 그래서 '고집이 세다'는 점에 초점을 맞춰 보면 stubborn이란 단어가 떠오르죠. 원어민들이 많이 하는 말로 stubborn as a mule(노새처럼 고집이 센)이 있는데, 당나귀와 말 사이에서 태어난 노새(mule)가 당나귀보다도 더 고집이 세다네요. 또, pigheaded라고 해도 좋아요. 돼지가 앞뒤 안 가리고 머리로 밀어붙이면, 아이구야~ 그걸 무슨 수로 당한답니까?

1. **You're the most stubborn person I've ever met.**
   내가 만나 본 사람 중에 너처럼 벽창호 같은/너같이 꽉 막힌 사람은 처음이다.

2. **My mom always says I'm as stubborn as a mule. But, hey, where do you think I got it from?**
   우리 엄마는 항상 내가 노새처럼 고집이 세다고 하시는데, 야, 내가 누굴 닮아서 고집이 세겠냐?

3. **Zoe is so cute, but I don't think any man in this world can deal with her. She's pigheaded.**
   조이는 참 예쁘긴 한데, 이 세상에 걔를 감당할 남자는 아마 없을걸. 애가 완전 벽창호거든.

준쌤의 Question

고집과는 또 다른 개념에서 말이 안 통하는 사람을 '벽 같다'고 하는데요, _____ is like a wall. 이라고 해도 원어민들이 알아들을까요?

A 정확히는 It's like talking to a wall. (벽하고 얘기하는 것 같다.)입니다. 그리고 말 안 통하는 사람과 얘기하다가 답답해서 미칠 것 같을 때는 It's like banging one's head against a/the (brick) wall. 이라고 하세요. 하도 속 터져서 벽에 머리를 찧는 장면이 쉽게 상상되시죠?

1. **Have you talked to Brenda? Talking to her is like talking to a wall.**
   너 브렌다랑 말해 본 적 있니? 걔랑 말하면 꼭 벽한테 말하는 것 같아.

2. **I told my husband a million times not to ball up his socks when he puts them in the hamper, but he keeps doing it and thinks I'm picking on him over every little thing. It's like banging my head on the wall.**
   내가 남편한테 빨래통에 양말 넣을 때 뭉쳐지게 벗어서 넣지 말라고 백만 번은 말했는데, 계속 그렇게 벗어 놓으면서 내가 사사건건 트집 잡는다고 생각하는 거야. 진짜 답답해서 미치겠다니까.

   — **ball up one's socks** 양말을 잘 펴서 벗지 않고 돌돌 말아서 뭉쳐지게 벗다
   — **pick on someone** 트집 잡다, 시비 걸다

Culture Column 4   미국의 반려견 씻기기 문화

한국에서는 반려견을 산책시킨 후 반드시 발을 씻기죠? 밖에서 뭘 밟았을지 모르는 발을 씻기지도 않고 집안에 들여놓는다는 건 상상할 수도 없는 일입니다. 그런데 이 상상할 수도 없는 일이 미국에서 매일 벌어진다면 믿으시겠어요? 미국인들은 산책 후에 개의 발을 씻기지 않아요. 물은 고사하고 마른 수건으로 닦아 주는 일조차 없습니다. 개 없는 집이 거의 없을 정도로 반려견 문화가 발달하고, 아침 저녁으로 하루 두 번씩 산책시키는 게 당연한 미국이건만 개의 발을 씻겨 주는 사람은 눈을 씻고 찾아봐도 없어요. 저도 미국에 처음 왔을 때는 어떻게 이럴 수가 있나, 더러워 죽겠더니만 이젠 더럽기는커녕 아무런 거부감도 없이 그냥 일상이 되어 버렸습니다.

더 기함할 만한 건, 발은 고사하고 목욕도 자주 시키지 않아요. 잘 시키면 6주에 한 번이고, 보통은 8주에서 12주에 한 번이 고작입니다. 일 년에 두 번 씻기는 집도 많고요. 비 오는 날 산책하고 와서도 목욕을 시키지 않는답니다. 수건으로 대충 쓱쓱 닦아 주고는 반려견에게 "All right. You're all clean now."라고 새빨간 거짓말까지 한다니까요. 심지어는 개를 바닷가에 데려갔다 와서도 씻기지 않아요. 바닷물에 흠뻑 젖어도, 온 몸이 모래 범벅이 돼도 수건으로 쓱쓱 닦아 주고는 "You're all good."

미국에서 20년 넘게 살아도 이것만은 익숙해질 수가 없어서 미국 친구들에게 왜 목욕을 안 시키는지 물어봤어요. 그러면 한결같이 "수건으로 닦아 줬는데, 뭐." 혹은 "다 말랐는데, 뭐."라고 대답한다는 것! 아니, 말린 오징어에서는 비린내가 안 난답니까? 바닷가에 갔다 올 때마다 개를 목욕시키는 저를 보고 남편이 하는 말도 가관입니다. "자기야, 바닷물로 깨끗하게 다 씻겨졌을 텐데 뭐 하러 또 목욕시켜?" 이런 마인드는 대체 어떤 성장 과정을 거쳐야 갖게 되는 것인지요.

한번은 허물없이 지내는 친한 미국 친구에게 "Your dog smells like a dog.(네 개한테서 개 냄새 난다. = 안 좋은 냄새가 난다.)"고 했더니 그 친구 왈, "She is a dog, you know.(개니까 개 냄새가 나지.)" 그래, 내가 느그들이랑 무슨 말을 하겠니? 목욕 안 시키면 너도 편해서 좋고, 개도 편해서 좋고. 모두모두 행복한 세상! 이게 바로 미쿡이지!

목욕은 우리 집 개만 일주일에 한 번 하는 걸로!

CHAPTER 5
알아두면 피가 되고 살이 되는 표현들

 QR코드를 스캔하시고 '바로듣기'를 탭하세요. 해당 도서의 음원을 바로 들으실 수 있습니다. 반복 재생과 속도 조절도 가능합니다.

소통 필수 표현 1

She **makes bank**.

MP3 102

그 사람 떼돈 벌어.

Make bank를 자칫 은행을 설립한다는 뜻으로 오역하기 쉬운데요, 슬랭으로 '떼돈을 벌다/돈을 엄청 벌어들이다'라는 표현입니다. 은행을 하나 열어도 좋을 만큼의 돈을 버는 것이니 그 액수가 상당하다는 거죠. Make bank가 한 덩어리라서 bank 앞에 a를 쓸지, the를 쓸지 고민하지 않아도 됩니다.

1. **He made bank in his twenties.**
   그 사람, 20대 때 떼돈 벌었어.

2. **My business finally took off. I'm making bank now.**
   내 사업이 드디어 떴어. 나 이제 돈 엄청 잘 벌어.

3. **She made bank with bitcoin.**
   그 사람, 비트코인으로 떼돈 벌었어.

Q Riverbank라는 말을 들은 적이 있는데요, 은행 이름이 river라는 건가요, 아니면 bank에 다른 뜻이 있는 건가요?

A Bank에는 '은행'뿐 아니라 '둑'이라는 뜻이 있어요. 그래서 riverbank는 '강둑'을 말하는데요, 이처럼 bank를 활용한 색다른 표현들을 몇 개 더 알려 드릴까 합니다. 먼저 은행에는 믿고 맡길 수 있는 곳이라는 이미지가 있죠? 그래서 bank on ~은 '믿다/의지하다'의 의미가 돼요. 또, laugh all the way to the bank라는 표현은 make bank와 같이 '떼돈을 번다'는 건데, 보통 힘들이지 않고 쉽게 많은 돈을 벌었을 때 쓰여요. 복권에 당첨되어 당첨금을 받으러 하하하 웃으며 은행에 가는 모습을 상상하면 쉽게 외워질 것 같네요. 마지막으로 food bank는 경제적으로 어려운 사람들이 들러 식료품을 가져갈 수 있도록 배려한 공간인데요, 쉽게 상하지 않는 통조림류 중심으로 운영됩니다.

1. **I used to play by the riverbank when I was a kid.**
   내가 어렸을 땐 강둑 주변에서 놀곤 했어.

2   He's a reliable person. You can bank on him.
    그 사람은 듬직한 사람이야. 믿어도 돼.

3   I wouldn't bank on something that's maybe, maybe not.
    나라면 그럴 수도 있고 아닐 수도 있는 건 안 믿겠어.

4   She goes to a nearby food bank once a week to grab free canned food.
    그 사람, 통조림 가지러 일주일에 한 번씩 근처 푸드뱅크에 들러.

Q 혹시 반대로 '파산한다'는 것도 bank를 써서 표현하나요?

네. Bankrupt(부도난, 망한, 파산한) 들어 보셨죠? 명사형은 bankruptcy이고요. 또, '재정에 큰 타격을 주다' '(노름으로) 큰돈을 따다'라는 두 가지 상반된 뜻을 가진 break the bank라는 표현도 있어요. 만약 어떤 사람이 카지노에서 엄청난 돈을 땄다면 돈을 딴 사람 입장에서는 횡재일 테고, 그 액수를 지불해야 하는 카지노 입장에서는 재정에 큰 타격을 입을 텐데요, 상황은 다르지만 두 입장 모두 break the bank라는 거죠. 단, 이 표현은 make bank와 달리 정관사 the가 꼭 필요하다는 걸 기억해 주세요.

1   His company went bankrupt.
    그 사람 회사가 부도났어/파산했어.

2   I've been spending money like crazy. Now I'm bankrupt.
    내가 미친 듯 계속 돈을 썼거든. 나 이제 파산이야.

3   She has no money to pay off her debt, so she filed for bankruptcy.
    그 사람이 빚 갚을 돈이 없어서 파산 신청했어.

4   I hit the jackpot at a casino in Las Vegas and broke the bank.
    내가 라스베가스에 있는 카지노에서 잭팟을 터뜨려서 돈을 어마어마하게 땄어.

5   My husband's spending habits will break the bank for us someday.
    남편 돈 씀씀이 때문에 우린 언젠간 망할 거야.

준쌤의 Question

Make bank와 break the bank에 나온 동사를 모은 make or break는 무슨 뜻일까요?

A 만들고 부수는 것을 성공과 실패로 해석할 수도 있겠죠? 그래서 어떤 원인이나 조건에 따라 성패가 좌우된다고 할 때 make or break라고 표현합니다.

1 **The job interview tomorrow is make or break for my future.**
내일 회사 면접에 내 미래가 달려 있어.

2 **SAT scores are make or break for getting into good colleges.**
좋은 대학에 들어가고 못 들어가고는 SAT(미국판 수능) 점수에 달려 있어.

— 미국에서는 (특히 캘리포니아주에서는) 근 몇 년 동안 대학 입시에 SAT 점수를 반영하지 않는 추세가 계속되다가 최근 들어 조금씩 다시 반영하고 있는 실정이에요.

3 **Higher-ups can make or break their employees' careers.**
직원들 밥줄이야 높은 분들 마음에 따라서 결정되지.

소통 필수 표현 **2**

He never **owns his mistakes**.

MP3 103

그 사람은 자기 실수를 인정하는 법이 없어.

'소유하다'는 뜻의 own이 어떻게 '인정하다'의 뜻으로 쓰였을까요? 내가 한 실수나 잘못을 내가 소유한다는 건 결국 그 실수, 잘못이 내 것이라고 인정한다는 의미도 되기 때문이죠. '인정하다/자인하다'의 뜻으로 쓰일 때의 own은 admit과 같다고 보면 돼요. Own up to ~ 형태로 쓰이기도 합니다.

1. **My dad never wants to own his faults.**
   우리 아빠는 절대로 자기 잘못을 인정하고 싶지 않아 하셔.

2. **It's amazing how you never own your mistakes.**
   넌 어쩜 그렇게 한번도 네 실수를 인정 안 하는지 정말 놀랍다.

3. **She owned up to her faults, and took responsibility for them.**
   걔가 자기 잘못을 인정하고 책임을 졌어.

Q 본인의 실력을 인정한다고 할 때도 own을 쓸 수 있나요?

A 아니요, 잘못이나 실수를 인정하는 것과 실력, 능력을 인정하는 것은 의미 자체가 다르잖아요. 실력이나 수고, 공로를 인정한다고 할 때 쓰는 표현으로는 give credit, recognize, give props 등이 있는데요, give credit에서의 credit은 신용이 아니라 '공로'를 뜻하기 때문에 '아무개 공이다/덕이다'라는 의미로 원어민들이 자주 쓰는 표현입니다. Recognize는 말 그대로 알아봐 주는 거니까 결국 인정해 준다는 뜻이 되는데, 상장을 수여할 때도 자주 쓰이는 표현이에요. 또, give props의 props는 proper respect/recognition의 준말로 당연히 인정해 주어야 할 면모를 뜻하는데, 슬랭으로 자주 쓰이는 표현이에요. 마지막으로 한 가지 더 알려 드리면, 원어민들이 편하게 자주 쓰는 표현으로 give you that이 있습니다. 직역하면 '너한테 그걸 주다'인데요, 여기서 that(그것)을 '인정'으로 보면 돼요. 결국 인정해 주겠다는 말인 거죠.

1 You did a great job. You deserve full credit.
너 진짜 잘했어. 당연히 다 네 공이야/덕이야.

2 I can't take all the credit. We did it together.
나 혼자 잘해서 된 게 아니야. 우리 모두 다 같이 해낸 거지.

3 She's been recognized for her hard work.
그 사람의 노력이 인정을 받았어.

4 This award honors the student who best displays leadership. The recipient has been recognized by our teachers.
이 상은 최고의 리더십을 보여준 학생에게 수여됩니다. 위 수상자는 선생님들이 인정한 학생입니다.

5 This hotel deserves recognition.
이 호텔은 인정받을 만하네.

6 We all should give you props for your great idea.
네가 그렇게 좋은 아이디어를 냈는데 우리 모두 인정해 줘야지.

7 You're not a genius, but you're a hard worker. I'll give you that.
네가 천재는 아니지만, 열심히 노력하기는 하지. 그건 내가 인정해 준다.

준쌤의 Question

Own이 다른 의미로 쓰이는 경우가 있는데, I owned you.는 무슨 뜻일까요?

A 자칫 '내가 너를 소유했다'로 오역해서 연인 사이에서나 쓸 법한 '넌 내 거야'로 생각하기 쉽지만, 여기서의 own은 '이겼다'는 뜻이에요. 상대방이나 다른 팀을 큰 차로 이겼을 때 자주 쓰이는 표현이랍니다.

1 I owned you this time.
이번엔 나의 완승이야.

2 Our team owned the other team big time.
우리 팀이 다른 팀을 크게 이겼어.

소통 필수 표현 3

I left him on read.

MP3 104

(걔가 보낸 문자를) 읽씹했어.

휴대폰 문자에 대해 말할 때 쓰이는 leave someone on read라는 인터넷 슬랭에서 주의해야 할 점은 read의 발음이 [뤠드]라는 거예요. 읽은 것 위에 문자를 보낸 사람을 남겨둔다는 말을 조금 돌려서 생각해 보면, 문자를 읽고 나서 답하지 않고 그대로 뒀다는 해석이 나와요. 문자를 읽었으면 뭐라고 대꾸를 해야 하는데 그대로 무시해 버렸으니 '읽씹'이 되는 거죠. 정식으로 말하자면 ignore someone's text가 됩니다.

1. I can't believe she left me on read.
   걔가 어떻게 내 문자를 읽씹할 수가 있어?

2. He always leaves me on read.
   걘 매번 내 문자를 씹어.

3. Don't ignore my texts. It hurts my feelings.
   내 문자 씹지 마. 기분 나쁘단 말이야.

4. I didn't mean to ignore your texts. I just didn't have time to reply.
   내가 네 문자를 일부러 씹은 게 아니라니까. 그저 답장할 시간이 없었던 거라고.

Q 읽고 나서 씹는 '읽씹' 말고, 일부러 확인 안 하는 건 어떻게 말하나요?

A 읽고 나서 씹는 건 leave _____ on read, 일부러 안 읽고 씹는 건 leave _____ on unread예요. 두 표현 간의 연관성이 확실하죠? 보고도 못 본 척하는 것이라서 pretend + 주어 + didn't see the texts의 의미입니다.

1. You left me on unread. I know you did it on purpose.
   너 내 문자 못 본 척했더라. 일부러 그런 거 다 알아.

2 **She pretended she didn't see my text and left me on unread.**
걔가 내 문자 못 본 것처럼 일부러 확인 안 했더라고.

준쌤의 Question

문자에 관한 걸 배우고 있으니 연결해서, **dry text, dry texter**는 무얼 말하는 것일까요?

A Dry text는 '단답형의 성의 없는 문자(를 보내다)'를 말하고, 그런 '성의 없는 문자를 보내는 사람'을 dry texter라고 해요. 참고로 '술 마시고 취해서 보내는 문자'는 drunk text라고 합니다.

1 **My son dry texts me. I think he does that only to me, though.**
우리 아들은 문자가 다 단답형이야. 나한테만 그러는 것 같긴 하지만.

2 **I hate dry texters. They're so disrespectful.**
난 단답형 문자 보내는 사람들 진짜 싫어. 사람들이 너무 예의가 없어.

3 **My ex sent me drunk texts last night. It was so annoying.**
어젯밤에 전 애인/배우자가 술 마시고 문자 보냈더라. 어찌나 거슬리던지.

소통 필수 표현 **4**

You never let me **have it my way**.

넌 절대 내 맘대로 하게 두는 법이 없지.

MP3 105

You always **get your way**.

넌 늘 네 맘대로야.

마음대로, 멋대로 한다고 할 때 have it one's way와 get one's way 두 표현이 있는데요, have it은 누군가의 의지대로 하게 둔다는 '허용'의 의미가 크고, get은 내가 원하는 방향으로 상황을 몰고 가거나, 고집을 부려서라도 하고 싶은 대로 한다는 '의지'의 의미가 큽니다.

1 Have it your way.
네 맘대로 해/너 하고 싶은 대로 해.

2 Can we have it my way this time?
우리, 이번엔 내가 하자는 대로 하면 안 될까?

3 My son gets mad when he doesn't get his way.
우리 아들은 제 뜻대로 안 되면 화를 내.

4 Don't let him always get his way.
걔가 하고 싶다는 대로 다 하게 두지 마.

5 She's good at getting her way.
그 사람은 자기가 (바라는 대로 상황을 이끌어서) 원하는 걸 잘 얻어내.

Q 남을 방해하고 가로막는다고 할 때도 get one's way 비슷한 표현을 쓰던데, 정확히 어떤 표현인가요?

A Get in one's way와 get in the way of ~ 두 가지가 있어요. 다른 사람이 가는 길 '안으로' 끼어들어서 막아선다고 이해하면 쉽겠죠.

1. **She's determined to get into a good college, so don't get in her way.**
   걔 좋은 대학에 들어가겠다고 각오 단단히 했으니까 방해하지 마.

2. **My cat always gets in my way whenever I walk around the house.**
   내가 집안을 걸어다닐 때마다 우리 고양이가 (따라다니며) 늘 걸음을 방해해.

3. **Heavy traffic got in the way of our plans to arrive on time.**
   차가 너무 많이 막혀서 우리가 계획했던 대로 제시간에 도착 못 했어.

4. **I was going to my friend's wedding in Boston, but the weather got in the way and my flight was canceled.**
   친구 결혼식이 보스턴에서 있어서 가려고 했는데, 날씨가 훼방을 놓아서 비행기가 취소됐어.

   ― of 없이 get in the way만 사용할 수도 있어요.

Q Go out of one's way라는 표현도 있던데, 그럼 그건 방해하지 말고 비키라는 뜻이겠네요?

A 아니요. Go out of one's way는 '굳이/일부러 애쓰다/노력하다'라는 뜻이에요. 잘 가던 길을 벗어나 일부러 멀리 돌아가는 수고를 겪더라도 뭔가를 위해 그만큼 애쓴다고 이해하면 좋아요.

1. **I don't mind going out of my way to help a friend.**
   난 좀 힘들어도 친구 도와주는 일이라면 마다 안 해.

2. **He went out of his way to apologize to his boss.**
   그 사람, 자기 상사한테 사과하느라 애 많이 썼어.

3. A **Shoot! I forgot wine. I need to go back to the store.**
   이런 젠장! 와인을 깜박했네. 가게에 다시 갔다 와야겠다.

   ― **shoot** shit(젠장/이런 썩을)의 순화된 표현으로 원어민들이 허구헌날 써요.

   B **I'll go get it.**
   내가 가서 사 올게.

   A **No, I'll go. I don't want you to go out of your way.**
   아니야, 내가 가. 너 힘들게 그럴 거 없어.

준쌤의 Question

Way가 나오면 꼭 알려 드리고 싶은 **My way or the highway**.라는 표현이 있는데요, 무슨 뜻일까요?

A '내 뜻대로 안 할 거면 그냥 가.'라는 말이에요. 더 이상 같이 있을 필요 없으니 고속도로 타고 네 갈 길 가라는 뜻으로 쓰인 거죠. 원어민들이 일상에서 자주 사용하는 재밌는 표현이니 알아두세요. 아! 혹시 미군에 입대하고 싶으신 분 안 계신가요? 미국 군인들이 행진할 때 부르는 군가(Military Cadence) 중에도 My way or the Highway가 있어요. 가사가 You wanna be a soldier, you gotta do it my way. My way or the highway. My way's the right way, your way's the wrong way… '군인이 되고 싶다면 내 방식대로 해라. 내 방식을 따르든가 군대를 나가든가. 내 방식은 맞고 네 방식은 틀리다.' 누가 군대 아니랄까 봐, 역시 군대는 한국이든 미국이든 강압적인 단체인가 봅니다.

1. **My boss made it clear. It's his way or the highway when it comes to the dress code.**
   우리 상사가 아주 단호하더라고. 복장에 있어서만큼은 자기 말을 듣든가 (회사를) 나가든가 하래.

2. **A This summer vacation, we're going fishing. It's my way or the highway.**
   이번 여름 휴가에는 다들 낚시 가는 거다. 낚시를 가든가 아무 데도 가지 말든가.
   B Why is it always your way or the highway?
   왜 항상 아빠 말을 듣지 않으면 안 되는 거예요?
   A Because I'm the dad.
   내가 아빠니까.

소통 필수 표현 5

We should **keep it on the down low**.

MP3 106

비밀로 하는 게 좋겠어.

Keep it on the down low는 동성애자들이 자신이 동성애자라는 것을 다른 사람들 모르게 숨긴다는 뜻으로, 맨 처음 흑인들이 쓰기 시작한 슬랭이에요. 그러다 시간이 지나면서 동성애자와는 상관없이 '비밀을 지킨다'는 의미로 쓰이게 되었습니다. 숨기고 있는 사실이 위쪽으로 떠오르지 못하게, 낮게 짓누르고 있는 모습을 떠올리면 쉽게 이해할 수 있을 것 같네요.

1. **Let's keep it on the down low. Got it?**
   우리끼리만 알고 있자. 알았지?

2. **She and I are carrying on a relationship in the office on the down low.**
   그 사람이랑 내가 회사에서 사람들 모르게 사내연애를 하고 있어.
   - down low 자체가 이미 '비밀'이라는 뜻이기 때문에 keep을 빼고 사용해도 됩니다.

3. **Some things are hard to keep on the down low.**
   비밀로 하기엔 어려운 것들이 있지.

Q 그러니까 쉽게 말해서 keep it secret이랑 같은 뜻인 거군요?

A 네. Keep it on the down low가 어감상 '비밀'보다는 '쉬쉬한다'는 느낌이 강하긴 하지만, 아무도 모르게 소문내지 않는다는 뜻에서는 두 표현 다 똑같습니다.

1. **We should keep it secret between us.**
   우리 둘만의 비밀로 하자.

2. **It seems like they want to keep it on the down low.**
   그 사람들이 쉬쉬하는 분위기야.

> **준쌤의 Question**

비밀 얘기가 나왔으니, **CIA** 같은 비밀 조직이나 비밀 결사대를 영어로 **secret group**이라고 할까요?

A CIA 등의 비밀 조직은 intelligence agency라고 하고, 독립운동가들의 비밀 결사대는 underground organization이라고 해요. 숨어서 해야 하는 일이니 '지하 조직'이라고 봐야겠죠. 같은 의미로 '그림자 조직'은 shadow organization이라고 하고요. 물론 secret organization이라고 해도 이해하는 데 큰 어려움은 없어요. 단, 뜻을 함께한 사람들이 모인 단체들이니 group보다는 organization이라고 해야 명확하다는 것!

1 **No one knew that the fried chicken restaurant owner was an intelligence agent.**
치킨집 주인이 비밀 조직원이었다는 걸 아무도 몰랐어.

2 **The French Underground was a secret organization during the Nazi occupation of France.**
'프랑스 지하 조직(레지스탕스)'은 나치가 프랑스를 점령했던 시절에 활동했던 비밀 결사대였다.

소통 필수 표현 6

Brace yourself.

MP3 107

마음의 준비를 해.

Brace는 동사로는 무엇에 '대비하다', 명사로는 '버팀목'을 말해요. 앞으로 일어날 안 좋은 일에 대비해 미리 마음의 준비를 하라는 경고 차원에서 brace oneself라는 표현을 씁니다. 신체 부위의 통증 완화와 치료를 위해 착용하는 '보호대'나 자세를 바로 잡아주는 '교정기'도 brace라고 하죠. 또, 버팀목처럼 치아를 받쳐 줘서 치열을 잡아주는 '치아 교정' 역시 brace를 써서 표현해요. '치아 교정을 하다'는 get/wear braces인데, 보시다시피 '치아 교정틀'은 복수형(braces)으로 씁니다.

1 **I need to brace myself before I report to my boss that I forgot to save the file.**
내가 파일 저장하는 걸 깜박했다고 상사한테 보고하기 전에 마음의 준비부터 해야겠어.

2 **I sprained my neck, and now I have to wear braces for a week.**
내가 목을 삐끗해서 이제 일주일 동안 목 보호대를 착용해야 해.

3 **I'm thinking about getting braces.**
치아 교정을 할까 생각 중이야.

4 **I'm wearing invisalign/aligners.**
나, 투명 교정틀했어.
— 투명 교정에 쓰이는 틀을 invisalign이라고도 하고 aligners라고 하기도 해요.

Q 그럼 prepare yourself와 같은 뜻이겠네요?

A 준비, 대비라는 의미에서는 같지만, 쓰임에서 차이가 있어요. 위의 예문 1에서처럼 크게 혼날 것이 예상되는 등의 안 좋은 일에 대비할 때는 Brace yourself.가 적합하지만, 시험에 대비하는 등의 일상적인 상황에서는 Prepare yourself.가 더 적합합니다. Brace yourself.는 '각오 단단히 해라.', Prepare yourself.는 '준

비해라.'로 이해하면 좋아요.

1 I've got bad news. Brace yourself.
안 좋은 소식이 있어. 각오하고 들어.

2 I better prepare myself for finals.
나, 기말고사 준비해야겠다.

준쌤의 Question

너무 억울하거나 이건 진짜 아니다 싶을 때는 불이익을 당할 각오로 맞서기도 하죠. 이럴 때의 '~을 감수하고라도/각오하고'를 영어로는 어떻게 말할까요?

A 불이익을 '위험'으로 돌려서 생각하면 '위험을 무릅쓰고'라는 해석이 나와요. 그래서 at the risk of ~로 표현합니다. 불이익이 아니더라도 큰 각오로 일을 진행시킬 때도 역시 이 표현을 쓸 수 있어요.

1 At the risk of losing my job, I told my boss how unfair he is.
내가 해고당할 각오로 상사한테 본인이 얼마나 불공평한지 말했어.

2 I got a loan to open my business at the risk of losing my house to the bank.
내가 사업을 시작하려고 은행에 집을 빼앗길 각오로 대출을 받았어.

소통 필수 표현 **7**

The fall **did a number on** my ankle.

MP3 108

넘어졌을 때 내 발목에 무리가 많이 갔어.

Do a number on ~은 권투 선수가 상대방에게 펀치를 몇 번 날렸다고 할 때 쓰던 표현을 일상으로 가져와서 사용한 경우예요. 펀치를 많이 맞을수록 타격이 큰 것처럼 '무리가/피해가 가다'의 뜻으로 쓰이는데요, 물리적인 타격뿐 아니라 심적으로 '충격이 크다/마음에 상처를 주다'의 의미로 넓혀서 사용할 수도 있습니다.

1 Another stroke can do a number on him.
뇌졸중이 다시 오면 그 사람, 위험할 수도 있어.

2 Her sister's death did a number on her.
언니가 죽은 게 걔한테는 충격이 컸지.

3 Our team did a number on their team.
우리 팀이 상대 팀한테 타격을 줬어.

4 What you said to your girlfriend probably did a number on her.
네가 네 여자 친구한테 한 말이 꽤 상처가 됐을 거야.

Q [be hard on + 대상]도 무리가 간다는 뜻이잖아요. 그럼 do a number on ~하고 같은 건가요?

A [be hard on + 대상]은 '신체에 무리가 가다/누군가를 구박하거나 엄하게 대하다'라는 뜻의 표현이라 do a number on이 가지고 있는 뜻과 일부 겹치기는 해요. 하지만 결과적으로 크게 타격을 입히거나 충격을 줬을 때라면 do a number on이 그 의미를 더 명확하게 전달할 수 있습니다.

1 Sitting in a chair for a long time is hard on my back.
장시간 의자에 앉아 있으면 내 허리에 무리가 가.

2 Don't be so hard on him.
걔한테 너무 그러지 마.

3   Losing the lawsuit did a number on my company.
    재판에서 패소한 게 우리 회사에 타격이 컸어.

4   The news of her husband's death did a number on her.
    그 사람이 남편 사망 소식을 듣고 충격이 컸어.

준쌤의 Question

Number가 나왔으니 하나 더, outnumber는 무슨 뜻일까요?

A   '수적으로 우세하다/~보다 많다'는 뜻입니다. [outnumber + 대상]은 대상보다 수가 많은 것이고, 수동태형으로 [be outnumbered by + 대상]은 대상에게 수적으로 밀리는 상황을 말해요.

1   Boys outnumber girls at our school.
    우리 학교는 남학생 수가 여학생 수보다 많아.

2   Girls are outnumbered by boys at our school.
    우리 학교는 여학생이 남학생한테 수적으로 밀려.

3   We were outnumbered by the enemy, but we won the battle with a clever strategy.
    적군에 비해 우리가 수적으로 열세했지만, 기발한 전략으로 우리가 전투에서 이겼어.

소통 필수 표현 8

Things went south.

MP3 109

일이 틀어졌어.

남쪽은 따뜻하고 밝은 이미지가 있어서 go south를 긍정적인 뜻이라고 생각하기 쉽지만, 이미지가 아닌 상하구조로 놓고 보면 남쪽이 아래쪽이잖아요. 상황이 아래쪽을 향한다면 상승이 아니라 하락, 호전이 아니라 악화된다고 봐야 하기 때문에 go south는 '일이 꼬이다/틀어지다/악화되다'의 의미로 쓰입니다. Go wrong과 같은 뜻으로 보면 돼요.

1. **The economy is going south.**
   경제가 악화되고 있어.

2. **Our relationship went south because of money problems.**
   돈 문제로 우리 사이가 틀어졌어.

3. **Her luck went south, and she lost her business.**
   그 사람 운이 점점 기울더니 사업이 망했어.

4. **Everything seems to be going wrong for her.**
   걔가 하는 일들마다 전부 다 꼬이는 것 같아.

Q 그럼 일이 잘 풀리고 상황이 호전될 때는 go north라고 하나요?

A 아니요, 북쪽으로 가 봤자 좋을 것 하나 없어요. 대신 위쪽을 바라본다, 즉 좋아진다는 뜻으로 looking up을 쓰거나, 접시(pan)에 진흙을 넣고 좌우로 흔들어서 금만 골라내듯(out) 일이 잘 풀린다는 뜻으로 pan out을 쓰면 됩니다.

1. **Finally, things are looking up.**
   드디어 일이 좀 풀리네.

2. **If my plan pans out, I can open my own business by next summer.**
   내 계획대로만 잘 풀린다면, 내년 여름쯤엔 내 가게/사업을 열 수 있어.

준쌤의 Question

일의 상황이 반전될 때 **Things are turning around.**라는 표현도 있는데요, 일이 꼬이고 나빠질 때 쓰는 표현일까요, 아니면 호전될 때 쓰는 표현일까요? 아니면 두 경우에 모두 쓸 수 있는 표현일까요?

A 잘 풀리는 상황에서 turning around면 꼬이는 거고, 안 풀리는 상황에서 turning around면 호전되는 거니까 두 경우에 다 쓸 수 있을 것 같지만, 그건 우리의 착각이자 헛된 바람일 뿐입니다. Things are turning around.는 주로 일이 풀리기 시작할 때 쓰이는 표현이랍니다.

1 **I thought I might have to close my business, but things are turning around.**
사업을 접어야 할 수도 있겠다고 생각했는데, 일이 좀 풀리기 시작하네.

2 **The stock market hit the bottom a month ago, but things are finally turning around.**
주식 시장이 한 달 전에 바닥을 쳤는데, 이제 드디어 오르기 시작하네.

소통 필수 표현 9

I don't want to hear your **pity party**.

MP3 110

네 신세 한탄 듣고 싶지 않아.

자신의 처지를 스스로 불쌍하게 여겨서 남들에게 넋두리를 늘어놓는 '신세 한탄'을 영어로는 pity party(연민/동정의 파티)라고 합니다. 사람들을 불러 앉혀놓고 '내 신세/팔자가 얼마나 기구한지 한번 들어들 보소' 파티를 여는 거죠. 동사형으로 '신세 한탄을 하다'는 have나 throw를 써서 have a pity party, throw a pity party로 표현해요.

1. My mom loves having pity parties.
   우리 엄마는 신세 한탄하는 걸 엄청 좋아하셔.

2. He throws pity parties all the time.
   걘 맨날 신세 한탄이야.

3. Stop the pity party.
   신세 한탄 좀 그만해라.

Q 스스로 불쌍하게 느끼는 거니까 feel pity for oneself라고 풀어서 말해도 되겠네요?

A 그냥 나 혼자서 불쌍하다고 느끼고 말거나, "내가 참 불쌍하다"고 단편적으로 말하는 거라면 feel pity for myself로도 충분하겠지만, 남에게 내 형편을 구구절절 설명해 가며 넋두리를 늘어놓는 거라면 pity party가 더 적당해요.

1. I feel pity for myself, but I'm not going to throw a pity party.
   내 처지가 참 불쌍하긴 하지만, 그렇다고 신세 한탄을 늘어놓지는 않을 거야.

2. She said nothing works these days. She feels pity for herself.
   걔가 요새 되는 일이 하나도 없대. 스스로도 참 안 됐다고 생각하더라고.

3. You don't need to feel pity for yourself. You did your best.
   너 스스로 불쌍하게 여길 거 없어. 넌 최선을 다했으니까.

준쌤의 Question

신세 한탄의 자매품 '자기 연민'은 영어로 무엇일까요?

A 한국말과 똑같이 영어로도 self-pity라고 해요. 또, '자기 연민에 빠진다'라고 할 때는 fall into self-pity라고 하면 되는데요, 원어민들이 self-pity와 자주 쓰는 단어로는 wallow(뒹굴다, 빠지다)와 dwell(머무르다)도 있습니다.

1 **Falling into self-pity doesn't help anything.**
자기 연민에 빠지는 건 아무 도움도 안 돼.

2 **He wallowed in self-pity when he didn't get the job.**
그 사람, 그 직장에 취직 안 됐을 때 자기 연민이 장난 아니었어.

3 **Stop dwelling in self-pity.**
자기 연민에서 좀 빠져나와.

소통 필수 표현 10

Like attracts like.

MP3 111

끼리끼리 어울린다/모인다.

비슷한 성향, 비슷한 가치관을 가진 사람들이 '끼리끼리' 어울린다는 걸 영어로 Like attracts like라고 하는데요, 비슷한 사람끼리(like)는 서로에게 끌린다(attract)는 의미입니다. 여기서의 like는 좋아한다는 뜻이 아니라 '같은, 닮음'의 뜻으로 쓰였어요. '그 아버지에 그 아들'을 Like father, like son.이라고 표현하는 것처럼요.

1 **If you're a negative person, you'll only have negative people around you because like attracts like.**
네가 부정적인 사람이면 네 주위엔 부정적인 사람들만 모여들 거야. 원래 끼리끼리 어울리기 마련이니까.

2 **He and his friends are all conspiracy theorists. Like attracts like.**
걔랑 걔 친구들 전부 음모론자들이야. 끼리끼리 어울린다니까.

3 A **Her friends are all millionaires.**
그 사람 친구들은 죄다 백만장자들이야.
B **Because she's a millionaire. Like attracts like, you know.**
그 사람이 백만장자니까. 끼리끼리 모이기 마련이잖니.

  원어민들도 "끼리끼리는 과학이다."라는 말을 하나요?

"끼리끼리는 과학이다."는 끼리끼리를 강조하기 위해서 우리가 업그레이드시

킨 말이라 영어에는 없는데요, 그렇다고 원어민들이 들었을 때 아예 이해 못할 표현은 아니에요. Like attracts like. That's science. 혹은 Like attracts like. That's chemistry. 이렇게 말하면 충분히 알아듣습니다. 단, 한 문장으로 만들겠다고 Like attracts like in chemistry.라고 하면 화학에서 원자나 전자가 서로를 끌어당기는 현상을 말하는구나 하고 오해할 수도 있으니까 주의하세요.

1 **A** I can't believe them. They're all selfish as hell.
   사람들이 어떻게 그러냐. 다들 엄청 이기적이야.
B Like attracts like. That's science.
   원래 끼리끼리는 과학이란다.

준쌤의 Question

끼리끼리와 비슷한 뜻으로 '유유상종, 초록은 동색이다.'도 있는데 이건 영어로 뭐라고 할까요?

A 같은 깃털을 가진 새들끼리 어울린다고 해서 Birds of a feather flock together.라고 하는데요, 뒷부분을 생략하고 birds of a feather만 말하는 경우도 많아요. 취향이나 관심사가 같은 사람들에게도 쓰이기 때문에 생각보다 활용 범위가 넓답니다.

1 **A** Every single one in my friend group is obsessed with rock music.
   내 친구들은 하나같이 다 록 음악이라면 환장해.
B You guys are birds of a feather.
   다들 취향이 같구나/유유상종이네.

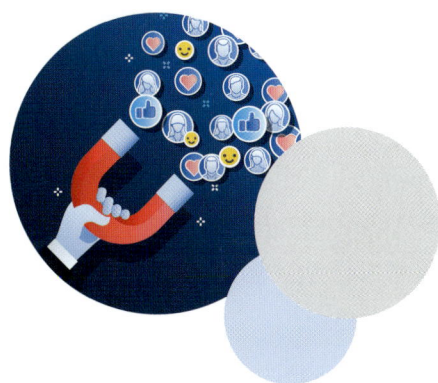

소통 필수 표현 11

Don't **sell yourself short**.

MP3 112

네 자신을 깎아내리지 마.

Sell oneself short, 직역하면 '자신을 짧게 판다'인데요, 10미터짜리 밧줄을 7미터로 쳐서 판다고 생각해 보세요. 당연히 밑지는 장사가 되겠죠? 그래서 '본인의 실력, 능력을 평가절하고 과소평가한다'는 뜻이 됩니다. 꼭 사람뿐만 아니라 기관, 단체, 사물 등에도 쓸 수 있어요.

1. I think you're selling yourself short.
   네가 네 자신을 과소평가하는 것 같아.

2. I'm not selling myself short. I just know that I'm not qualified for that position.
   내가 날 깎아내리는 게 아니라, 그 직책을 맡기엔 내가 부족하다는 걸 아는 것뿐이야.

3. Don't sell this area short. It has lots of potential.
   이 지역을 평가절하하면 안 돼. (개발) 가능성이 많은 지역이야.

4. We better not sell their team short. They could be a dark horse this year.
   우리가 쟤네 팀을 과소평가하면 안 될 것 같아. 올해는 쟤네가 다크호스가 될 수도 있잖아.

Q 과소평가한다는 건 낮게 본다는 뜻이니까 look down on ~과 같은 뜻이라고 봐도 되겠네요?

A 아니요, look down on ~은 과소평가한다라기보다는 '누군가를 얕보고 비하한다'는 의미라서 차이가 있습니다. 단순한 과소평가에는 잘할 것 같지 않다는 판단만 들어 있지만, 얕보고 비하하는 것에는 판단한 사람의 태도까지 포함되어 있는 것이니까요.

1. I shouldn't have looked down on him.
   내가 그 사람을 얕보는 게 아니었는데.

2 Your opponent is looking down on you. Go show him what you really got.
상대 선수가 너를 얕보고 있어. 가서 진짜 네 실력을 보여줘.

Q 그럼 결과적으로 underestimate과 같은 뜻인 거네요?

A 거의 같긴 한데, 한 가지 차이점이 있어요. Underestimate은 '과소평가하다'의 의미로만 쓰이지만, sell oneself short는 상황에 따라서 '겸손해 하다'는 의미로도 쓰이거든요. 누군가를 추켜세워 줬는데 그 사람이 겸손하게 "아우, 아니에요."라고 뺄 때, 그럴 것 없다는 뜻으로도 쓸 수 있다는 거죠. Underestimate은 정말로 과소평가할 때만, sell oneself short는 과소평가할 때뿐 아니라 겸손하게 뺄 때도 쓰인다는 걸 기억해 두시면 제가 박수 쳐 드릴게요.

1 A You're such a great singer.
 넌 노래 진짜 잘한다니까.
 B No, I'm not.
 아니야, 잘하긴.
 A You don't have to sell yourself short. We all know you can sing.
 겸손해 할 거 없어. 너 노래 잘하는 건 우리가 다 아는데, 뭐.

2 Don't listen to her. She's just selling herself short.
 쟤 말 듣지 마. 겸손해 하느라고 저래.

3 Don't sell yourself short. You have more than enough experience.
 너 스스로 과소평가하지 마. 네 경력이면 충분하고도 남아.

Q Sell oneself short가 겸손해 한다는 뜻으로 쓰일 때는 modest와 호환이 가능한가요? Modest가 '겸손한'이라는 뜻이니까요.

A 네, 호환 가능합니다. Modest나 humble로 대체할 수 있어요. 단, humble이 외관에 쓰이면 '초라한'이라는 뜻이 될 수 있다는 것도 이참에 같이 알아두세요.

1 Jack is far from being modest.
 잭은 겸손한 거랑은 거리가 멀어.

 be far from being ~ ~와는 거리가 멀다

2 Amanda is so humble. She has a Ph.D. from Stanford, but she always talks modestly.
   아만다는 참 겸손해. 스탠퍼드에서 박사 학위를 땄는데도 항상 겸손하게 말해.

3 My mom doesn't like my boyfriend's humble background.
   우리 엄마가 내 남자 친구 뒷배경이 별 볼일이 없다고 마음에 안 들어 하셔.

4 Welcome to my humble abode.
   이렇게 누추한 곳을 찾아주셔서 감사해요.
   — 자신의 거처를 초라하다고 낮춤으로써 겸손하게 손님을 맞을 때 사용하는 말인데요, 옛날 표현이라 요즘 젊은 층에서는 잘 사용하지 않습니다.

준쌤의 Question

그렇다면 실제 능력에 비해 과도하게 부풀려서 포장한다고 할 때는 sell oneself long일까요?

A 아니요, sell oneself long이라는 표현은 없습니다. 없는 것도 있는 것처럼 과장해서 말하는 건 oversell oneself라고 하는데요, 판매 가능 수량을 넘겨서 파는 '초과 판매' 역시 oversell이라고 하니까 두 가지 다 알아두세요.

1 I think I oversold myself at the job interview.
   회사 면접에서 내가 나를 너무 과대포장해서 말한 것 같아.

2 I heard the concert oversold tickets.
   그 콘서트 티켓을 초과 판매했다고 하던데.

소통 필수 표현 12

Let's **put on our thinking caps**.

MP3 113

어떻게 하면 좋을지 다같이 생각해 보자.

Put on one's thinking cap은 '(문제 해결을 위해) 골똘히 생각해 본다'는 뜻입니다. Thinking cap은 쓰기만 하면 생각이 원활해지는 모자를 가리키는 게 아니라, 그만큼 집중해서 생각해야 해결할 수 있다는 상징적인 의미로 사용된 것이죠. Put on one's thinking cap, put one's thinking cap on 둘 다 가능합니다.

1. **Put on your thinking cap before you answer.**
   대답하기 전에 잘 생각해 봐.

2. **I need to put my thinking cap on to solve this problem.**
   이 문제 풀려면 내가 생각 좀 해 봐야겠는데.

3. **You're about to make a once in a lifetime decision. You should put your thinking cap on.**
   너 지금 네 일생일대의 중요한 결정을 내리기 직전이야. 신중하게 생각해 봐.

Q 그럼 생각을 오랫동안 깊이 하는 '생각이 깊은 사람, 생각을 깊이 하는 사람'을 영어로는 deep thinker라고 하나요?

A 아니요. 생각이 깊은 사람과 생각을 깊이 하는 사람은 차이가 있죠? Deep thinker는 우주 만물이나 철학, 인생 등에 대해 '생각을 깊이 하는 사람, 심오한 사상가'를 말해요. 반면에, 생각이 깊다는 건 남의 처지를 이해해 주고 배려해 주는 사려 깊다라는 뜻이라서 thoughtful이라고 해야 맞아요.

1. **Socrates was a deep thinker.**
   소크라테스는 심오한 사상가였어.

2. **My son made me breakfast in bed on Mother's Day. He's so thoughtful.**
   우리 아들이 어머니날이라고 아침 식사를 차려서 내 침실로 가져왔더라고. 애가 생각이 깊어.

   ▬ **breakfast in bed** 자고 일어난 상태 그대로 침대에서 먹는 아침 식사

> **준쌤의 Question**

앞에서 put on이 나왔는데요, 이 put on이 들어간 영어 표현 중에 put on one's game face는 무슨 뜻일까요?

A 게임이나 경기는 결국 승패로 나뉘게 마련이죠. 게임을 하면서 지고 싶어 하는 사람은 아마 없을 거예요. 그래서 game face는 꼭 이기겠다는 '결연한 표정'을 말하는데요, 얼굴 표정을 넘어서 진중한 자세, 마음가짐까지를 모두 포함합니다. 어순은 put on one's game face, put one's game face on 둘 다 상관 없어요. put 대신 have를 써서 _____ have one's game face on이라고 할 수도 있고요.

1 **The whole team put on their game face before the game.**
게임/경기 시작 전 팀 전원이 (꼭 이기겠다는) 결연한 태도/자세를 보였습니다.

2 **Sandra has her game face on and I can tell how determined she is.**
샌드라 표정이 아주 결연한 것이, 결심을 단단히 한 것 같더라고.

3 **Stop goofing off. It's time to put on your game face.**
그만 좀 농땡이 부려/설렁설렁 대. 이젠 진짜 진지해져야 할 때란 말이야.

소통 필수 표현 **13**

I don't want to **be beholden to** anyone.

MP3 114

아무한테도 신세 지고/빚지고 싶지 않아.

신세를 지면 갚아야 한다는 부담감, 의무감에 묶이게 되는데요, 이건 be beholden으로 표현합니다. 누구에게, 무엇에게 신세를 졌는지까지 말하고 싶다면 be beholden 뒤에 to를 붙이면 돼요.

1. **My mom said she would pay for my trip, but I don't want to be beholden to her.**
우리 엄마가 내 여행 경비를 대겠다고 하셨는데, 난 엄마한테 신세 지고 싶지 않아.

2. **If you are beholden to Henry, it'll come back to bite you.**
헨리한테 신세 지면, 나중에 걔가 그걸 꼭 물고 늘어져.

3. **Thank you for letting us stay at your place. We are beholden to you.**
너희 집에서 지내게 해 줘서 고마워. 우리가 신세를 졌다.

Q 반대말인 '신세를 갚다'는 말을 영어로 pay back이라고 하면 되나요?

A 일단 payback은 띄어쓰기 없이 한 단어로 쓰면 '복수, 보복'의 뜻이에요. 신세를 갚는 게 아니라 원수를 갚는 거죠. 신세를 갚는다고 할 때는 pay _____ back, 이렇게 pay와 back 사이에 신세나 빚을 갚아야 할 대상을 넣어 줘야 해요. 또, owe를 써서 아주 간단하게 말할 수도 있어요. Owe를 단순히 '빚지다'로만 알고 있기 쉬운데, owe는 빚이나 신세를 졌으니 갚아야 할 의무가 있다는 의미까지를 포함합니다. Be beholden to 역시 표현 자체에 갚아야 할 의무와 부담감이 이미 포함되어 있어요.

1. **This is payback for lying to me.**
이건 나한테 거짓말한 대가야.

2 **Thank you for the money. I'll pay you back when I get my next paycheck.**
   돈 (빌려 줘서) 고마워. 다음 달 월급 타면 갚을게.

3 **Please don't think you are beholden to me. You don't have to pay me back.**
   나한테 신세 졌다고 생각하지 마. 안 갚아도 돼.

4 **I owe you big time.**
   내가 너한테 크게 신세 졌다. (다음에 갚을게.)

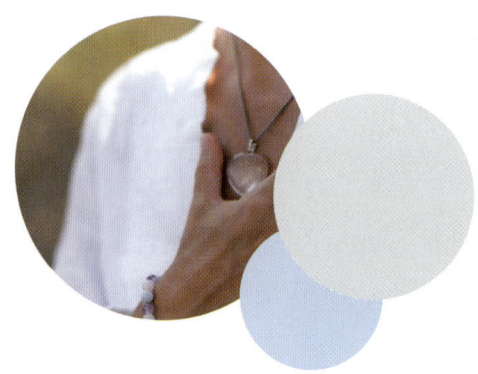

준쌤의 Question 1

고마움에 대한 표현으로 뭔가를 해 줄 때나, 준 것에 대한 대가로 무엇을 받을 때 교환의 의미로 '대신에'라는 말을 하죠? "돈 빌려 준 대신 내가 오늘 저녁 살게." 이런 식으로요. 영어로는 '대신에'를 어떻게 말할까요?

A 무엇을 주고 대신 다른 것을 받는다면 '돌려받는다'고도 생각할 수 있겠죠? 그래서 in return이라고 합니다.

1 **I'll help you with your English, but you have to buy me dinner in return.**
   내가 너 영어 도와줄 테니까 대신 넌 저녁 사.

2 **Beth brought me homemade cookies in return for babysitting her kids.**
   베스가 내가 자기네 애들을 돌봐 줬다고 대신에 쿠키를 만들어서 가져왔더라고.

준쌤의 Question 2

누군가의 부탁을 들어주는 대신 저녁이라도 한 끼 얻어먹고 싶은 마음에 하는 말이 "맨입으로?"인데요, 영어로는 어떻게 말할까요?

A 역시 in return으로 다 해결된답니다. 가는 게 있으면 돌아오는 것도 있어야 하니까 여기서의 return은 '보수, 답례'로 생각하시면 돼요. Nothing in return? 하면 보수나 답례로 아무것도 없느냐는 거니까, 우리 식대로 의역하면 "맨입으로?"가 되는 거죠.

1 A **Can you fill in for me next Monday? I have a dental appointment.**
다음 주 월요일에 나 대신 좀 일해 줄래? 내가 치과에 예약이 되어 있어서.

B **Nothing in return?**
맨입으로?

A **I'll buy you a drink.**
내가 한잔 살게.

2 A **Hey, you're 10 minutes late.**
야, 너 10분 늦었어.

B **Don't tell Mr. Brown that I was late this morning.**
브라운 씨한테는 내가 오늘 아침에 늦게 왔다는 말 하지 마.

A **Nothing in return?**
맨입으로?

B **What do you want?**
뭐 해 주리?

소통 필수 표현 14

My mom lives vicariously through me.

MP3 115

우리 엄마는 나한테 대리 만족하면서 사셔.

내가 아닌 다른 사람의 인생을 통해 대리 만족을 느끼며 사는 것을 live vicariously through ~로 표현할 수 있어요. 여기서 vicariously는 간접적인 방법을 말하기 때문에 다른 사람의 이야기나 경험, 혹은 책이나 영화 등을 통한 간접 경험을 말할 때도 쓸 수 있습니다.

1. I've always wanted to be a basketball player. Now I'm living vicariously through my son.
   난 늘 농구 선수가 되고 싶었거든. 지금은 내 아들을 보며 대리 만족하고 있지.

2. Send me some photos so I can vicariously travel to Balli.
   사진으로라도 발리 여행 좀 하게 사진 좀 보내 봐.

3. It's fun to vicariously experience other's lives through books.
   책을 통해서 다른 사람들의 삶을 간접적으로 경험하는 건 참 재밌어.

Q 맥락은 좀 다르지만 '대리 운전'은 영어로 뭐라고 하나요?

A 다른 나라에는 없는 문화라서 이에 정확하게 부합하는 영어 단어는 없어요. '지명 운전자'인 designated driver, 줄여서 DD라는 게 있긴 하지만, 이건 함께 술 마시러 간 일행 중 한 명이 술을 마시지 않고 다른 사람들을 집까지 데려다 주는 책임을 맡는 것이라서 우리의 대리 운전과는 성격이 달라요. 보통은 우버(Uber)를 타고 가서 술을 마신 후 다시 우버를 불러서 집으로 돌아갑니다.

1. A Who's the DD for today?
   오늘 지명 운전자는 누구야?
   B I'm the DD for today.
   오늘은 내가 지명 운전자야.

2. I called Uber. It will be here in 5 minutes.
   내가 우버 불렀어. 5분 후에 올 거야.

준쌤의 Question

그렇다면 '음주 운전'은 영어로 뭐라고 할까요?

A 술의 영향 하에 운전을 한다고 해서 driving under the influence 라고 하는데요, 줄여서 DUI라고 합니다.

1 **He was arrested for DUI.**
그 사람, 음주 운전으로 구속됐어.

2 **Do you know how many people are killed by DUIs each year?**
음주 운전으로 매년 얼마나 많은 사람들이 죽는지 알아?

Q '대리'가 들어가는 단어가 많잖아요. 대리모, 부모님 대리, (직급에서의) 대리… 이런 건 영어로 어떻게 말하죠?

A 깔끔하게 박스로 정리해 드릴게요.

대리모
- **traditional surrogate mother**: 그 옛날 '씨받이'를 지칭하는 말
- **surrogate mother, gestational mother**: 아이를 가질 수 없는 부부에게서 채취한 난자와 정자를 인공 수정한 후 자신의 자궁에서 키워 대리 출산해 주는 대리모

surrogate의 발음 [써로기트] **gestational**의 발음 [제스테이셔널]

부모 대리
guardian: 친부모 대신 아이를 수행하는 사람

직급에서의 대리
assistant manager, manager: 회사 규모와 성격에 따라서 직급이 갈리기에 둘 다 지칭 가능

1 **Madison and her husband can't have a baby, so Madison's mom decided to be a surrogate mother.**
매디슨과 매디슨 남편이 애를 못 낳아서 매디슨 엄마가 대리모 해 주기로 했어.

2 **Are you her parent, or a guardian?**
아이의 엄마/아빠 되세요, 아니면 보호자세요?

3 **Can I talk to the manager?**
대리님 좀 뵐 수 있을까요?

소통 필수 표현 15

Her hairdo **took the cake**.

그 사람 헤어스타일이 제일 돋보였어.

그 사람 헤어스타일이 케이크를 받았다니, 이게 도대체 뭔 말이랍니까? Take the cake는 여러 가지 중에서 한 가지가 특별히 돋보이거나 특출날 때 쓰는 표현이에요. 여기서 cake는 먹는 케이크가 아니라 우승자에게 주는 상, 트로피라고 생각하시면 돼요.

1. Your presentation took the cake.
   네 발표가 제일 돋보였어.

2. When it comes to chess, I take the cake.
   체스 게임이라면 내가 제일 잘하지.

3. Among all the dramas on Netflix, *Squid Game* takes the cake.
   넷플릭스 드라마 중에서 '오징어 게임'이 제일이지/제일 특출나지.

Q 우승자에게 주는 거니까 take the cake는 제일 좋은/멋진 것, 제일 잘한 사람에게 쓰는 표현인 거죠?

A 이 질문을 기다렸어요! 특별히 돋보이고 특출난 대상에게 주는 트로피 같은 것이라고 했는데, 돋보이고 특출나다는 게 이상해서 돋보일 수도 있고, 안 좋은 방향으로 특출날 수도 있잖아요. 그래서 take the cake는 좋은 쪽으로든 안 좋은 쪽으로든 최고라는 뜻이에요. 헤어 스타일에 관한 위 예문도 헤어 스타일이 제일 멋졌다는 뜻일 수도 있고, 제일 괴상망칙했다는 뜻일 수도 있다는 거죠.

1. Among all the mean comments, yours takes the cake.
   모든 악플 중에서도 네가 단 악플이 제일 악랄하다.

2. Of all the potty mouths I know, you take the cake.
   내가 아는 욕쟁이들 중에서 네가 제일이야.

3 Did you see Heather's dress? I think her dress takes the cake.
너, 헤더가 입은 드레스 봤어? 내가 보기엔 걔 드레스가 제일 예쁜 것/안 예쁜 것 같더라.

준쌤의 Question

Cake가 들어간 영어 표현 중에 **cakewalk**와 **cakey**라는 게 있는데 무슨 뜻일까요?

A Cakewalk 역시 cake가 '상'의 뜻으로 들어간 단어예요. 남북전쟁 이전에 농장에서 일하는 흑인 노예들이 춤 경연대회를 열고 일등한 사람에게 부상으로 케이크를 준 데서 유래했지요. 케이크를 받으러 걸어 나가는 걸 말하던 이 표현이 시간이 지나면서 '손쉬운 승리, 식은 죽 먹기'라는 뜻으로 자리잡았죠. 그리고 cakey는 형상이나 상태가 케이크와 비슷한 것을 말해요. 그래서 바삭바삭하지 않고 폭신폭신한 쿠키도 cakey라고 표현하고, 얼굴에 새하얀 케이크 크림을 바른 것처럼 화장을 떡칠했다고 할 때도 씁니다.

1 The math exam was a cakewalk.
수학 시험, 너무 쉽더라/완전 식은 죽 먹기였어.

2 My makeup is too cakey today.
내가 오늘은 화장을 너무 떡칠했네.

소통 필수 표현 16

It was so cathartic.

MP3 117

속이 다 뻥 뚫린다/시원하다.

'카타르시스(catharsis)가 느껴진다'는 말은 많이들 하면서, 카타르시스의 형용사형인 cathartic이 '속이 다 시원하다'는 말이라는 건 잘 모르시는 것 같아서 가져와 봤습니다. Cathartic에는 '배변의'라는 뜻도 있는 만큼 뭔가 답답한 것을 시원하게 해소한다는 의미로 쓰여요. 소위 말하는 '사이다'라고 생각하시면 카타르시스가 느껴지실 거예요.

1. **It was a cathartic feeling.**
   속이 다 후련하더라/사이다였어.

2. **I felt a cathartic release when you said that to the boss.**
   네가 상사한테 그 말을 할 때 속이 다 뻥 뚫리더라.

3. **It is cathartic to talk frankly with you.**
   너랑 솔직하게/탁 터놓고 말하니까 속이 다 시원하네.

Q 그럼 반대로 고구마 백 개는 먹은 것처럼 답답하다는 표현은 어떻게 하나요?

A 상대방이 속 시원하게 말을 안 하거나 스토리 전개가 지지부진해서 답답하다고 할 때는 frustrating이라고 하면 돼요. 사람이나 상황이 불만스러운 것이니까요.

1. A **Can you just tell me what he said about me? It's so frustrating.**
   걔가 나에 대해서 뭐라고 했는지 그냥 좀 말해 주면 안 돼? 답답해 죽겠어.

   B **I'm frustrated, too, but I promised him that I wouldn't tell you.**
   나도 답답해 죽겠지만, 너한테 말 안 하겠다고 걔랑 약속했단 말이야.

2. **I don't recommend that movie. It was so frustrating to watch.**
   그 영화 보라는 말은 못 하겠다. 영화가 보고 있으면 엄청 답답해/속이 터져.

준쌤의 Question

밥을 많이 먹어서 속이 답답하거나 공기가 무겁고 답답하다는 건 어떻게 말할까요?

A 많이 먹어서 속이 답답할 때 원어민들이 잘 쓰는 단어는 bloated 예요. 음식물이 꽉 차서 배가 '부풀어 오른' 상태를 말하거든요. 또, 실내 공기가 탁해서 답답할 때는 stuffy라고 하면 된답니다.

1 I can't eat dessert. I'm so bloated.
난 디저트 못 먹겠어. 배불러/속이 답답해.

2 I shouldn't have eaten that much. I feel bloated.
그렇게 많이 먹는 게 아니었는데. 속이 더부룩하다.

3 Do you mind if I open the window? It's so stuffy in here.
창문 좀 열어도 될까? (실내) 공기가 너무 답답한데/탁한데.

4 Isn't it stuffy in here? There's no air circulation in this room.
여기 안 답답해? 방이 환기가 전혀 안 되네.

소통 필수 표현 17

Do you mind putting it in **layman's terms**?

MP3 118

알아듣게 좀 말해 줄래?

Layman은 어떤 분야의 전문 지식이 없는 사람을 뜻해서 layman's term이란 누구나 이해할 수 있는 '쉬운 말'을 의미해요. 전문 용어나 뜻 모르는 외국어를 섞지 않고 상대방이 알아듣기 쉽게 말하는 것이죠. 하지만 어려운 의학 용어나 법률 용어를 섞지 않고 쉬운 단어들만 썼더라도 맥락상 이해가 안 되거나 선뜻 받아들일 수 없는 말일 때 역시 put it in layman's terms라고 부탁할 수 있어요. 이때는 언어의 문제가 아니라 내용의 문제니까요.

1. **He learned everything from textbooks, so he doesn't know how to put it in layman's terms.**
   그 사람은 전부 다 교과서로 배워서/교과서적으로 공부해서 쉽게 설명할 줄을 몰라.

2. **The doctor explained it to us in layman's terms.**
   의사는 우리가 알아듣기 쉽게 설명해 줬어.

3. **In layman's terms, it means she'll be in jail for 3 years.**
   쉬운 말로, 그 사람이 3년 동안 감방에 있을 거라는 거야.

Q Layman은 그렇다 치고, term이 정확히 무슨 의미로 쓰인 건가요?

A Term은 '용어'를 말해요. 의학 용어는 medical terms, 과학 용어는 scientific terms, 이런 식으로 전문 용어를 말할 때 많이 쓰입니다. 하지만 Bread is an English term for 빵.(빵을 영어로는 bread라고 한다.)처럼 어떤 단어를 어느 나라 말로 뭐라고 하는지를 말할 때도 쓸 수 있어요. 한 나라의 언어가 전문 용어는 아니지만 그 나라만의 고유한 말/단어라는 맥락에서 생각해 보면 그럴 듯도 하죠?

1. A **Epistaxis is a medical term for nosebleeds.**
   코피를 의학 용어로는 '에퍼스텍서스'라고 해.
   B **What the heck? Just call it nosebleeds.**
   그게 뭔 개코 같은 소리래? 그냥 코피라고 해.

2. **It's hard to talk to her because she always speaks in**

business terms.
그 사람은 항상 상업 용어를 써서 말하기 때문에 대화하기가 어려워.

3 The main ingredient of this facial lotion is a plant that I don't know the English term for.
이 로션의 주요 성분이 어떤 식물인데, 영어로는 뭐라고 하는지 모르겠네요.

Term paper라는 것도 있던데, 정확히 뭔가요?

Term paper에서의 term은 '학기', paper는 '리포트'를 말해요. 한국의 '학기말 리포트'라고 보시면 됩니다. 주로 고등학생이나 대학생에게 주어지는 과제로 성적 반영률이 높아요. 리포트로 학기말 고사를 대신하는 경우도 있답니다.

1 I have a term paper due this Wednesday.
이번 주 수요일까지 학기말 리포트를 제출해야 해.

2 Please take the term paper seriously because it will replace the finals.
학기말 리포트가 기말고사를 대신할 테니 리포트 작성에 신중을 기하도록.

3 I prefer finals over the term paper. I don't know what to write.
난 학기말 리포트보다 학기말 고사가 차라리 나아. 도대체 뭘 써야 할지 모르겠거든.

준쌤의 Question

Layman's term의 반댓말로 '어려워서 알아들을 수가 없다'고 할 때는 어떻게 말할까요?

A It's Greek to me.라고 합니다. 그리스어를 모르는 로마인들이 했던 말로, 배우지도 않은 외국어에 노출되었을 때의 막막함을 떠올리면 되겠습니다. Layman's terms처럼 언어 자체는 이해하더라도 내용상 말이 안 될 때도 쓸 수 있어요.

1 I don't know what you're saying. It's all Greek to me.
네가 무슨 말을 하는지 모르겠어. 이해가 안 돼.

2 A I have no idea what she said. It was Greek to me.
그 사람이 뭐라고 하는지 하나도 모르겠더라. 꼭 그리스어를 듣는 것 같았어.
B It was Greek. She's Greek.
그리스어 맞아. 그 사람이 그리스 사람이거든.

소통 필수 표현 18

I heard it **through the grapevine**.

소문으로 들었어/건너건너 들었어.

MP3 119

포도 넝쿨을 통과해서 들었다는 게 어떻게 소문으로 들었다는 말이 되었을까요? 전보를 쳐서 소식을 전하던 남북 전쟁 당시에 생긴 표현으로, 전보 통신을 위해 여기저기 설치되었던 전봇대와 전선들이 마치 포도밭에 늘어선 포도 넝쿨처럼 보였기 때문이라고 합니다. 전화도 이메일도 없던 당시에는 대부분의 소식이나 소문이 전보를 통해 퍼졌겠죠? 그래서 through the grapevine이 '소문으로'의 뜻으로 둔갑하게 되었답니다.

1 **I heard they broke up through the grapevine.**
걔네 헤어졌다는 소문이 있더라.

2 **I heard through the grapevine that you're leaving us. Is that true?** 네가 떠난다는 소문이 돌던데. 진짜야?

— **leave us/me** 원어민들이 많이 쓰는 표현으로, 같이 일하던 직장 동료가 회사를 그만둘 때, 친한 사람이 멀리 이사 갈 때, 관계를 정리하고 떠날 때 등 남은 사람 입장에서 말할 때 쓰여요.

Q 그럼 '일부러 소문을 낸다'는 건 영어로 어떻게 말하나요?

A 일부러 소문을 내는 거라면 get the word out인데요, the word gets out으로 어순이 바뀌면 소문을 '내는' 게 아니라 소문이 '나는' 것으로 고의성이 사라지니 주의해 주세요. The word is out 역시 소문이 났다는 뜻이니 같이 알아두세요.

1 **Someone got the word out.**
누가 소문을 냈어.

2 **I don't know how the word got out. I didn't tell anyone.**
어떻게 소문이 났는지 모르겠네. 난 아무한테도 말 안 했는데.

3 **The word is out that the company is facing bankruptcy.**
회사가 부도나게 생겼다는 소문이 났던데.

Q 소문이 빨리 돌 때 '발 없는 말이 천 리 간다'고 하잖아요. 영어에도 이런 표현이 있나요?

A 네, 있어요. 그렇다고 A horse without legs goes miles.라고 하면 못써요. Word travels fast.라고 해야 합니다. 유사품 '떠도는 소문'은 the word on the street이라고 한다는 점도 알아두세요.

1. **A** How did you know that?
   너 그거 어떻게 알았어?
   B Word travels fast, you know.
   원래 소문은 빠른 거란다.

2. It's amazing how fast the word travels.
   소문이 얼마나 빨리 도는지 정말 놀랍다.

3. **A** The word on the street is that a woman with healing powers moved to our neighborhood.
   치유 능력이 있는 여자가 우리 동네로 이사 왔다는 소문이 있던데.
   B Give me a break.
   말도 안 돼.

준쌤의 Question

그렇다면 영어로 '헛소문/유언비어'는 무엇일까요?

A 헛소문, 유언비어란 근거 없는, 사실 무근인 소문을 말하죠? 그래서 groundless rumor(s)라고 합니다. 소문뿐만 아니라 무엇이든 이유 없이 생겨나는 건 groundless로 표현할 수 있는데요, 이유 없는 불안이나 걱정 등에 붙여 말하면 얼마나 유용하게요.

1. Don't believe what people say about me. That's a groundless rumor.
   사람들이 나에 대해서 떠드는 말 믿지 마. 헛소문이야.

2. Most of your worries are groundless.
   네가 하는 걱정의 대부분은 걱정할 이유도 없는 것들이야.

3. Danny always tortures himself with groundless anxiety.
   대니는 항상 별 이유도 없이 불안해 하느라고 자기 자신을 괴롭혀.

소통 필수 표현 19

Every Jack has his Jill.

MP3 120

짚신도 짝이 있다.

누구나 다 제 짝이 있다는 뜻으로 '짚신도 짝이 있다'고들 하는데요, 재밌는 건 영어에도 이와 똑같은 표현이 있다는 것입니다. 짚신이 Jack이라는 남자와 Jill이라는 여자로 둔갑했다는 것만 빼면요. 영어권에서 Jack and Jill은 어린이 동요나 라임(rhyme)에 등장하는 단짝이에요. 심지어는 주택 구조상 두 개의 방 사이에 놓여서 양쪽 방 모두에서 출입이 가능한 화장실도 Jack and Jill bathroom이라고 하는데, 보통은 형제, 자매들이 함께 사용한답니다. 이렇게 Jack and Jill이 공식 커플이다 보니 짚신도 짝이 있다는 표현에까지 등장하게 된 것이죠.

1 You'll find someone. Every Jack has his Jill.
   너도 네 짝을 만날 거야. 짚신도 짝이 있다는데.

2 A I don't think Kevin will ever find a girlfriend. He's… just… weird.
      케빈은 평생 여자 친구 못 사귈 것 같아. 애가… 그냥 좀… 이상해.
   B I don't think so. Every Jack has his Jill.
      그렇진 않겠지. 짚신도 다 짝이 있다잖아.

Q 짚신의 재료가 지푸라기잖아요. 그럼 '지푸라기'는 영어로 뭔가요?

지푸라기는 straw라고 해요. 그러니 straw로 만든 신발(짚신)은 straw shoes겠죠? 지푸라기를 꼬아서/엮어서 만들었기 때문에 woven shoes라고 하기도 하고요. 요새도 여름에 신는 샌들 중에 지푸라기 재질로 만든 것들이 있는데 애네들은 straw/rope sandals라고 합니다. 한 가지 더! 음료수 마실 때 사용하는 빨대도 straw이니 이것도 같이 기억해 주세요.

1 Straw shoes were common in Asian countries back then.
   과거 동양 국가들에서는 짚신이 흔했지.

2   I don't like rope sandals. They scratch my feet.
    난 지푸라기 재질의 샌달은 싫어. 발이 긁혀/살갗이 벗겨져.

3   A   Do you need a straw?
        빨대 드릴까요?
    B   No, I'm fine. I'm trying not to use straws.
        아뇨, 괜찮아요. (되도록이면) 빨대를 안 쓰려고 하거든요.
    A   We only use paper straws for the environment.
        저희는 환경을 생각해서 종이 빨대만 씁니다.
    B   Oh, I love that. You're so thoughtful.
        어머, 너무 맘에 드네요. 정말 생각이 깊으세요.

준쌤의 Question

우리가 알고 있는 뜻 외에, straw가 아주 생소하게 쓰일 때가 있는데요, **draw straws, the last straw**는 각각 무슨 뜻일까요?

A   Draw straws는 빨대나 지푸라기를 그리는 게 아니라 '제비뽑기'를 말해요. 밑둥의 색이나 길이가 다른 지푸라기들(straws)을 통에 넣고 각각 하나씩 잡아당겨서(draw) 뽑는 것이니까요. The last straw는 마음에 안 드는 일이 계속 일어나서 더 이상 참을 수 없는 상태, 하다하다 최악의 상태로 몰렸을 때의 '한계점'을 뜻하는 표현이랍니다.

1   A   Who wants to go to the store to get more beer?
        가게 가서 맥주 더 사 올 사람?
    B   Let's draw straws.
        제비뽑기하자.

2   I told you not to come into my room when I'm not home. This is the last straw.
    내가 집에 없을 때 내 방에 들어오지 말라고 얘기했잖아. 이제 더는 못 참아.

3   Bad things had been happening to me the whole month, so when I got fired, it was the last straw.
    한 달 내내 나한테 안 좋은 일들만 생기더니, 하다하다 직장에서 잘리기까지 했어.

소통 필수 표현 20

Stop **acting buddy-buddy** with me.

MP3 121

나랑 친한 척하지 마.

원어민들이 "Hey, buddy."라고 하는 걸 많이 들어 보셨을 거예요. Buddy는 친구나 아이들, 반려동물들을 친근하게 일컫는 호칭인데, 두 번 연속 반복해서 buddy-buddy가 되면 너무 친해서 '허물없는'의 뜻이 됩니다. 위 예문에서는 act buddy-buddy라고 했으니 진짜로 친한 게 아니라 '친한 척'한다는 말이 되는데, act 대신 be동사를 쓰면 '허물없이 친하게 지내다'라는 뜻입니다.

1. **A** I'm not that close to her, but she acts buddy-buddy with me whenever she sees me.
   그 사람이랑 그렇게 가까운 사이도 아닌데, 그 사람은 나를 볼 때마다 친한 척을 하더라고.

   B That's the way she is. She acts buddy-buddy with everyone.
   그 사람이 원래 그래. 아무한테나 다 친한 척을 한다니까.

2. He and I have been buddy-buddy for over 10 years.
   걔랑 나랑은 10년 넘게 허물없이 지내고 있어.

3. She and I were high school friends, but we weren't buddy-buddy.
   걔랑 나랑 고등학교 친구였긴 한데, 그렇게 친한 사이는 아니었어.

Q 친구인 척하면서 속으로는 늘 상대방과 비교하고, 상대방을 이기고 싶어 하는 사람을 영어로 뭐라고 하나요? Fake friend라고 하면 되나요?

A Fake friend는 다른 목적이 있거나 자기 잇속을 차리려고 친구인 척하는 사람을 말해요. 겉으로는 아닌 척하지만 속으로 경쟁 심리를 가지고 있다면 friend와 enemy가 결합한 frenemy라고 하는 것이 적절해요. 친구인 듯 적인 상대, 친구이기도 하지만 경쟁 상대이기도 한 사람을 말하는 단어입니다.

1. Lena and I get along well, but we're not like true friends. We're more like frenemies.
   리나랑 나랑 잘 지내긴 하지만 그렇다고 진정한 친구는 아니야. 그보다는 적이자 동지라고 하는 게 맞지.

2. He and I used to fight for first place in Judo. We were frenemies.
   걔랑 나랑 유도에서 일등 자리를 두고 싸우곤 했지. 친구이자 경쟁 상대였어.

3. Pam makes it sound like she's my real friend, but I know she's a frenemy.
   팸은 내 진실한 친구인 것처럼 말하지만, 난 걔가 친구인 척하는 적이라는 걸 알아.

준쌤의 Question 1

척하는 사람 중에 'all hat, no cattle'이라고 불리는 사람이 있는데요, 어떤 사람을 두고 하는 말일까요?

A 카우보이 모자만 썼지, 막상 몰고 나갈 소는 한 마리도 없는 사람이니 어떤 사람이겠어요? 가진 것 없이 폼만 그럴싸하게 잡는 사람이겠죠. 부자도 아닌데 부자인 척, 운동도 못 하면서 운동 잘하는 척하는 사람들에게 쓰면 딱인 표현입니다.

1. She dresses rich, but she's all hat, no cattle.
   그 사람이 옷은 부자처럼 입고 다니는데, 돈은 쥐뿔도 없어.

2. He acts like an athlete, but he's all hat, no cattle.
   걔는 운동 되게 잘하는 것처럼 폼만 잡지, 실제로는 하나도 못해.

준쌤의 Question 2

Friend 외에 영어에 '친구'를 뜻하는 단어들이 꽤 있는데, 어떤 것들이 있을까요?

A Dude나 pal은 너무 흔해서 다들 알고 계실 듯한데, 그래도 노파심에서 설명을 덧붙이자면 pen pal이 '펜팔'인 이유가 (pen으로) 편지를 써서 주고 받으며 친구(pal)가 되었기 때문에 펜팔이라는 것. Mate도 친구를 말하지만 이건 주로 영국에서 쓰여요. 미국 젊은 층에서는 best friend를 줄여서 bestie라고 하는데, 아마 들

어 보신 분들도 꽤 되실 거예요. 또 peer라는 단어도 있는데, 이건 학급 친구나 동년배처럼 '같은 나이대에 있는 사람'을 말할 때 쓰여요. 정말로 친해서 친구라기보다는 속해 있는 카테고리가 같은 사람들을 친근하게 부르는 말이라고 생각하시면 돼요. "우리 애는 자기 나이 또래 애들/친구들보다 키가 커." 느낌 아시겠죠? 같은 맥락에서 직장 동료는 co-worker 혹은 colleague라고 합니다.

1. **My pen pal became my bestie.**
   내 펜팔 친구가 베스트 프렌드가 됐어.

2. **He's a year younger than his peers.**
   걔는 자기 학년 애들보다 한 살 어려.

3. **She's much more mature than her peers.**
   걔는 자기 또래 애들보다 훨씬 더 철이 들었어/성숙해.

4. **I don't really talk to my co-workers.**
   난 직장 동료들하고 별로 말을 안 해.

5. **We had a going-away party for our colleague.**
   일을 관두는 직장 동료에게 고별파티를 해 줬어.

소통 필수 표현 21

I enjoyed the **minty sensation** as she was massaging my scalp.

MP3 122

그 사람이 두피 마사지를 해 주는데 너무 시원하고 좋더라고.

영어로 표현하기 버거운 우리말 표현이 여럿 있지만, 그 중에서도 원탑은 아마 '시원하다'가 아닐까 합니다. 예문처럼 두피 마사지를 받아서 시원한데 그렇다고 그걸 It's so cool!이라고 할 수는 없으니 미칠 노릇이죠. 이럴 때는 '시원하다'를 '개운하다'로 교체해서 생각해 보면 답이 좀 가까워져요. 민트처럼 개운하고 산뜻하고 시원한 느낌! 그 느낌을 살려서 minty로 표현하면 원어민들도 어떤 느낌인지 바로 이해할 수 있으니 얼~마나 유용하게요. 하지만 '국물 맛이 개운하다'처럼 음식 맛에 적용하시면 안 돼요. 맛에 minty를 쓰면 정말로 민트 맛이 난다는 말이 되어 버리거든요. 영어라는 게 이렇게 까다롭습니다. 그리고 한 가지 더! Sensation을 너무 센세이셔널하게 받아들이지 않으셨으면 해요. Sensation이라고 하면 우리는 뭔가 파격적인 사건을 떠올리지만, 일상에서의 sensation은 '감각, 느낌'으로도 많이 쓰이거든요. 개운한 느낌, 확 달아오르는 느낌, 오싹한 느낌 등의 신체적 감각을 설명할 때처럼 말이죠.

1. I felt a very pleasant, minty sensation after the acupuncture session.
   침 맞고 나니까 개운한게, 아주 가뿐하더라고.

2. **A** My drink tastes minty.
   내(가 주문한/산) 음료수에서 민트 맛이 나네.
   B Of course it tastes minty. You ordered cold mint tea.
   당연히 민트 맛이 나겠지. 네가 냉 민트차를 시켰으니까.

3. Madonna caused a sensation when she debuted.
   마돈나가 데뷔했을 때 센세이션을 불러일으켰지.

4. He said he feels a burning sensation in his chest. What could that be?
   걔가 그러는데 가슴이 타들어가는/조이는 느낌이 든대. 왜 그러는 걸까?

5. I felt an eerie sensation when I walked into that house.
   그 집에 발을 들여놓는데 오싹한 느낌이 들더라니까.

Q 그럼 '국물 맛이 개운하다'는 건 어떻게 말하면 되나요? 또, 뜨거운 것을 마시거나 물속에 들어가서도 시원하다고 하잖아요. 그건 또 영어로 어떻게 하고요?

A 국물 맛이 개운하다고 할 때는 refreshing을 써 주면 돼요. Refreshing의 '상쾌한'이라는 뜻에 갇혀서 무조건 시원하고 청량한 맛이나 느낌에만 이 단어를 쓸 수 있다고 생각하는 경우가 많지만, 음식의 온도와 상관없이 먹고 나서 기분이 가벼워지고 에너지를 받는 느낌이 든다면 refreshing을 사용할 수 있어요. 용광로처럼 뜨거운 온탕에 들어앉아 "어~ 시원하다!"라고 하는 것도 뜨거운 물에 몸을 지져서 피로가 풀리고 기분이 좋으니까 그렇게 말하는 거잖아요. 그래서 이 경우에도 refreshing을 쓰면 됩니다.

1 Try this dried pollack soup. It's so refreshing.
이 북엇국 좀 먹어 봐. 엄청 개운해.

2 Hot Irish coffee in weather like this is refreshing.
이런 날씨에 뜨거운 아이리시 커피를 마시면 기운이 나/도움이 돼.

3 A Hot tubs are the best. They feel cool.
온탕이 최고야. 시원하다.
B Cool? The water is boiling hot.
시원하다니? 물이 펄펄 끓는구먼.
A I just meant the hot water feels refreshing.
내 말은 물이 뜨거우니까 개운하다는 거지.

준쌤의 Question 1

미루고 미루던 집청소를 드디어 해치워서 '속이 다 시원하다'는 말을 영어로는 어떻게 할까요?

A 해야지, 해야지 하며 미뤄 놓기만 했던 일을 드디어 해치웠을 때의 속 시원한 기분을 '해소'의 측면에서 본다면 I feel relieved.라고 할 수 있겠고, '안도와 휴식'의 측면에서 본다면 I feel like I can finally relaxed./I feel refreshed and clear headed.라고 할 수 있어요. 또, 짊어지고 다니던 짐을 내려놓았다는 측면에서 본다면 I feel like a weight has been lifted.라고 할 수도 있겠습니다.

1. **I had been procrastinating about cleaning the house for months, but I finally got it done yesterday. I feel so relieved.**
   집청소를 몇 달째 미루다가 어제 드디어 해치웠거든. 속이 다 시원하다.
   — **procrastinate** 미루다, 지연하다, 질질 끌다

2. **I finally went through the bills after not touching them for months. Now I feel like I can relax.**
   몇 달 동안 손도 안 댔던 고지서들을 드디어 다 처리했어. 이제서야 마음이 놓이네.

3. **Finally, I got rid of all the junk in the basement. I feel like a big weight has been lifted.**
   드디어 지하실에 쌓여 있던 잡동사니들을 다 처리했어. 큰 짐을 내려놓은 기분이야.

준쌤의 Question 2

보기 싫은 사람, 보기 싫은 것을 더 이상 안 봐도 돼서 속이 시원하다고 할 때는 뭐라고 할까요?

A 그럴 때는 riddance(모면, 해방)를 써서 Good riddance.라고 하는데요, 보기 싫은 사람뿐 아니라 벗어나고 싶지만 벗어날 수 없었던 상황이나 장소에서 해방될 때도 쓸 수 있습니다.

1. **My manager got fired. Good riddance.**
   우리 매니저가 잘렸어. (이제 안 봐도 돼서) 어찌나 속 시원한지.

2. **At last, I'm leaving this ghetto. Good riddance.**
   내가 이 거지같은 동네/빈민가를 결국 떠나는구나. 속이 다 시원하다.

3. **I paid off my credit cards debt this month. Good riddance.**
   나, 이번 달에 신용카드 빚 다 갚았어. 아우, 속 시원해.

소통 필수 표현 **22**

Due to the **high volume of** calls, we apologize for the inconvenience.

MP3 123

전화량이 많은 관계로 불편을 드려 죄송합니다.

먼저 '무엇 때문'이라고 할 때 because of ~ 대신 due to ~를 쓰는 경우도 많은데요, 일상 대화 시에도 쓰이지만, 공지 사항이나 알림문이라면 거의 백 퍼센트 due to ~를 사용한다는 것 알아두시고요. 그럼 이제 이번 레슨의 하이라이트, high volume of ~를 보실까요? 위 예문은 '전화기 볼륨을 크게 해 놔서 (high volume of calls) 소음 공해로 주위 사람들에게 불편을 끼쳐서 죄송하다는 거구나'라고 해석하기 십상이지만, high volume of calls는 전화기 볼륨과는 전혀 상관없는 '전화량'을 말해요. 사업장이나 콜 센터에 갑자기 전화량이 폭주하는 경우를 생각하시면 그게 바로 high volume of calls라는 거죠. High call volume(전화량 폭주), The call volume is high.(전화량이 폭주하고 있습니다) 이렇게 형태가 살짝 바뀔 수도 있으니 유연하게 생각해 주시면 감사하겠습니다.

1 Due to the high volume of calls, waiting times may be longer than usual.
전화량이 많아 대기 시간이 평소보다 길어질 수 있습니다.
— 미국 관공서에 전화하면 자동응답으로 나오는 단골 멘트입니다.

2 Due to the unusually high call volume, we cannot complete your request. Please try again later.
평소보다 많은 전화량으로 인해 모든 요청을 수행할 수 없습니다. 다음 기회를 이용해 주세요.

3 The call volume is high at the moment. Please leave your name and number and we'll get back to you as soon as possible.
지금은 통화량이 많습니다. 이름과 전화번호를 남겨 주시면 가능한 한 빨리 연락 드리겠습니다.
— **get back to** ~ 다시 연락/전화하다 I'll call/email/text you back.과 같은 뜻으로 원어민들이 자주 쓰는 표현이에요.

Q 그럼 high volume of ~는 전화량을 말할 때만 쓸 수 있는 건가요?

A 아니요. 손님이든, 주문이든, 지원서든 무엇이 됐든 많이 몰릴 때 두루두루 쓸 수 있어요.

1. We're having a hard time handling the high volume of customers.
   손님이 너무 많아서 애를 먹고 있어.

2. Recently, we have encountered a high volume of customer inquiries.
   요새 들어 고객 문의가 많아지고 있어요.

3. Due to the high volume of orders, delivery may be delayed.
   주문량이 많아 배달이 늦어질 수 있습니다.

4. Due to the high volume of applications received, we are unable to contact each applicant individually regarding the status of their application.
   지원서가 많아 지원자 개개인에게 일일이 개별 통보를 드릴 수 없습니다.

5. I've been receiving a high volume of spam calls these days.
   요새 들어 스팸 전화가 많이 와.

6. Due to the high volume of concern about a school shooting threat, our school was closed on Thursday and Friday.
   교내 총격 협박에 대한 (학생/학부모들의) 걱정이 가중됨에 따라 우리 학교는 목요일과 금요일에 휴교하기로 결정했습니다.

Q 그럼 반대로 수량이 적다는 건 low volume인가요?

네, 맞아요. 하지만 사용 빈도수로 보면 high volume에 밀리긴 해요. 아무래도 양이 폭주할 때 문제점이나 불편한 점도 더 많이 발생하고, 공지 사항도 느니까요.

1 **Due to the low volume of calls, we had to lay off customer service staff.**
(응대해야 할) 전화량이 많지 않은 관계로 고객 서비스 센터 직원들을 해고/감원해야 했어요.

2 **As a start-up company, we have a low volume of sales.**
우리 회사가 시작한 지 얼마 안 돼서 매출이 낮아.

Q 앞의 예문처럼 매출량에 low volume을 쓴다면 high volume도 매출량이 많을 때 쓸 수 있는 건가요?

A 네, 매출량이 많을 때도 high volume을 쓸 수 있어요. 예문으로 보여드릴게요.

1 **We sold a high volume of products this year.**
올해 물건 매출량이 많았어/많이 팔았어.

2 **We're practicing a low-price, high-volume strategy.**
우리는 박리다매 전략을 쓰고 있어.

— **low-price high-volume** 박리다매

그렇다면 전화가 걸려올 때 울리는 '전화기 볼륨'은 영어로 뭐라고 할까요?

A Phone volume이나 volume of one's phone이라고 해요. 걸려오는 전화의 양은 volume of calls, 전화기 소리의 크기는 volume of a/one's phone. Call과 phone의 차이가 보이시죠? Call은 '통화', phone은 '전화기' 자체라고 보시면 돼요.

1 **A How do I adjust the volume of my phone? This is my first time using an iPhone.**
내 전화기 볼륨 조정은 어떻게 하는 거지? 아이폰은 처음 써 보는 거라서 말이야.

B There's the side button, or you can go to your phone's settings.
전화기 옆에 버튼이 있긴 한데, 설정에 들어가서 조절할 수도 있어.

2 **Can you turn down your phone volume? It's so loud, even the deaf can hear it.**
네 전화기 볼륨 좀 줄일래? 소리가 너무 커서 귀 먹은 사람도 듣겠어.

소통 필수 표현 23

My friend **threw me under the bus**.

내 친구가 나한테 책임을 떠넘겼어.

누군가를 버스 밑으로 던진다(throw someone under the bus)는 말만 들어도 던지는 사람의 인격이 그대로 드러나는 표현이죠? 자기가 위험하게 생겼으니까 대신 남을 버스 밑으로 던지고 자기는 그 상황을 모면한다는 건데요, 주로 공적인 자리에서 내 책임이나 잘못을 남에게 전가할 때 쓰여요. 그나저나 버스 밑에 깔린 사람은 얼마나 아프고 배신감이 느껴질지… 다 같이 애도하는 마음으로 예문 보시겠습니다.

1 She threw me under the bus in front of everyone.
걔가 사람들 다 있는 앞에서 (내 탓인 양) 나한테 책임을 다 떠넘겼어.

2 **A** Hey, you just threw me under the bus at the meeting. I would never do such a thing to anyone.
야, 너 방금 회의 때 내 잘못인 것처럼 나한테 다 덮어씌우더라. 나 같으면 누구한 테든 절대로 그런 짓 안 한다.

B Yes, you would if you were cornered like I was.
어, 나처럼 궁지에 몰리면 너도 다 하게 되어 있어.

Q 듣고 보니 배신 때렸다는 뜻 같기도 한데요, betray를 써서 표현할 수도 있나요?

A 누가 나한테 잘못을 뒤집어씌우면 '배신당했다/(누가) 배신 때렸다'고 말하기도 하지만, 실제로 영어의 betray는 좀 달라요. 너무 거창하고 무거운 느낌이랄까요? 그러니 throw someone under the bus의 원래 뜻(책임 전가)에서 벗어나지 말고 blame someone이나 point finger at으로 대체해 주는 것이 좋아요. Play the finger-pointing game이라고도 하는데, 곧이곧대로 '남 탓하기 게임을 하다'라고 하기보다는 '누가 더 남 탓 잘하나 내기한다'는 식으로 좀 더 자연스럽게 해석해 주시면 좋고요.

1 She blamed me for what I didn't do.
그 사람이 내가 하지도 않은 걸 내 탓이라고 하더라.

2 **A** When we were young, my younger sister and I spent all our time pointing fingers at each other.
어렸을 땐 나랑 여동생이랑 서로 탓하느라고 어린시절 다 보냈지.

B You guys are still doing it.
너네 지금도 그러거든.

준쌤의 Question

이익이나 목적을 위해 이용되는 사람, 잘못을 뒤집어씌울 사람을 '희생양'이라고 하죠? 영어로는 sacrifice sheep일까요?

A 일단 '희생양'은 sacrifice sheep이 아니라 sacrificial lamb이라는 걸 말씀드리고 싶네요. 보통 제물로 바쳐지는 양은 다 큰 양(sheep)이 아닌 어린양(lamb)이니까요. Sacrificial lamb도 희생양이지만, scapegoat 역시 같은 뜻으로 쓰이는 단어예요. [escape + goat = scapegoat] 이 공식만 봐도 알 수 있듯이, 내가 빠져나가기 위해서 염소한테 뒤집어씌우는 것이니까요. 두 표현 사이에 무슨 큰 차이가 있는 건 아니지만, 일상에서는 scapegoat가 더 자주 쓰인다는 것, 그리고 엉뚱한 사람에게 잘못을 뒤집어 씌우는 게 아니라 대를 위해서 어쩔 수 없이 소가 희생되어야 하는 경우라면, sacrificial lamb이 좀 더 적절하다는 것 정도는 기억해 주시길요.

1 It looks like we need a scapegoat/sacrificial lamb to cover up the fraud.
부정을 덮으려면 희생양이 필요할 것 같군.

2 Be careful. They are trying to make a scapegoat/sacrificial lamb of you.
조심해. 그 사람들이 너를 희생양으로 삼으려 하고 있어.

3 I'll be the sacrificial lamb. You guys don't know anything about it, okay?
내가 희생(양)할게. 너희들은 아무것도 모르는 거다, 알았지?

소통 필수 표현 **24**

Watch your six.

MP3 125

뒤통수/뒤를 조심해.

6을 조심하라는 말이 어떻게 뒤를 조심하라는 뜻이 됐을까요? Watch your six.는 전투기 조종사들이 쓰던 말인데요, 우선 머릿속에 아날로그 시계를 하나 떠올려 보세요. 6시가 되면 작은 바늘은 숫자 6을, 큰 바늘은 숫자 12를 가리키겠죠? 시계에서 6과 12는 완벽한 반대 방향이라 12쪽을 바라보고 서면 6이 뒤쪽이 됩니다. 그래서 뒤에서 무슨 일이 벌어질지 모르니 조심하라고 경고할 때 Watch your six.라고 표현하게 된 거죠. 그럼 6쪽을 바라보면 12가 뒤쪽이 되지 않느냐, Watch your 12.는 왜 안 되느냐고 묻고 싶으셔도 묻지 마세요. 원어민들이 6이 뒤쪽이라면 6이 뒤쪽인 겁니다.

1 **Hey, you better watch your six.**
야, 너 뒤통수 조심하는 게 좋을 거다.

2 **Our enemy is coming. We should watch our six.**
적이 오고 있어. 뒤를 조심하자.

Q 그럼 앞을 조심하라고 할 때 Watch your 12.라고 할 수도 있나요?

A 아니요, 그런 표현은 없습니다. 일단 앞쪽은 시야가 충분히 확보되기 때문에 특별히 조심할 필요는 없으니까요. 앞에 장애물이 있으니 조심하라고 할 때면 그냥 Watch out.이나 Be careful.이라고만 해도 충분해요. 또, 길을 걷다가 누

누군가와 부딪히거나 부주의하게 길을 건너다가 차에 치일 뻔하면 "앞 잘 보고 다녀!"라고 하는데요, 이럴 때 쓰라고 Watch where you're going.이라는 표현이 따로 있습니다.

1 **Watch out for the mud puddle.**
(앞에) 진흙 구덩이 조심해.

2 **Be careful. It gets deep right there.**
조심해. 거기 물이 깊어. (수면이 갑자기 깊어지는 지점에서)

준쌤의 Question

'내가 네 뒤를 봐주겠다, 내가 도와주겠다'고 할 때 I've got your back.이라고 하는데, 앞의 설명대로 방향상 6이 back인 거니까 I've got your six.라고 말해도 원어민들이 알아들을까요?

A 네, 생뚱맞게도 I've got your six.라는 표현이 정말로 있습니다. I've got your back.과 같은 뜻이에요.

1 **Don't worry. I've got your six.**
걱정 마. 뒤는 내가 맡을게.

2 **I've got your six. I'll tell mom that you went to the library.**
뒤는 나한테 맡겨. 엄마한테는 너 도서관 갔다고 할게.

3 **Jimmy is our reliable sponsor. He's got our six.**
지미는 우리가 믿고 의지하는 후원자야. 그 사람이 우리 뒤를 봐주지.

Culture Column 5 미국 차량 번호판의 매력

미국에 살다 보면 별 것도 아닌데 재미난 것들이 있어요. 자잘한 재미들이 있다고 할까요? 그중 하나가 차량 번호판인데, 50개 주마다 번호판 디자인이 모두 달라요. 각 주의 이름과 함께 플로리다는 오렌지, 조지아는 복숭아, 하와이는 무지개, 텍사스는 큰 별, 오리건은 소나무, 콜로라도는 빨간 뒷배경에 설산, 애리조나는 보라색 산과 선인장, 와이오밍은 말 타고 로데오하는 카우보이, 이런 식으로요. 그렇다면 제가 사는 캘리포니아 차량 번호판은 어떤 디자인일까요? 실망스럽게도 디자인이랄 게 아예 없습니다. 그냥 흰색! 그게 다예요. 어찌나 밋밋한지, California라고 안 써 있으면 아무도 모를 판이라니까요.

아무튼, 운전하다 보면 다른 주에서 온 차량들이 심심찮게 눈에 띈답니다. 캘리포니아가 관광지로 유명하기도 하고, 산업도 많이 발달되어 있어서 다른 주 사람들의 출입이 잦거든요. 차량 번호판을 보고 '아! 저 차는 애리조나에서 왔구나.' '저건 워싱턴주 차네.' 이렇게 알아맞히는 재미가 아주 쏠쏠해요. 가끔 낯선 번호판을 보면 어느 주에서 왔는지 궁금해서 바짝 따라붙기도 합니다. (위험할 정도는 아니니 안심하세요.) 한번은 낡고 꾀죄죄한 차가 털털거리며 지나가는데 번호판을 보니 North Carolina더라고요. 거기서 여기가 어디라고 저 몸을 하고 왔나 싶어서 저도 모르게 쯧쯧 혀를 찼지 뭡니까.

미국 차량 번호판의 또 다른 매력은 '읽을 거리'가 있다는 거예요. 번호판 자체에는 주 이름과 차량 번호만 달랑 적혀 있어서 별 거 없지만, 번호판 틀, 요게요게 카멜레온처럼 다양한 매력을 발산한답니다. 보통은 차량 판매처와 판매 도시 이름이 새겨져 있지만, 이런저런 문구가 들어간 틀을 사서 바꿔 끼울 수 있거든요. UCLA Alumni, Stanford Alumni… 이렇게 해당 학교 졸업생들을 위한 틀도 있고, 해당 대학에 입학한 자녀를 둔 부모를 위해서 USC MOM, DAD UC SANDIEGO 등이 새겨진 틀도 있는데, 이런 건 너무 흔해서 하루에도 수십 번은 넘게 봅니다. 이제 제가 운전하면서 봤던 재

있고 기발한 번호판 문구를 몇 개 소개해 볼까요?

한번은 휘황찬란한 포르셰 스포츠카 번호판 틀에 Mom's thrill, Dad's bill(재미는 엄마가 보고, 돈은 아빠가 내고)라고 쓰인 걸 봤어요. 딱 봐도 남편이 아내에게 사 준 차인가 본데, 부럽기 전에 재밌기부터 하더라고요. 또 한번은 고등학교 앞에서 THIS CAR RUNS ON GAS, NOT FRIENDSHIP(이 차는 우정이 아니라 기름을 넣어야 갑니다)라고 써 있는 번호판 틀을 보고 얼마나 웃었는지 몰라요. 아직 차 없는 고등학생들이 차 있는 친구들에게 나 좀 태워 달라고 부탁하는 경우가 하도 흔하다 보니 이런 문구까지 새겨져 나오는 거죠. 기름값도 비싸 죽겠는데, 돈도 안 보태면서 태워 달라고만 하니까요. My wife's cat hates me.(아내의 고양이가 나를 싫어해요.)라고 쓴 번호판 틀, She bought me with divorce money(주인이 이혼할 때 받은 돈으로 저를 샀어요- 자동차 시점)이라고 쓴 번호판 틀도 본 적이 있답니다. 이런 건 도대체 누가 생각해 내는 건지, 재밌기도 하지만 황당하기도 하죠?

또, 차량국(DMV)에 별도로 비용을 지불하면 개인 맞춤형 번호판(custom license plate)을 주문할 수도 있는데요. STOLEN(도난 차량을 의미하는)처럼 장난기 농후한 번호판에서 부터 I ♥ BEER 같은 절절한 사랑 고백(?)에 이르기까지 다양해요. 제가 본 custom license plate 중에는 SPRBCKS라고 쓴 것도 있었는데요, 번호판 틀과는 달리 번호판 자체에는 들어가는 숫자나 스펠링 개수가 한정되어 있어서 각 알파벳 발음만으로도 무슨 말인지 알 수 있게 줄여 넣는 경우가 많아요. 초성 게임이라고 생각하면 이해가 쉬운데요. SPRBCKS 는 대체 무슨 말을 줄여 놓은 것일지 여러분도 한번 맞혀 보실래요? 정답은 spare bucks입니다. 뜻은 '남(아도)는 돈/여분의 돈'이고요. "어? 여분의 돈은 extra money 아니야?" 하시는 분들을 위해 말씀드리자면, extra money도 당연히 맞지만, 원어민들은 spare money/bucks라고도 말한다는 것! Buck이 돈/달러를 뜻한다는 건 다들 아실 테고요. 비상용 타이어든 돈이든 여유분은 다 spare예요. 아무튼 이 SPRBCKS가 전달하고자 하는 메시지는 '내가 돈이 좀 많이 남아돌아서 이 차를 샀소!'가 되시겠습니다. 차 한 대 더 살 정도로 돈도 막 그냥 남아돌고… 뉘신지 참 좋겠소.

미국에는 이렇게 개성 있고 재밌는 차량 번호판들이 거리에 넘쳐난답니다. 그러니 운전하면서 심심하다는 생각이 들 겨를이 없겠죠?

Culture Column 6 미국의 안내견 문화

안내견이라고 하면 시각 장애가 있는 분들을 돕는 개라고만 생각하기 쉬운데, 미국에서는 장애 종류에 따라 여러 가지로 세분화되어 있어서 '안내견'이라는 단어 하나로 포용하기에는 무리가 있어요. Service dog이라는 큰 뿌리에서 각 장애가 가지는 특성에 맞추어 훈련의 방향과 명칭이 달라지는데, 예를 들면 이런 것들이죠. Autism assistance dogs는 자폐증이 있는 어린아이들이 갑자기 엉뚱한 방향으로 뛰어가는 등의 돌발행동을 막는 훈련에 특화된 개들이에요. 훈련의 여부를 떠나 개의 존재만으로도 다른 사람과의 교류를 돕는 데 많은 도움이 돼요. 개를 만져 봐도 되느냐, 개 이름이 뭐냐, 몇 살이냐 이런 질문에 대답하다 보면 아무래도 사회성이 나아지니까요. 그래서 학교에서도 자폐아가 autism assistance dog과 등교하는 것을 제지하지 않아요. Seizure response dogs는 주인이 뇌전증으로 발작을 일으키면 주위 사람들에게 빨리 알리거나 위급 상황에 대비한 K-9 alert phone(개 전용 위급 상황 전화기) 버튼을 눌러 911에 도움을 청하도록 훈련된 개들이에요. 약을 놓아두는 위치를 인지시키면 약도 가져오지요. Allergy detection dogs는 알레르기 반응을 일으키는 물질이 주변에 있으면 주인에게 가까이 가지 말라거나 먹지 말라고 경고하는 훈련을 받은 개들인데요, 냄새만으로도 알레르기 유발 물질을 감지해서 주인에게 알려 주기에 미리 위험을 피할 수 있어요. 이 밖에도 당뇨 수치가 올라가면 경고하도록 훈련된 diabetic alert dogs, 청각 장애인을 위한 hearing dogs, 시각 장애인을 위한 guide dogs, 거동이 불편한 이들을 위한 mobility assistance dogs, 마음의 평정이나 정신적인 안정이 필요한 이들을 위한 psychiatric service dogs 등이 있습니다.

이런 개들은 왠지 정부에서 인정한 기관에서 훈련을 받고 정식으로 등록된 후 자격증과 함께 분양될 것 같지만, 꼭 그렇지만은 않아요. 훈련도 주인이나 가족들이 알아서 시키고, 등록해 주는 사설 기관들이 있긴 해도 등록 자체가 필수도 아니거니와 자격증도 필요 없습니다. 물론 이미 훈련된 개를 데려올 수도 있지만요. 앞 얘기까지는 좋았는데, 뒤의 얘기를 듣고 보니 좀 깨죠? 제가 더 깨는 얘기 하나 해 드릴까요? 아까 psychiatric service dogs가 마음의 평정이나 정신적인 안정을 주는 데 도움을 주는 개들이라고 했는데요. 이것도 therapy dogs와 emotional support dogs/animals 두 가지 종류로 나뉘어요. Therapy dogs는 성격이 온순하고 차분한 개들로, 주인이 병원, 양로원 같은 곳에 데리고 가서 병을 앓고 있는 환자나 외로운 노인분들을 위로하는 게 목적이니 참 바람직하죠. 유치원이나 초등학교에 데리고 가서 아이들이 개에게 책을 읽어 주게 해서 독서에 취미를 붙이게 하기도 하고요. 기가 막힌 건 이 emotional support dogs/animals입니다.

이건 꼭 개에게만 한정된 게 아니라 고양이든 다람쥐든, 주인이 "나는 얘가 없으면 한시도 못 산다!"고 주장만 하면 되는 애들이에요. 특별한 훈련을 받은 것도 아니고, 성질이 더러워도 자기 주인이 얘 없으면 안 된다고만 하면 바로 service dog이 되는 거죠. 한번은 대형 마트에서 한 여인네가 'service dog'이라고 쓰인 조끼를 입힌 치와와를 데려온 걸 본 적이 있어요. 아니, 암만 봐도 누군가에게 서비스를 제공은커녕 자기가 서비스를 받아야 하게 생겼는데 말이죠. 게다가 지나가는 사람 모두에게 이를 드러내며 어떻게 하면 한 입 물어볼까 혈안이 된 애가 뭔 놈의 service dog이란 말입니까? 그런데도 주인이 service dog이라면 service dog인 거예요.

더 웃긴 건 이런 emotional support dogs는 비행기도 공짜로 탈 수 있다는 것! 주인이 얘 없이는 아무 데도 못 간다잖아요. 물론 이 경우에는 의사가 떼어 주는 증명서를 항공사에 제시해야 하지만, 얘가 곁에 없으면 느껴지는 불안감과 슬픔이 엑스레이를 찍는다고 나오는 것도 아니고, 뭐 어쩌겠어요? 떼어 달라면 떼어 줘야죠. 예전에 한 지인이 이 방법으로 개를 공짜로 비행기에 태워서 뉴욕에 다녀왔는데, 꿀팁이니 너도 해 보라는 말을 듣고는 그 사람과 손절했습니다.

아무튼 미국이라는 나라가 사람이든 동물이든 장애가 있는 이들을 위한 배려에 진심인 것만큼은 사실입니다. 장애인을 바라보는 시선에도 혐오나 차별이 없고, 이들을 돕는 개들에 대한 예우도 확실하니까요. 어떤 식당이나 매장에서도 안내견을 문전박대하는 경우가 없어요. 장난이랍시고 괴롭히는 법도 없고요. (그랬다간 바로 경찰 출동!) 장하고 예뻐서 머리 한 번 쓰다듬어 주고 싶어도 임무 수행 중임을 감안해서 함부로 손 대는 사람 역시 없습니다. 대견한 마음으로 미소 한 번 지어 주는 것이 최선임을 잘 아는 거죠.

INDEX

한국어	영어	쪽
CCTV	closed-circuit television	53
MZ세대	generation Z, gen Zers	172
N잡	multiple jobs	245
N잡을 하다	work multiple jobs	245
TV 광고 모델	TV commercial actor	66

ㄱ

한국어	영어	쪽
가까이에서 관찰	up close and personal	174
가망 없는 사람	goner	156
가벼운 마음의	light-hearted	192
가사도우미	maid	211
가슴 아픈 사연	heart-wrenching story	237
가입, 등록	sign up	182
가입/등록하다	register	182
가장 큰/첫 번째 이유	in the first place	122
가족 관계 증명서	family registration certificate	183
가짜 계정	dummy account	226
가치 있는	worth one's salt	241
각성	self-awareness	165
각오가 필요한 일이다.	It's a quite commitment.	157
각오하고 (~을)	at the risk of ~	289
각오하다	be determined to	157
각자 시간을 갖다	need some time apart	43
간섭하다	meddle	228
간접 경험하다	vicariously experience	307
간접적으로	vicariously	306
감 (어떤 일을 해낼 재목)	material	109
감각	sensation	321
감동받다	be blown away	153
감수하고라도 (~을)	at the risk of ~	289
감이 떨어지다	lose one's touch	146
갑부	deep pockets	260

한국어	영어	쪽
값싸고 저품질인	tacky	215
강간죄	rape	179
강둑	riverbank	276
강압적인/고압적인	overbearing	246
개떡 같은	ill-tempered	194
개망나니	lout, brute	233
개운한 (느낌이)	minty	321
개운한 (맛이)	refreshing	322
개인 소지품	personal belongings	97
개인 점포	mom-and-pop store	235
개입하다	meddle	228
개최하다	take place	17
갱년기	menopause	64
거리가 멀다 (~와는)	be far from being ~	299
건드리다	meddle with	228
겉도는 느낌이 들다	feel left out	214
겉바속촉	crispy on the outside and tender/moist/juicy on the inside	205
겉치레	façade	78
겨울방학	winter break	42
결결이 잘 찢어지는	flaky	219
결과가 들쭉날쭉한	hit and miss	174
결국 해내다	pull it off	253
결연한 표정	game face	302
결정을 내리다	make up one's mind	157
결혼 선물 등록 리스트	wedding registry	182
결혼 증명서	marriage certificate	183
겸손한	modest, humble	299
겸손해 하다	sell oneself short	299
경범죄	misdemeanor, infraction	179
경치 좋은	scenic	25
경쾌한 음악	light-hearted music	192
계산대, 금전등록기	cash register	182
계속되는 통증	persistent pain	152

한국어	영어	페이지
계속된 비	persistent rain	152
계정을 트다	sign up	182
계획했던 대로 일이 안 되다.	Nothing is going according to plan.	197
고객 문의	customer inquiries	325
고인(故人)	the deceased	128
고지서	bill	323
곤란한 상황에 놓이다	be in a pickle	240
곤히 자다	sleep safe and sound	173
골동품	antiques	63
골똘히 생각하다	put on one's thinking cap, put one's thinking cap on	301
골목식당	hole-in-the-wall restaurant	235
곯아떨어지다	be out cold	175
공공장소	common area	65
공기가 탁한/답답한	stuffy	311
공동 벽면 (땅콩주택처럼 집과 집이 벽 하나로 연결되어 있는)	common wall	65
공중 목욕탕	public bath house	74
공짜의	complimentary, no charge, free of charge, on the house	102
공통분모	common denominator	65
공통의	common	65
과소평가하다	underestimate, sell oneself short	298, 299
과학 용어	scientific terms	312
관계를 끊다	burn one's bridges with	117
관계자	insider	250
관리 (땅/집 등의)	property management	96
관리인 (땅/집 등의)	property manager	96
광고를 찍다	do a ~ commericial	67
광고에 나오다	be in a ~ commericial	67
괴롭히다	torture	315
괴상한, 이상한	bizarre	125
괴짜	weirdo	124
굉장한/엄청난 부자	filthy rich	112
교내 총기 협박	school shooting threat	325
교정기 (치아)	brace(s)	288
구매 후 후회	buyer's remorse	29
구멍가게	mom-and-pop store	235
구석진 곳에 틀어박혀 있는	tucked away	236
구슬프게 울다	wail	131
구식인	dated	62
구워삶다 (사람을)	manipulate	207
국물 음식	soup	59
국적	nationality	18
군대 행진곡	military cadence	285
군복무	military duty	17
군중심리	mob/herd mentality	37
굳이/일부러 애쓰다	go out of one's way	284
굴욕감이나 모욕감을 느끼는	humiliated	72
궁지에 몰리다	be cornered	327
그게 그거	the same difference	176
그동안 즐거웠어 (다시는 못 볼 사람에게).	It was nice knowing you.	247
그때는 몰랐어.	None of it registered back then.	181
그릇 (어떤 일을 해낼 깜냥)	material	109
그림자 조직	shadow/secret organization	287
근무 시간 이후	outside of work	27
근처까지 오다/거의 다 오다	pretty close to + 장소, be almost + 장소, be + 장소 + in a minute/second	85
근처에 왔어.	I'm in the neighborhood.	84
긁지 않은 복권	potential jackpot	231
금년	calendar year	47
금손(이다)	have a/the magic touch	147
금수저인	born with a silver spoon in one's mouth	269
금식하다	fast	114

한국어	영어	쪽
기능을 못하거나 쓸모없는	outdated	63
기대치	standard	80
기분이 아닌 (~할)	not up for~	196
기분인	up for~	196
기술	savvy	249
기운이 넘치는	in good spirits	57
기절한	out cold	175
기존 계정에 접속	sign in	181
기준	standard	80
깊은 관계에 있는 (~와)	in a relationship with~	171

ㄲ

한국어	영어	쪽
꼬리곰탕	ox tail broth	59
꼬치꼬치 캐묻다	grill	239
꼽사리	third wheel, fifth wheel	213
꽁해 있다	harbor ill feelings	193
꽂꽂이하다	arrange	243
꽃다발을 만들다	arrange	243
꾸준히 하다	keep plugging away	151
꿍꿍이속	ulterior motive	86
끼리끼리 어울린다.	Like attracts like.	296
끼리끼리는 과학이다.	Like attracts like. That's science/chemistry.	296
끼어들다 (운전 중)	cut in front of	229
끼얹어 먹는 소스	dressing	49

ㄴ

한국어	영어	쪽
나쁜 여파/영향	aftermath	263
나쁜/안 좋은 감정	ill feelings	193
나이 많은 게 벼슬	play the "old" card	142
나이 어린 게 대수	play the age card	142
낙하산	parachute	161
낙하산 등용	nepo baby	161
남의 눈을 의식하는	self-conscious	164
남의 일에 끼어들다	meddle in	228
남자들 사이의 우애	brotherhood	83
남탓하기	playing the finger-pointing game	327
납치죄	kidnapping	179
낯이 익다	look familiar	23
내 뜻/말대로 안 할 거면 그냥 가.	My way or the highway.	285
내가 네 뒤를 봐주겠다.	I've got your six. I've got your back.	330
내내	through, throughout	98
내년에 내내	for the next year	32
내부 소행	inside job	250
내부자	insider	250
너그러운	amenable, easygoing	248
너무나/몹시	so bad	116
네가 잘못 알고 있다.	You should doublecheck. That's not what I heard. That's different than what I know. I think you're confused.	106
노출이 심한	revealing	134
녹이다 (마음을)	melt one's heart	40
녹이다 (열에)	melt	40
놀라운	impressive	26
놀리다	pull someone's leg	107
농땡이를/게으름을 피우다	slack off	89
농작물	crops	152
높은 사람과 인맥이 있다	have friend(s) in high places, know people/someone in high places	160
누구나 알고 있는 지식	common knowledge	65
누군가를 설득해 ~하도록 하다	talk someone into ~ing	90
누명을 벗다	clear one's name	163

한국어	영어	쪽
누명을 씌우다/쓰다	frame, set up/be wrongly[falsely] accused	162
누추한 곳을 찾아주셔서 감사해요.	Welcome to my humble abode.	300
눈 깜빡할 새	in the blink of an eye, before you know it	69
눈높이	standard	80
눈높이(수준, 능력치)에 맞추다	bring ___ (down) to one's level, keep ___ (down) at one's level	80
눈독을 들이다	have/get one's eye on	81
눈물 없이는 들을 수 없는 이야기	tear-jerking story, tearjerker	237
느낌	sensation	321

ㄷ

한국어	영어	쪽
다 쓰러져 가는	rundown	132
다른 사람 입장에서 생각하다	see ___ through one's eyes, put oneself in one's shoes, walk a mile in one's shoes	82
다시 연락/전화하다	get back to	324
다양성	variety, diversity	20
다양한	diverse, various	20
다양한 민족이 모여 사는 곳	melting pot	20
다혈질인	hot-blooded, hot-tempered, short-tempered	246
단기직	gig	244
단단한 결심	dead set	169
단답형의 성의 없는 문자	dry text	282
단점	shortcoming	136
단품 메뉴	a la carte	222
단호한 자세	dead set	169
달리 (~와는)	unlike ~	17
달면 삼키고 쓰면 뱉는 사람	fair-weather friend	184
달변가	smooth talker/operator	145
달변의	eloquent	267
담배 피며 쉬는 시간	smoke break	42
답답한	frustrating	310
답례	return	304
당장	right away	153
대리 (직급)	manager	307
대리 만족하고 살다	live vicariously through ~	306
대리모	surrogate mother, gestational carrier	307
대리모 (씨받이)	traditional surrogate mother	307
대성통곡하다	wail	131
대신에 (교환의 의미)	in return	304
대신에 (간접적으로)	vicariously	306
대장내시경	colonoscopy	114
대체적인	at large	178
대충 하는	half-hearted	191
대포차	getaway car/vehicle	225
대포통장	dummy account	226
대포폰	burner phone	225
대화에 끼어들다	cut into conversation	228
더 중요한 일이 있다	have bigger fish to fry	240
더부룩한	bloated	311
더한 것도 봤다.	I've seen worse.	188
도긴개긴	the same difference	176
도움이 되다	be beneficial for ~	52
독박 쓰다 (책임을)	take the fall	162
독선적인	self-righteous	165, 217
독한 술	spirit	57
돈을 (헛되게) 낭비하다	flush money down the toilet, throw money down the drain	262
돈을 물 쓰듯 쓰다	spend money like water/crazy/a drunken sailor	261

돈이 억수로 많은 loaded (with money), rolling in money, have money to burn	260
돋보이다 take the cake	308
돌보다 (어린아이 등을) keep one's eye(s) on	82
돌아가시다, 떠나다 pass away	128
돌아보면 in retrospect	132
동기 motive	87
동기부여 motivation	87
동네 사람 local	100
동년배, 동급생 peer	320
되돌아가다 (병/증상 등의) relapse	104
두 개 방 사이에 놓여서 양쪽 방 모두에서 출입이 가능한 화장실 Jack and Jill bathroom	316
두 번 찍어먹는 것 (입 닿았던 음식으로) double dip	50
두둑한 hefty	119
둑 bank	276
뒤끝이 있다 hold a grudge	194
뒤는 내게 맡겨. I've got your six. I've got your back.	330
뒤집어 쓰다 (책임을) take the fall	162
뒤통수 조심해. Watch your six.	329
뒷감당 aftermath	263
뒷담화 하다 talk bad about someone behind one's back	39
든든한 reliable	277
들러리 third wheel, fifth wheel	213
등골 빨다 mooch off	210
등기소 registration office	182
등록 사무소 registration office	182

ㄸ

따발총처럼 말하다 talk a mile a minute	144
땅 property	96

때문에 (~) due to	324
떠도는 소문 the word on the street	315
떨리는 wobbly	247
떼돈 벌다 make bank, laugh all the way to the bank	276

ㄹ

라인업 (출전 선수, 출연진) lineup	148
라인을 선택하다 hitch one's wagon to a/one's star	159
러시 아워 (교통수단으로 몰리는 유동 인구가 많은 특정 시간대) rush hour	36
로그인 sign in	181
리즈 시절 heyday	202
링거 (주사) IV	98

ㅁ

마당발이다 know everyone	160
마음 먹다 be determined to	157
마음 바꾸지 말라. Don't change your mind.	221
마음가짐 spirits	57
마음대로/마음대로 하다 have it one's way, get one's way	283
마음에 품다 (감정을) harbor	193
마음을 바꾸다 do an about face, reverse one's decision	158
마음의 준비를 해. Brace yourself.	288
마음이 공허하다 feel empty inside	113
마이다스의 손 Midas touch	212
막다른 길 dead end	170
막무가내로 recklessly	232
만나는 사람이 있다 be seeing someone, have boyfriend/girlfriend	171
많다 (~보다) outnumber + 대상	291

한국어	영어	쪽
말 (어느 나라의)	term	313
말솜씨 좋은 사람 (안 좋은 의미의) fast talker		144
말을 가리지 않고 막 하다	have no filter	110
말을 자르다/끊다	cut off	228
말이 안 통해서 답답해 죽겠다. It's like banging one's head against a/the (brick) wall.		271
망치다 (시험을)	flunk	70
매진	sold out, out of stock	155
매출량	high volume of products	326
맨입으로?	Nothing in return?	305
머리숱을 치다	thin out	185
머리숱이 많다	have thick/full hair	185
머리숱이 적다	have thin hair	185
머리카락이 가늘다	have fine hair	185
먹을 수 있는	edible	137
면목이 없다 (~에게) be ashamed to face + 사람		168
면을 세우다	save face	167
면전에 대고 악담하다 talk bad about someone to one's face		39
명예훼손	defamation	209
명예훼손으로 고소하다 sue someone for defamation		209
모국어	mother tongue	269
모조품	dummy	226
목소리가 (멀리서도) 잘 들린다	voice carries	44
목탄(화)	charcoal (drawing)	241
몸상태가 좋은/안 좋은	in good/bad shape	57
몸은 좀 어때요?	How are you feeling?	56
무게를 지탱하다	carry	44
무늬만 친구	fair-weather friend	184
무대 뒷이야기 (드라마/영화의) behind-the-scenes footage		53
무료의 complimentary, no charge, free of charge, on the house		102
무리가 가다	do a number on	290
무리수	irrational number	126
무사히	safe and sound, in one piece	173
무음인 (전화벨이 울리지 않게)	on silent	34
무인 계산대	self-checkout	165
무지개 다리를 건너다 cross (over) the rainbow bridge		130
문자 확인을 안 하다 leave someone on unread		281
문장가	wordsmith	268
물건을 만지작거리다	meddle with	228
물고 늘어지다	bite	303
물을 많이/충분히 마시다	stay hydrated	98
묽은	watery	60
미국 수능시험 SAT (Scholastic Aptitude Test)		278
미등록 차량	unregistered car/vehicle	225
미루다	procrastinate	323
미흡한	wobbly	247
민망한	embarrassed	70
민망한 실수를 하다 (공공장소에서)	faux pas	256
민방위 훈련	civil defense drill	16
민족	ethnicity	18
믿다	bank on	276
믿을 수 있는	reliable, trustworthy	220, 277
믿을 수가 없는	flaky	219
밀착취재	up close and personal	174

ㅂ

한국어	영어	쪽
바닥을 치다	hit the bottom	293
바바리맨	flasher	234
박리다매	low-price high-volume	326
박사 학위	Ph.D.	300

한국어	영어	쪽
반감	ill will	194
반성	remorse	29
발 없는 말이 천 리 간다.	Word travels fast.	315
발품(을 팔다)	(do all the) legwork	27
밥값 하는	worth one's salt	241
방귀를 뀌다가 똥까지 지리다	shart	256
방학	break	42
방해하고 가로막다	get in the way (of)	283
방화죄	arson	179
배신하다	betray	327
백미러	rear view mirror	76
뱃속이 답답한	bloated	311
벌써 ~인가 싶게 빨리	before you know it	69
벌써 다 쓰고/먹고 없다	be long gone	154
범위, 다양성	spectrum	133
벗어나서 속이 시원하다. (보기 싫은 사람/싫은 상황에서)	Good riddance.	323
베스트 프렌드	best friend, bestie	319
벽 같은 사람. 벽하고 얘기하는 것 같다.	It's like talking to a wall.	271
벽창호인	stubborn (as a mule), pigheaded	270
변덕이 죽 끓듯 하는	hot and cold	174
변장	disguise	230
변태	pervert	234
변형	alter	242
별 탈 없이	safe and sound	173
보균자	carrier	44
보다 (어린아이 등을)	keep one's eye(s) on	82
보복	payback	303
보수	return	304
보스	big cheese, top banana	240, 241
보습	moisturizing	99
보안 카메라	security/surveillance camera	53
보완성이 좋은	complementary	103
보이스피싱	scam call	225
보호대	brace(s)	288
복고풍	retro	63
복덩이	windfall	230
복수	payback	303
본네트	hood	76
본인의 실력/능력을 평가절하하다	sell oneself short	298
본캐	true self	242
봄방학	spring break	42
부과세	surcharge	224
부끄럽고 내성적인	shy	72
부끄럽고 창피한 (민망한 입장에 놓였을 때 느끼는)	embarrassed	70
부끄럽고 창피한 (수치심이나 죄책감이 들 때)	ashamed	70
부도	bankrupcy	277
부도난	bankrupt	277
부모 대리 (보호자)	guardian	307
부업	side hustle/job	244
부전자전	like father, like son.	296
부지런히 하다	keep plugging away	151
부캐	alter ego	242
부케 (꽃다발)	bouquet	243
부풀려서 포장하다	oversell oneself	300
북어	dried pollack	322
분명히 ~했다	I could've sworn	124
분발하다	(step) up one's game	253
분수	fraction	126
분위기가 무르익다	be in full swing	24
불결한	filthy	111
불안불안한	wobbly	247

343

불안정한	wobbly	247
불완전한	half-baked	240
불편	inconvenience	324
불편한	awkward	123
비밀 결사대 (독립운동가들의) underground organization		287
비밀 조직 (CIA 등의)	intelligence agency	287
비밀로 하다	keep it on the down low	286
비슷한 사람들의 집단	hood	83
비어 있는 (속이)	hollow	113
비어 있는 (채워져 있던 게 빠져서)	empty	113
빈민가	hood, ghetto	83, 323
빈속	empty stomach	114
빌붙다	mooch off	210
빚을 다 갚다	pay off	323
빚지다	be beholden (to), owe	303

ㅃ

빠른 (속도 관련)	fast	68
빠른 (신속한, 재빨리)	quick	68
빠른 (일 처리 과정)	rapid	68
빨대	straw	316
빼박	dead giveaway	169
빽을 쓰다	pull some strings	160

ㅅ

사교성 좋은 사람	people person	21
사귀는 사람이 있다	be seeing someone, have boyfriend/girlfriend	171
사기 전화	scam call	225
사기꾼	scammer	225
사기죄	fraud	179
사내 연애를 하다 carry on a relationship in the office		286
사람 보는 눈이 있다/없다 be a good/bad judge of character		81
사람들과 잘 어울리다 mix well with ~, mingle well with ~		21
사람의 마음을 녹이다	melt one's heart	40
사람이 몰리는 시간대	rush	36
사려 깊은	thoughtful	301
사망 증명서	death certificate	183
사소한	minor	136
사이다 마신 듯한 cathartic (feeling/release)		310
사이를 응원하다	ship ____	171
사지 멀쩡하게	in one piece	173
산불	wildfire	263
살인미수죄	attempted murder	179
살인죄	murder	179
상대를 신뢰하다	trust	220
상식	common sense	64
상업 용어	business terms	313
상태로 빠지다	lapse	104
상황이 호전되다 things are looking up, pan out, things are turning around		292
새옹지마	a blessing in disguise	230
새치기	cut in line	229
샌드위치에 쓰는 빵	sandwich bread	54
생각이 깊은	thoughtful	301
서로 안 본다 (사이가 틀어져서) have a falling-out		116
석탄	charcoal	241
섣부른 결정	a rash decision	189
설득력 있는	eloquent	267
설득력이 좋음	silver tongue	269
설득해서 ~을 하게/하지 않게 만들다 talk ____ into/out of ~		208
성분	ingredient	313
성심껏	wholehearted	191

한국어	영어	페이지
성에나 얼음을 제거하다	defrost	41
성에를 없애다	defrost	41
성의 없는	half-hearted	191
성의 있는	wholehearted	191
성인	grownup	116
성적 (학교)	(school) grades	151
성질이 더러운	ill-tempered	194
성패가 좌우되다	make or break	278
성폭력죄	sexual assault	179
성학대죄	sexual abuse	179
세련된 (우아한, 격조, 교양미를 겸비한)	classy, elegant, sophisticated	215
섹시하고 풍만한 (여성)	juicy	204
셀프 체크인	self-check-in	166
소멸하다	lapse	104
소문으로/건너건너	through the grapevine	314
소문을 내다 (일부러)	get the word out	314
소문이 금방 나다	voices carry	46
소문이 나다	the word gets out	314
소문이 났다	the word is out	314
소유물	property	96
속 시원하다	feel relieved	322
속 시원한	cathartic (feeling/release)	310
속 터지는	frustrating	310
속도가 빠른	fast	68
속사포로 말하다	talk a mile a minute	144
속셈	ulterior motive	86
속을 비우다 (피 검사 등을 위해) empty the stomach		114
손에 익다 get used to, get the hang of		24
솔깃한	juicy	204
솔직한 사람	straight shooter	109
솔직히	not gonna lie	108
쇼윈도 부부	façade	78
수고나 공로를 인정하다 give credit, recognize, give props, give you that		279
수배 중인	at large	178
수분 보충을 해 주다 (피부에) hydrate, moisturize		99
수적으로 밀리다 be outnumbered by + 대상		291
수적으로 우세하다	outnumber + 대상	291
수치심이 드는	ashamed	70
수프에서 건더기를 뺀 국물	broth	59
수화시키다	hydrate	98
숙박자 등록/기록	hotel registry	182
순리대로 풀리다 line up, fall into place, come together		148
술 마시고 취해서 보내는 문자	drunk text	282
숨겨주다	harbor	193
숯	charcoal	241
쉬는 시간	break	42
시간 끌기 작전을 하다	stonewall for time	270
시간 낭비하다	trifle away one's time	153
시내, 시냇가	stream	188
시류를 탄 쪽	bandwagon	186
시류에 탑승하다	jump on the bandwagon	186
시비 걸다	pick on someone	271
시야에 잡히는 광경	sight	25
시원한	minty	321
시작부터 from the get-go, from the beginning		121
식감	texture	59, 137, 206
식료품점	grocery store	235
식수대	water fountain	99
식용 가능한	edible	137
식은 죽 먹기, 손쉬운 승리	cakewalk	309
신기한	funny	73

한국어	영어	페이지
신나게 놀다/즐기다	have a blast	24
신랑 들러리	groomsmen	213
신랑 들러리 대표	best man	213
신뢰를 잃다	lose one's faith in ~, be disappointed with ~	89
신부 들러리	bridesmaids	213
신부 들러리 대표	maid of honor	213
신부 부케 (결혼식)	bridal/brides bouquet	243
신선한 (이야기가)	different	204
신세 지다	be beholden (to), owe	303
신세 한탄(을 하다)	(have/throw a) pity party	294
신세를 갚다	pay ___ back	303
신속한	rapid, quick	68
신용카드 빚	credit cards debt	323
신조어	neologism, coinage, new words	259
신파	tearjerker	237
실수	real number	126
실수를 인정하다	own one's mistake	279
실종자 수색·구조 훈련	search-and-rescue drill	16
심오한 사상가	deep thinker	301
심하게 굴다 (~에게)	be hard on ~	290

ㅆ

| 쓰레기 같은 인간 | scumbag | 81 |

ㅇ

아기 선물 등록 리스트	baby registry	182
아까, ~ 초에	earlier	73
아니네요 (다시 보니)	I lied.	106
아동학대죄	child abuse	179
아무개를 전혀 모른다	I don't know + 아무개	88
아무개에 대한 확신이 없다	I don't know about + 아무개	88
아무개에 대해서 잘 모른다	I don't know that much about + 아무개	88
아무개의 말은 영향력이 있다	one's voice carries weight	46
아슬아슬한 상태	touch and go	212
아싸	outsider	250
악명 높은	notorious, infamous	209
악바리 근성 (물고 늘어지는)	grit	152
악의	ill will	194
안 풀리다 (일이)	fall apart, out of place, nothing is going according to plan, nothing works	149
안타까움	shame	71
알뜰폰	budget phone	227
알아듣기 쉽게 말하다	put it in layman's terms	312
알았어?	Savvy?	251
암 1기~4기 (초기~말기)	stage 1-4 ___ cancer, early/beginning stage	104
암흑기 (인생의)	a dark chapter in one's life	202
앙심을 품다	hold a grudge	194
앞 잘 보고 다녀.	Watch where you're going.	33
애완동물 잡지	pet magazine	67
애증관계	love-hate relationship	174
애초에, 애시당초	from the get-go	121
약물소지죄	drug possession	179
약손	healing touch	212
양념치킨	fried chicken with seasoning	51
양말을 돌돌 뭉쳐서 벗다	ball up one's socks	271
양이 많은 (~의)	high volume of ~	324

한국어	영어	쪽
양해해 주세요.	Bear with me.	247
얕보고 비하하다	look down on ~	298
어디(에서)였더라?	Where could it be?	23
어디가 아프다	come down with something, not feeling well/good	58
어려운 일	a bear	247
어려워서 알아들을 수가 없다.	It's Greek to me.	313
어머니 날	Mother's Day	301
어색한 (순간/상황/침묵)	awkward (moment/situation/silence)	123
어설픈	half-baked	240
언어 구사 능력이 좋다	have an eloquent way with words	267
언어 전달력	diction	268
얼굴에 철판을 깔다	have thick skin, be thick-skinned	185
얼굴이 두껍다	have thick skin, be thick-skinned	185
얼굴이 못생겼다고 비하하다	make fun of one's face, call someone ugly	71
얼굴이 빨개진	blushed	71
얼룩 (제거제)	stain (remover)	144
여기저기 헤집고 다니는	all over the place	232
여름 한철 직업	summer job	245
여름방학	summer break	42
여자들 사이의 우애	sisterhood	84
연고주의	nepotism	161
연달아	in a row	57
연락이 끊기다 (~와)	lose touch with ~	146
연을 끊다	cut ties with, burn one's bridges with	116
연휴	holiday break	42
열다 (대회 등이)	take place	17
열받다	get riled up	33
열심히 일하다	work away	153
열심히 하다	bring one's A-game	252
열을 가해서 녹이다	melt	40
엿	taffy	206
영영 사라지다	be long gone	154
영향 (좋은, 안 좋은 의미 다 포함)	consequence	263
영향력	juice	61
예비군 훈련	military reserve drill	16
예전이 (상태가) 더 좋았다.	I have seen better days.	187
예측불허	loose cannon	232
옛날 것이어서 오히려 가치 있는 물건	vintage	63
오랫동안 고민하고 생각하다	stew over	240
오만한/오만함	arrogant/arrogance	218
오싹한	eerie	321
올해	calendar year	47
옳은	righteous	217
완승했다.	I owned you.	280
완판	sold out, out of stock	155
외과 의사	surgeon	147
외관	façade	78
외국어	foreign language	258
외근 중인	away/out on business	27
외래어	loanword, borrowed word, foreign word/terms	258
외모 비하	body/fat shaming	71
외모 비하를 하다	body/fat shame	71
요란한	loud	215
요리용 육수 (멸치 육수 등)	stock	59
요새들어	recently	325
요약되다 (~로)	boil down to~	239
욕 (상스러운)	swearing (word), one's language, one's French, f-word, sh-word	38
욕 (헐뜯고 흉보다)	bad-mouth	38

한국어	영어	쪽
욕을 달고 사는	filthy mouth	111
욕쟁이	potty mouth	308
용어	term	312
용해하다	dissolve	40
우리 곁을 떠났다 (죽어서)	___ is no longer with us/me, ___ has departed	129
우연한 만남	casual encounter	74
우연히 만나다	run/bump into ~, happen to meet, encounter, come across	73
우유부단한	wishy-washy	221
우회(하다)	detour	257
원래 계획대로	still on for~	196
월급 센 직장	well-paying job	31
위장결혼	sham marriage, marriage of convenience	79
위중한 환자의 상태	condition	56
위태로운 상황	touch and go	212
위험을 무릅쓰고	at the risk of ~	289
윈도우 브러쉬	wiper	76
유골	ashes	131
유괴죄	kidnapping	179
유권자 등록	voter registration	182
유령 계좌	ghost bank account	226
유리수	rational number	126
유머감각	sense of humor	65, 118
유명세가 큰	big	266
유언비어	groundless rumor(s)	315
유유상종	Birds of a feather flock together. birds of feather	297
유쾌한	light-hearted	192
유행에 민감한	trendy	215
유행의 선두주자	trendsetter	216
육수	stock, broth	59
육중한	hefty	119
육즙이 풍부한	juicy	61
윤년	leap year	48
윤일	leap day	48
음란한 생각을 많이 하는	filthy mind	111
음력	lunar calendar	48
음소거한 (상대방이 내 목소리를 못 듣게)	on mute	34
음악을 연주하다	gig	244
음주 운전	DUI (Driving Under Influence)	307
의기충천해 있는	in great spirits	58
의도	motive	87
의료 응급 상황 훈련	medical emergency drill	16
의지하다	bank on	276
의학 용어	medical terms	312
이기는 편 우리편	jump on the bandwagon	186
이기적인	self-serving	165
이길 때만 응원하는 팬	fair-weather fan	186
이런 젠장!	Shoot!	284
이불킥	cringe attack	203
이상한 (스타일과 관련해서)	bizarre	125
이상한 (잘못 됐거나 이해할 수 없음)	weird	124
이상한 사람	weirdo	124
이상형의 남자/이상적인 남편감	Mr. Right	217
이상형의 여자/이상적인 아내감	Mrs. Right	217
이웃 (인근, 주변, 근처, 동네)	neighborhood	83
이웃사람	neighbor	83
이익이 되다	be beneficial for ~	52
이해하기 쉬운 말	layman's term	312
이해하기 어려운 사람/상황	a hard nut to crack	241
익다 (과일 등이)	ripe	22
익다 (김치, 요거트 등이 발효되다)	ferment	22

익다 (발효 식품이) ferment	22	
익다 (요리가) cook	22	
익다 (음식이 가열해서) cook	22	
익다 (초절임 등이 절여지다) pickle	22	
익다 (초절임으로) pickle	22	
인기 있는 쪽 bandwagon	186	
인맥을 동원하다 pull some strings	160	
인맥이 있다 have connection	160	
인상을 주다 (~한) come across	75	
인상적인 impressive	26	
인싸인 socially savvy	250	
인용하지 마라. (내 말이 틀릴 수도 있으니) Don't quote me on that.	265	
인정 많은 warm-hearted	192	
인정! Touché!	255	
인정하다/자인하다 own up to	279	
인종 race	18	
인종 차별주의자로 몰고 가다 play the race card	143	
인종 차별주의자 racist	19	
일반 기준에서 벗어난 on the spectrum, off	133	
일이 계획대로 착착 진행되다. Everything is going according to plan.	197	
일이 되려 한다 line up, fall into place, come together	148	
일이 틀어지다/악화되다 go south, go wrong	292	
일하다 (~ 대신) fill in for ~	305	
읽씹하다 leave someone on read, ignore someone's text	281	
입 닿았던 걸로 두 번 찍어 먹기 double dip	50	
입이 더러운 filthy mouth	111	
잇속을 위해 친구인 척 하는 사람 fake friend	318	

ㅈ

자각 self-awareness	165	
자극 motivation	87	
자극해서 화나게 하다 poke the bear	247	
자기 연민(에 빠지다) (fall into) self-pity, (wallow/dwell in) self-pity	295	
자기객관화 objective self-awareness	165	
자기만 옳은 self-righteous	165	
자기성찰 self-reflection	30	
자동차 정비소 auto repair shop, mechanic shop, garage	77	
자동차 핸들 steering wheel	76	
자신을 깎아내리다 sell oneself short	298	
자신의 판단에 근거해서 사실이라고 믿다 believe	220	
자연수 (0을 포함한) whole number	126	
자연수 (1부터 시작하는 양의 정수) natural number	126	
자유시간 outside of work	27	
자존감 self-esteem	165	
잔해 debris	257	
잘 다루다 (상황/기계 등을) manipulate	207	
잘 따져 봐. Do the math.	264	
잘 맞는 complementary	103	
잘 받아주는 amenable, easygoing	248	
잘 생각해 봐. Do the math.	264	
잘 섞이다 mixed well with ~	33	
잘 알려져 있다 (~로) be known for/as ~	210	
잘 지내다 (~와) mingle well with ~, get along with ~	21	
잘못을 인정하다 own one's fault	279	
잠깐 담배 피우러 나가는 것 smoke break	42	
잠깐 화장실 다녀올 짬 bathroom break	42	
잠자는 사자의 콧털을 건드리다 poke the bear	247	

한국어	영어	페이지
잡동사니	junk	323
잡지 모델	magazine model	66
장난삼아 거짓말 하다	pull someone's leg	107
장점	strength, advantage	136
재고가 남아 있지 않은	out of stock	155
재료에 양념을 첨가하여 끓여낸 국물 음식	soup	59
재발 (병/증상 등의)	relapse	104
재빨리	quick	68
재산	property	96
재색	charcoal	241
재워 놓다 (양념에)	marinate	51
재워 놓을 때 사용하는 양념	marinade	51
재유행	retro	63
재정에 큰 타격을 주다.	break the bank	277
재활, 갱생	rehabilitation	105
재활센터	rehab	105
잼	jam, jelly	51
쟁쟁한 출연진/선수진	powerful lineup	148
적은 수량	low volume	325
적의	ill will	194
전골	hot pot	59
전망	view	25
전망 (앞으로의)	prospect	132
전문가	savvy	249
전반적인	at large	178
전성기	heyday	202
전화 끊자	I'll let you go, I gotta go	33
전화 연결 상태가 안 좋다	have a bad connection	34
전화가 끊기다	get cut off	34
전화기 볼륨	phone volume, volume of one's phone	326
전화량 폭주	high volume of calls, high call volume, the call volume is high	324
전화를 못 받다	miss one's call	34
전화를 일방적으로 끊다	hang up	33
전화위복	a blessing in disguise	230
절도죄	robbery	179
절판	discontinue	155
점심 시간	lunch break	42
점점 더 좋아하게 되다	grow on ~	117
정리하고 떠나다 (죽어서) ___	cashed in one's chips	129
정상적인	normal	64
정수	interger	126
정신상태	spirits	57
정원사	gardener	27
정의로운	righteous	217
정직한 사람	straight shooter	109
제곱근	square root	126
제비뽑기 하다.	draw straws	317
제일이다	take the cake	308
조경	landscape	26
조리다	braise	60
조리할 때 가열해서 사용하는 소스	sauce	49
조림	braised	60
조미료	condiment	50
조작하다 (시세/여론 등을)	manipulate	207
조종하다 (사람을)	manipulate	207
좋게 말해 주다	praise, say good things about someone	39
좋은 곳으로 갔다	___ is in heaven now, ___ entered the pearly gates, ___ is in a better place	129
죄책감 드는	ashamed	70
주거 환경	living conditions	56
주거침입죄	burglary	179
주유소	gas station	76
죽은 (사람)	dead	128

죽은 목숨 dead duck	169	
죽은 목숨이나 다름 없는 입장 goner	156	
죽은 사람 goner	156	
준비/대비하다 (시험 등에) prepare oneself	288	
줄을 잘 서다 hitch one's wagon to a/one's star	159	
중범죄 felony	179	
중요한 사람 big cheese, top banana	240, 241	
쥐구멍에라도 들어가고 싶다. I want to be invisible. I want to disappear forever.	72	
쥐꼬리만한 paltry, almost nothing	120	
지금이 낫다. I've seen worse.	188	
지명 운전자 designated driver, DD	306	
지수 (수학) exponent	126	
지식 savvy	249	
지역 주민 local	100	
지역 특산물 local specialty	101	
지연하다 procrastinate	323	
지원서 application	325	
지원자 applicant	325	
지저분한 filthy	111	
지진 대피 훈련 earthquake drill	16	
지켜보다 (경고의 의미) have/get one's eye on	81	
지푸라기 straw	316	
직장동료 co-worker, colleague	320	
진상규명/진상규명을 하다 fact finding, investigation/get to the bottom of it	135	
진실한 친구 real friend	319	
진심인 dead serious	169	
진중한 자세를/마음가짐을 가지다 put/have on one's game face	302	
진흙 구덩이 mud puddle	329	
질긴 (식감이) leathery	206	

질질 끌다 procrastinate	323	
짐을 내려놓은 기분이 들다 feel like a weight has been lifted	322	
집 property	96	
집단최면 group hypnosis	37	
집을 비우다 (이사해서) move out	114	
짙은 회색 charcoal	241	
짚신 straw shoes, woven shoes	316	
짚신도 짝이 있다. Every Jack has his Jill.	316	

ㅉ

짜증내는 ill-tempered	194	
짝수 even number	126	
짧은 만남 brief encounter	75	
쫀득쫀득한 chewy	206	
찌개, 탕 stew	59	
찍어 먹는 소스 dipping sauce, dip	50	
찐득거리는 sticky	206	

ㅊ

차량 등록 car registration	182	
차량 블랙박스 dash cam, dashcam	52	
차량 절도죄 auto theft	179	
차분하고 침착한 as cool as cucumber	240	
차이가 나는 not the same	177	
참견하다 meddle in	228	
참신한 different	204	
창피한 embarrassed	70	
창피한 줄 알아. Shame on you.	70	
채우다 (빵에 크림을/치아에 레진을) fill	115	
채우다 (속/공간을) stuff	115	
책임을 떠넘기다 (~에게) throw someone under the bus	327	

한국어	영어	페이지
책임을 전가하다	blame someone, point finger at	327
책임이 많이 따르는 일이다.	It's a quite commitment.	157
처리 과정이 빠른	rapid	68
처리/처분하다	get rid of	323
천국으로 갔다	___ is in heaven now, ___ entered the pearly gates, ___ is in a better place	129
천방지축	loose cannon	232
천성	nature	194
체면 차리다	save face	167
체면을 구기다	lose face	167
체포되다	be arrested, get caught	178
쳐져 있는	in bad spirits	57
초과 판매	oversell	300
초록은 동색	Birds of a feather flock together. birds of feather	297
촌스러운	tacky	215
총격 대피 훈련	active shooter drill	16
최고다	take the cake	308
최상의 컨디션	tip-top shape	57
최선을 다하다	bring one's A-game	252
최선의 노력	A-game	252
추수감사절 방학	thanksgiving break	42
출생 증명서	birth certificate	183
출장 중이다	be on a business trip	28
출장 중이라 자리에/사무실에 없다	be out of the office/out of town on a business trip	28
출장가다	go on a business trip	28
치솟는	escalating	69
치아 교정을 하다	get/wear braces	288
치유 능력	healing power	315
친구	pal, mate	319
친구이자 경쟁상대	frenemy	318
친족 등용	nepotism	161
친한 척 하다	act buddy-buddy (with)	318
침대에서 먹는 아침 식사	breakfast in bed	301

ㅋ

한국어	영어	페이지
카더라 통신	the word on the street	315
커피 마시며 쉬는 시간	coffee break	42
컨디션 (몸/기분 상태)	feeling	58
컨디션 (위험/열악한 상태)	condition	56
컨디션이 좋지 않은	under the weather	56
코피	nosebleeds	312
쿨드쌕(막다른 골목/길)	cul-de-sac, court	257
크고 힘센	hefty	119
크리스마스 방학	Christmas break	42
큰	hefty	119
큰 돈을 따다	break the bank	277

ㅌ

한국어	영어	페이지
타격/충격이 크다	do a number on	290
타지역 사람	non-local	100
타협점	common ground	65
탈수 증상이 일어난	dehydrated	98
탓하다 (~을)	blame someone, point finger at	327
토네이도 대피 훈련	tornado drill	16
토하다	puke	202
통제가 불가능한	out of control	232
투명인간	invisible	72
트집잡다	pick on someone	271
특출나다	take the cake	308
팀이 잘 나가고 이길 때만 응원하는 팬	fair-weather fan	186

한국어	English	쪽
팁 (봉사료)	tip, gratuity	223

ㅍ

한국어	English	쪽
파트타임 경제활동	gig economy	244
파트타임직	gig	244
파편	debris	257
팜플렛	brochure	42
패션의 선두주자	fashion leader/icon	216
폐기물	debris	257
포상금	reward	179
폭넓은 서비스	broad spectrum of service	133
폭신폭신한 (식감이)	cakey	309
폭행죄	assault	179
품만 그럴듯한	all hat, no cattle	319
푸근한	warm-hearted	192
푸드 뱅크	food bank	276
푼돈	chump change	211
프론트 윈도우	windshield	76
피검사	bloodwork	115
피난처	harbor	193
피하려고 애쓰다	stonewall	270
필수인	required	115

ㅎ

한국어	English	쪽
하기로 했던 대로	still on for ~	196
하녀	maid	211
하늘이 돕다	the stars align	150
하수구	drain	262
학기말 리포트	term paper	313
학년	school/academic year	47
한 덩치 하는	hefty	119
한계점, 최악의 상태	the last straw	317
한꺼번에 몰림	spurt	36
한물간 (나이가 한창 때를 지나) over the hill		266
한물간 사람 (나이 상관 없이)	has-been	265
한방 맞았다.	Touché! You got me. Good one. Point taken.	255
한번도 못 떠 본 사람	never-been	265
핫도그 (한국식)	corndog	54
해고/감원하다	lay off	326
해동하다	thaw, defrost	41
해외 계좌	offshore bank account	226
핵심은 ~이다	boil down to~	239
햄버거 빵	hamburger bun	54
햄버거나 핫도그에 쓰는 빵	bun	54
햄버거만 먹겠다. (패스트푸드 점에서) Sandwich only.		55
향신료 (케첩, 마요네즈 등)	condiment	50
허물없는	buddy-buddy	318
허수 (수학)	imaginary number	126
허언증 환자	pathological liar	234
험하게	recklessly	232
헛소문	groundless rumor(s)	315
혀 짧은 소리	baby talk	267
혀짤배기 발음	lisp	267
현상금	reward	179
현지인들이 자주 가는 가게	local favorite	236
혐오감	ill will	194
혐오범죄	hate crime	179
형편이 넉넉한	comfortable, well-off	261
호구	easy touch, soft touch, pushover, chump	211
호박이 넝쿨째 굴러들어왔네! What a windfall!		230
혼자서 열일하다, 하드캐리하다	carry	45
혼혈	biracial, multiracial, halfie	19

한국어	영어	쪽
홀수	odd number	125
화가 끓어오르다	boil over	239
화를 가라앉히다	simmer down	240
화면에 잡힌 장면, 자료	footage	52
화장/화장하다	cremation/cremate	131
화장실 다녀오는 시간	bathroom break	42
화장을 떡칠한, 화장이 두꺼운	cakey	309
화장터	crematory	131
확률이 거의 없다	What are the odds?	125
확실하다	I could've sworn	124
확실히 다른	not the same	177
환기	air circulation	311
회개하다	repent	29
회계년도	fiscal year	47
회사 자금 횡령	embezzling company funds	162
횡재	windfall	230
후년	the following year	31
후년에 내내	for the following year	32
후보자	candidate	252
훈련	drill	16
훈훈한 이야기	heartwarming story	238
휘발유	gas	76
휴식 시간 (장편 영화, 연극, 공연 등의)	intermission	42
흐릿해지다	fade away	153
흑역사	cringeworthy past, ugly past	202
흔한	common	64
흥미진진한	juicy	204
희생양	sacrificial lamb, scapegoat	328
힘	juice	61
힘든 일	a bear	247
힘들 때나 좋을 때나	through thick and thin	184

편집자 후기

이번 책으로 준 스위니 선생님과 세 번째 편집 작업을 진행했습니다. 처음이 좋으면 다 좋다는 말은 선생님과의 작업을 두고 하는 말이 아닐까 싶어요. 원고 투고와 관련해 보냈던 첫 번째 메일의 답장에서 느껴졌던 선생님의 유머 감각은 이번에도 그대로 원고 내용으로 이어졌고, 작업하는 내내 참 유쾌하고 즐거웠습니다.

책 편집을 할 때 저는 크게 두 가지 느낌을 받는데요, 바로 '고되다'와 '많이 배운다'입니다. 준 스위니 선생님의 원고는 당연히 후자의 경우로, 원고를 보냈다는 메일을 볼 때부터 기분이 좋습니다. '이번 원고에서는 또 어떤 재미있는 것을 배울 것인가' 기대가 되거든요.

특히 이번 책은, 예전 책의 한 코너였던 것을 본격적으로 끌어와 책으로 엮어 보자고 서로 생각하며 제안했던 것이라 더 애정이 갑니다. 선생님은 역시나 기대를 저버리지 않고, 전 한국인이자 현 미국인의 관점에서 한국인들이 궁금해할 만한 것들을 제대로 잘 뽑아 주셨어요. 영어 공부 좀 했다 하는 제가 봐도 '맞아, 이런 게 궁금했어' 하는 내용들이 가득해서, 편집 작업하는 동안 하나도 힘들지 않았습니다.

기쁨은 나누면 배가 된다고 하지요. 그렇게 편집하면서 제가 느꼈던 즐거움을 독자님과도 공유하고 싶습니다. 이런 형식의 책은 아직까지 나오지 않았는데요, 나왔다 해도 이렇게 재미있지는 않을 겁니다. 읽어 보시면 분명, '어라, 맞아. 나도 이랬는데…' 하면서 술술 책을 넘기게 되실 거예요. 그리고 반하실 겁니다. 보장합니다. 제가 빠져서 헤어나오지 못하는 준 스위니 선생님 책의 매력에 독자님도 빠져 보시기를, 그래서 영어 공부를 즐겁게 하시기를 간절히 바랍니다.